国务院
大众创业 万众创新
政策选编

人民出版社

责任编辑:张振明　余　平

责任校对:胡　佳

图书在版编目(CIP)数据

国务院大众创业万众创新政策选编/国务院办公厅政府信息与政务公开
　办公室 编. -北京:人民出版社,2015.12
ISBN 978－7－01－015692－7

Ⅰ.①国…　Ⅱ.①国…　Ⅲ.①就业政策-汇编-中国　Ⅳ.①F249.20

中国版本图书馆 CIP 数据核字(2015)第 318189 号

国务院大众创业万众创新政策选编

GUOWUYUAN DAZHONGCHUANGYE WANZHONGCHUANGXIN ZHENGCE XUANBIAN

国务院办公厅政府信息与政务公开办公室

人民出版社 出版发行

(100706　北京市东城区隆福寺街 99 号)

北京盛通印刷股份有限公司印刷　新华书店经销

2015 年 12 月第 1 版　2015 年 12 月北京第 1 次印刷
开本:710 毫米×1000 毫米 1/16　印张:26.5
字数:355 千字

ISBN 978－7－01－015692－7　定价:49.00 元

邮购地址 100706　北京市东城区隆福寺街 99 号
人民东方图书销售中心　电话 (010)65250042　65289539

出版前言

党的十八届五中全会指出,创新是引领发展的第一动力,坚持创新发展,首先要培育发展新动力,激发创新创业活力,推动大众创业、万众创新,释放新需求,创造新供给,推动新技术、新产业、新业态蓬勃发展。

习近平总书记指出,抓创新就是抓发展,谋创新就是谋未来。要自觉把个人的创新创业行动与推进国家的科技发展、经济繁荣、社会进步结合起来。激发调动全社会的创新激情,持续发力,加快形成以创新为主要引领和支撑的经济体系和发展模式。

李克强总理强调,当前,我国发展进入新常态,正处在发展方式和新旧动能转换的关键期,要以大众创业、万众创新这一结构性改革激发全社会创造力,打造发展新引擎。在国务院常务会议上,"大众创业、万众创新"成为最高频的词汇之一。两年多来,围绕"双创"这一结构性改革,国务院及有关部门出台了一系列支持"双创"的政策举措,并把"双创"改革与简政放权、放管结合、优化服务有机结合,积极为创业创新清障搭台。

以创业创新赢得未来已成为时代新共识,"双创"精神正在塑造国人新品格。创业创新文化不断生根发芽,市场活力和社会创造力尽情释放,中国经济社会才能始终充满勃勃生机。

为方便公众充分了解、掌握和更好运用"双创"政策,我们特邀国务院办公厅政府信息与政务公开办公室汇编了本书。本书既是一本改革文献记录,也是一本创业引导手册,期望对全社会"双创"蓬勃发展发挥积极作用。

人民出版社

2015 年 12 月

目　　录

国务院相关部门出台的"双创"配套实施政策

以大众创业万众创新
培育经济增长新动力

（2015 年 3 月 20 日）

李克强

当前我国经济发展进入新常态，大众创业、万众创新是必须着力培育的一个新引擎。改革尤其是经济体制改革，就是要激发市场活力。必须把千千万万中国人的积极性和创造性调动起来、激发出来、释放开来，以大众创业、万众创新培育经济发展新动力，撑起发展新未来，让中国经济始终充满勃勃生机。

大众创业、万众创新有利于调整经济结构。我国产业结构优化升级的战略重点，是推动服务业加快发展，不断提高服务业比重和水平。近年来，我国市场主体数"井喷式"增长，新登记的大多是服务业企业，很多新创企业从事电子商务、物流快递、技术研发、文化创意等新产业、新业态，新的增长动能在不断培育，这本身就是经济结构调整。

大众创业、万众创新有利于改善收入分配。发展经济的根本目的是改善民生，让人民群众过上更好的生活，这不但要做大经济总量，还必须有合理的收入分配结构。从过去 30 多年的经验来看，让人民群众富起来，首先还得靠创业、靠干事。如果我们国家每个

1

有创业、就业能力的劳动者都能够顺利创业、稳定就业，就能持续增加收入、改善生活。"创客型经济"潜力巨大，一些年轻"创客"，从一无所有到实现丰厚利润回报，只用了很短时间。这说明，通过创业就业，有利于改善收入分配结构、推进社会纵向流动，让所有人都有平等机会和舞台实现人生价值，促进社会公平正义。

大众创业、万众创新有利于扩大就业。就业事关经济发展和民生改善大局。只要就业不出大的问题，经济增长速度高一点低一点都能够承受。近年来经济增速有所放缓，但就业不减反增，其中商事制度等简政放权改革起了重要支撑作用。

推动大众创业、万众创新，需要继续深化商事制度改革，不断创新和改善政府公共服务。要加快制定市场准入负面清单，给予市场主体更大的经营自主权。进一步简化和完善企业注销流程，着力构建便捷有序的市场退出机制。要探索放宽住所登记、放宽经营范围的具体办法，及时总结地方"一址多照""一照多址"等改革创新举措，让创业更便捷。要清理规范中介服务，坚决整治"红顶中介"。

政府要探索事中事后监管新模式，做公平竞争市场秩序的"守护神"。利用现代技术和手段，形成全国统一的企业信息公示平台，推动部门、地方、行业信用信息建设及互联互通，加强大数据、云计算等在市场监管中的应用，提升监管效能。要用制度把执法规范起来，不能搞选择性市场监管，执法检查要探索实行摇号制，做到被检查对象和执法检查人员"双随机"。

（摘自李克强总理 2015 年 3 月 20 日
视察工商总局时的讲话）

推进大众创业万众创新
激发人民群众无穷智慧和创造力

（2015 年 7 月 27 日）

李克强

　　我们提出要推动大众创业、万众创新，这是符合我国国情的，也是符合历史唯物主义的。历史是人民创造的，国家的繁荣进步来自于人民创造力的发挥。我国人力资源丰富，有 13 亿多人口、9 亿多劳动力，受教育程度不断提高，人力资源转化为人力资本的潜力巨大。这是世界上独一无二的宝贵财富，是我们发展的最大本钱。我们推进大众创业、万众创新，就是旨在激发蕴藏在人民群众之中的无穷智慧和创造力，使千千万万人靠创业自立、凭创新出彩，在平等参与现代化进程中通过辛勤劳动和智慧富起来，更好实现人生价值和精神追求。这是机会公平、权利公平、人人参与又人人受益的包容性增长方式，是发展分享经济的重要推手，是中国特色的众人创富、劳动致富、共同富裕的发展路径。

　　大众创业、万众创新不仅限于小微企业，很多大企业也在探索众创、众包、众扶、众筹等创新方式。一些大企业建立了开放式的众创空间，无论是企业的员工还是社会上的人员都可以进去，鼓励他们围绕改进生产流程、设计开发新产品、提高产品质量等搞创新,在这里孕育产生的各种奇思妙想,既可以自己用,也可以与外边合作开发,从而使企业变成一个大的创业创新聚集之地。这是企业管理模式的重大创新。

大众创业、万众创新需要和科技创新结合起来,相互促进、相得益彰。在互联网条件下,科技创新的泛在化特征更加显现,每一个具有科学思维和创新能力的人都可参与创新。要用好我国丰富的人力资源,依托"互联网+"等新技术新模式构建最广泛的科技创新平台,鼓励发展众创、众包、众扶、众筹等,以众智促创新,以众包促变革,以众扶促创业,以众筹促融资,使创新资源配置更灵活、更精准。我一再讲,集众智成大事,众人所为无事不成。只要我们把科技创新与人民群众的创造力在更大范围、更深程度、更高层次上融合起来,把13亿人的智慧都充分调动起来,这个力量就无穷大,中国就会创造新的辉煌。

科技创新应当面向"双创",合理确定科技创新战略布局,瞄准国际科技发展前沿,紧扣国家战略需求,构建"顶天立地"的科技创新格局,走中国特色自主创新道路。"顶天"就是要着力推进原始创新,研发高精尖技术,勇攀世界科技高峰,推动"双创"向更高层次跃升。"立地",就是要以产业和市场需求为导向,确定科技创新方向,优化科技资源配置,打通成果转化通道,使创新链与产业链有效对接,推进科技与经济深度融合,促进科技成果转化为现实生产力。

在国家整体创新中,科技创新与"双创"是相辅相成、不可或缺的。就像黄河大合唱,只有高音、中音、低音都健全,而且相互均衡、和谐,既有整体的组合又有个性的力量,才能有黄钟大吕般的激越与雄壮。我们要协同推进科技创新与"双创",使各类创新要素融合互动,汇聚起经济社会发展的强大新动能,推动我国经济保持中高速增长,向中高端迈进。

（摘自李克强总理2015年7月27日
出席国家科技战略座谈会时的讲话）

持续深化大众创业万众创新
这一结构性改革 努力打造发展新引擎

（2015 年 10 月 19 日）

李克强

当前，我国发展进入新常态，正处在发展方式和新旧动能转换的关键期，要以大众创业、万众创新这一结构性改革激发全社会创造力，打造发展新引擎。近年来，在世界经济低迷和金融市场动荡的情况下，我国经济下行压力加大，但就业依然比较充分，"双创"起了重要支撑作用。"双创"也有力促进结构调整，将推动发展从过度依赖自然资源转向更多依靠人力资源，促进经济中高速增长、迈向中高端水平。

大众创业、万众创新首要在"创"，核心在"众"。在今天的互联网时代，无论"草根"还是精英，都可以投身创业创新，一展长才。"双创"也是收入分配改革和促进社会公正的切入点，可以增加大量就业岗位，为创业创新者提供更加公平的机会和通畅的上升通道，特别是让青年人有广阔的空间驰骋，让更多人通过自己的努力富起来。

"双创"不是小微企业的专利，也是大企业的优势，要主动拥抱"双创"，引导大众创业、万众创新与"中国制造 2025""互联网+"相结合,通过众创、众包、众扶、众筹等新模式,带来大中小企业生产方式和组织管理模式变革,催生新的工业革命。这不仅将促进传统产业改造升级,也会推动现代服务业等新兴业态加快成长。

"双创"需要全方位对外开放,不能闭门造车,要登高望远、放开胸怀,面向全球引进各种要素资源尤其是人才资源,发展颠覆性技术,与世界科技革命和产业变革深度融合,与各国创新彼此对接,实现合作共赢。

政府要做创业创新者的"后台服务器",通过不断完善所需的公共产品和服务,不断清除制约"双创"的障碍,不断织牢民生保障之网,增强创业创新者试错的底气和勇气。同时,推动"双创"要注重实效,提高政策的协调性和针对性,把"双创"与简政放权、放管结合、优化服务有机结合,防止一阵风、走过场,尊重市场规律,注意保护知识产权,保护消费者权益,维护公平竞争,使产品和服务质量有保证、可提升,让"双创"扎扎实实向前推进。

以创新赢得未来已成为这个时代的新共识,"双创"精神正在塑造当代中国人的新品格。"双创"活动周要成为创意交流、思想碰撞和成果转化的平台。祝愿那些优秀的初创项目,能在这里遇见各自的"天使"。希望大家用更多创业创新的故事为我们这个时代立传,续写中国发展新辉煌。

（摘自李克强总理 2015 年 10 月 19 日出席首届"全国大众创业万众创新活动周"开幕式时的讲话）

国务院出台的"双创"政策

国务院关于印发注册资本
登记制度改革方案的通知

（2014 年 2 月 7 日）

各省、自治区、直辖市人民政府，国务院各部委、各直属机构：

国务院批准《注册资本登记制度改革方案》（以下简称《方案》），现予印发。

一、改革工商登记制度，推进工商注册制度便利化，是党中央、国务院作出的重大决策。改革注册资本登记制度，是深入贯彻党的十八大和十八届二中、三中全会精神，在新形势下全面深化改革的重大举措，对加快政府职能转变、创新政府监管方式、建立公平开放透明的市场规则、保障创业创新，具有重要意义。

二、改革注册资本登记制度涉及面广、政策性强，各级人民政府要加强组织领导，统筹协调解决改革中的具体问题。各地区、各部门要密切配合，加快制定完善配套措施。工商行政管理机关要优化流程、完善制度，确保改革前后管理工作平稳过渡。要强化企业自我管理、行业协会自律和社会组织监督的作用，提高市场监管水平，切实让这项改革举措"落地生根"，进一步释放改革红利，激发创业活力，催生发展新动力。

三、根据全国人民代表大会常务委员会关于修改公司法的决定和《方案》，相应修改有关行政法规和国务院决定。具体由国务院另行公布。

《方案》实施中的重大问题，工商总局要及时向国务院请示报告。

注册资本登记制度改革方案

根据《国务院机构改革和职能转变方案》，为积极稳妥推进注册资本登记制度改革，制定本方案。

一、指导思想、总体目标和基本原则

（一）指导思想。

高举中国特色社会主义伟大旗帜，以邓小平理论、"三个代表"重要思想、科学发展观为指导，坚持社会主义市场经济改革方向，按照加快政府职能转变、建设服务型政府的要求，推进公司注册资本及其他登记事项改革，推进配套监管制度改革，健全完善现代企业制度，服务经济社会持续健康发展。

（二）总体目标。

通过改革公司注册资本及其他登记事项，进一步放松对市场主体准入的管制，降低准入门槛，优化营商环境，促进市场主体加快发展；通过改革监管制度，进一步转变监管方式，强化信用监管，促进协同监管，提高监管效能；通过加强市场主体信息公示，进一步扩大社会监督，促进社会共治，激发各类市场主体创造活力，增强经济发展内生动力。

（三）基本原则。

1. 便捷高效。按照条件适当、程序简便、成本低廉的要求，方便申请人办理市场主体登记注册。鼓励投资创业，创新服务方式，提高登记效率。

2. 规范统一。对各类市场主体实行统一的登记程序、登记要求和基本等同的登记事项，规范登记条件、登记材料，减少对市场主体自治事项的干预。

3. 宽进严管。在放宽注册资本等准入条件的同时，进一步强化市场主体责任,健全完善配套监管制度,加强对市场主体的监督管理,促进社会诚信体系建设,维护宽松准入、公平竞争的市场秩序。

二、放松市场主体准入管制,切实优化营商环境

(一)实行注册资本认缴登记制。

公司股东认缴的出资总额或者发起人认购的股本总额(即公司注册资本)应当在工商行政管理机关登记。公司股东(发起人)应当对其认缴出资额、出资方式、出资期限等自主约定,并记载于公司章程。有限责任公司的股东以其认缴的出资额为限对公司承担责任,股份有限公司的股东以其认购的股份为限对公司承担责任。公司应当将股东认缴出资额或者发起人认购股份、出资方式、出资期限、缴纳情况通过市场主体信用信息公示系统向社会公示。公司股东(发起人)对缴纳出资情况的真实性、合法性负责。

放宽注册资本登记条件。除法律、行政法规以及国务院决定对特定行业注册资本最低限额另有规定的外,取消有限责任公司最低注册资本3万元、一人有限责任公司最低注册资本10万元、股份有限公司最低注册资本500万元的限制。不再限制公司设立时全体股东(发起人)的首次出资比例,不再限制公司全体股东(发起人)的货币出资金额占注册资本的比例,不再规定公司股东(发起人)缴足出资的期限。

公司实收资本不再作为工商登记事项。公司登记时,无需提交验资报告。

现行法律、行政法规以及国务院决定明确规定实行注册资本实缴登记制的银行业金融机构、证券公司、期货公司、基金管理公司、保险公司、保险专业代理机构和保险经纪人、直销企业、对外劳务合作企业、融资性担保公司、募集设立的股份有限公司,以及劳务派遣企业、典当行、保险资产管理公司、小额贷款公司实行注册资本认缴登记制问题,另行研究决定。在法律、行政法规以及国务院决定未修改前,暂按现行规定执行。

已经实行申报（认缴）出资登记的个人独资企业、合伙企业、农民专业合作社仍按现行规定执行。

鼓励、引导、支持国有企业、集体企业等非公司制企业法人实施规范的公司制改革，实行注册资本认缴登记制。

积极研究探索新型市场主体的工商登记。

（二）改革年度检验验照制度。

将企业年度检验制度改为企业年度报告公示制度。企业应当按年度在规定的期限内，通过市场主体信用信息公示系统向工商行政管理机关报送年度报告，并向社会公示，任何单位和个人均可查询。企业年度报告的主要内容应包括公司股东（发起人）缴纳出资情况、资产状况等，企业对年度报告的真实性、合法性负责，工商行政管理机关可以对企业年度报告公示内容进行抽查。经检查发现企业年度报告隐瞒真实情况、弄虚作假的，工商行政管理机关依法予以处罚，并将企业法定代表人、负责人等信息通报公安、财政、海关、税务等有关部门。对未按规定期限公示年度报告的企业，工商行政管理机关在市场主体信用信息公示系统上将其载入经营异常名录，提醒其履行年度报告公示义务。企业在三年内履行年度报告公示义务的，可以向工商行政管理机关申请恢复正常记载状态；超过三年未履行的，工商行政管理机关将其永久载入经营异常名录，不得恢复正常记载状态，并列入严重违法企业名单（"黑名单"）。

改革个体工商户验照制度，建立符合个体工商户特点的年度报告制度。

探索实施农民专业合作社年度报告制度。

（三）简化住所（经营场所）登记手续。

申请人提交场所合法使用证明即可予以登记。对市场主体住所（经营场所）的条件，各省、自治区、直辖市人民政府根据法律法规的规定和本地区管理的实际需要，按照既方便市场主体准入，又有效保障经济社会秩序的原则，可以自行或者授权下级人民政府作出具体规定。

（四）推行电子营业执照和全程电子化登记管理。

建立适应互联网环境下的工商登记数字证书管理系统，积极推行全国统一标准规范的电子营业执照，为电子政务和电子商务提供身份认证和电子签名服务保障。电子营业执照载有工商登记信息，与纸质营业执照具有同等法律效力。大力推进以电子营业执照为支撑的网上申请、网上受理、网上审核、网上公示、网上发照等全程电子化登记管理方式，提高市场主体登记管理的信息化、便利化、规范化水平。

三、严格市场主体监督管理，依法维护市场秩序

（一）构建市场主体信用信息公示体系。

完善市场主体信用信息公示制度。以企业法人国家信息资源库为基础构建市场主体信用信息公示系统，支撑社会信用体系建设。在市场主体信用信息公示系统上，工商行政管理机关公示市场主体登记、备案、监管等信息；企业按照规定报送、公示年度报告和获得资质资格的许可信息；个体工商户、农民专业合作社的年度报告和获得资质资格的许可信息可以按照规定在系统上公示。公示内容作为相关部门实施行政许可、监督管理的重要依据。加强公示系统管理，建立服务保障机制，为相关单位和社会公众提供方便快捷服务。

（二）完善信用约束机制。

建立经营异常名录制度，将未按规定期限公示年度报告、通过登记的住所（经营场所）无法取得联系等的市场主体载入经营异常名录，并在市场主体信用信息公示系统上向社会公示。进一步推进"黑名单"管理应用，完善以企业法人法定代表人、负责人任职限制为主要内容的失信惩戒机制。建立联动响应机制，对被载入经营异常名录或"黑名单"、有其他违法记录的市场主体及其相关责任人，各有关部门要采取有针对性的信用约束措施，形成"一处违法，处处受限"的局面。建立健全境外追偿保障机制，将违反认缴义务、有欺诈和违规行为的境外投资者及其实际控

人列入"重点监控名单",并严格审查或限制其未来可能采取的各种方式的对华投资。

（三）强化司法救济和刑事惩治。

明确政府对市场主体和市场活动监督管理的行政职责,区分民事争议与行政争议的界限。尊重市场主体民事权利,工商行政管理机关对工商登记环节中的申请材料实行形式审查。股东与公司、股东与股东之间因工商登记争议引发民事纠纷时,当事人依法向人民法院提起民事诉讼,寻求司法救济。支持配合人民法院履行民事审判职能,依法审理股权纠纷、合同纠纷等经济纠纷案件,保护当事人合法权益。当事人或者利害关系人依照人民法院生效裁判文书或者协助执行通知书要求办理工商登记的,工商行政管理机关应当依法办理。充分发挥刑事司法对犯罪行为的惩治、威慑作用,相关部门要主动配合公安机关、检察机关、人民法院履行职责,依法惩处破坏社会主义市场经济秩序的犯罪行为。

（四）发挥社会组织的监督自律作用。

扩大行业协会参与度,发挥行业协会的行业管理、监督、约束和职业道德建设等作用,引导市场主体履行出资义务和社会责任。积极发挥会计师事务所、公证机构等专业服务机构的作用,强化对市场主体及其行为的监督。支持行业协会、仲裁机构等组织通过调解、仲裁、裁决等方式解决市场主体之间的争议。积极培育、鼓励发展社会信用评价机构,支持开展信用评级,提供客观、公正的企业资信信息。

（五）强化企业自我管理。

实行注册资本认缴登记制,涉及公司基础制度的调整,公司应健全自我管理办法和机制,完善内部治理结构,发挥独立董事、监事的监督作用,强化主体责任。公司股东(发起人)应正确认识注册资本认缴的责任,理性作出认缴承诺,严格按照章程、协议约定的时间、数额等履行实际出资责任。

（六）加强市场主体经营行为监管。

要加强对市场主体准入和退出行为的监管,大力推进反不正当竞争与反垄断执法,加强对各类商品交易市场的规范管理,维护公平竞争的市场秩序。要强化商品质量监管,严厉打击侵犯商标专用权和销售假冒伪劣商品的违法行为,严肃查处虚假违法广告,严厉打击传销,严格规范直销,维护经营者和消费者合法权益。各部门要依法履行职能范围内的监管职责,强化部门间协调配合,形成分工明确、沟通顺畅、齐抓共管的工作格局,提升监管效能。

(七)加强市场主体住所(经营场所)管理。

工商行政管理机关根据投诉举报,依法处理市场主体登记住所(经营场所)与实际情况不符的问题。对于应当具备特定条件的住所(经营场所),或者利用非法建筑、擅自改变房屋用途等从事经营活动的,由规划、建设、国土、房屋管理、公安、环保、安全监管等部门依法管理;涉及许可审批事项的,由负责许可审批的行政管理部门依法监管。

四、保障措施

(一)加强组织领导。

注册资本登记制度改革,涉及部门多、牵涉面广、政策性强。按照国务院的统一部署,地方各级人民政府要健全政府统一领导,部门各司其职、相互配合,集中各方力量协调推进改革的工作机制。调剂充实一线登记窗口人员力量,保障便捷高效登记。有关部门要加快制定和完善配套监管制度,统筹推进,同步实施,强化后续监管。建立健全部门间信息沟通共享机制、信用信息披露机制和案件协查移送机制,强化协同监管。上级部门要加强指导、监督,及时研究解决改革中遇到的问题,协调联动推进改革。

(二)加快信息化建设。

充分利用信息化手段提升市场主体基础信息和信用信息的采集、整合、服务能力。要按照"物理分散、逻辑集中、差异屏蔽"的原则,加快建设统一规范的市场主体信用信息公示系统。各省、自治区、直辖市要将建成本地区集中统一的市场主体信用信息公示系统,作为本地区实施改革的前提条件。工商行政管理机关要优化完善工商登记管理信息化系统,确保改革前后工商登记管理业务的平稳过渡。有关部门要积极推进政务服务创新,建立面向市场主体的部门协同办理政务事项的工作机制和技术环境,提高政务服务综合效能。各级人民政府要加大投入,为构建市场主体信用信息公示系统、推行电子营业执照等信息化建设提供必要的人员、设施、资金保障。

(三)完善法制保障。

积极推进统一的商事登记立法,加快完善市场主体准入与监管的法律法规,建立市场主体信用信息公示和管理制度,防范市场风险,保障交易安全。各地区、各部门要根据法律法规修订情况,按照国务院部署开展相关规章和规范性文件的"立、改、废"工作。

(四)注重宣传引导。

坚持正确的舆论导向,充分利用各种媒介,做好注册资本登记制度改革政策的宣传解读,及时解答和回应社会关注的热点问题,引导社会正确认识注册资本认缴登记制的意义和股东出资责任、全面了解市场主体信用信息公示制度的作用,广泛参与诚信体系建设,在全社会形成理解改革、关心改革、支持改革的良好氛围,确保改革顺利推进。

国务院关于加快发展生产性服务业
促进产业结构调整升级的指导意见

（2014 年 7 月 28 日）

各省、自治区、直辖市人民政府，国务院各部委、各直属机构：

国务院高度重视服务业发展。近年来陆续出台了家庭、养老、健康、文化创意等生活性服务业发展指导意见，服务供给规模和质量水平明显提高。与此同时，生产性服务业发展相对滞后、水平不高、结构不合理等问题突出，亟待加快发展。生产性服务业涉及农业、工业等产业的多个环节，具有专业性强、创新活跃、产业融合度高、带动作用显著等特点，是全球产业竞争的战略制高点。加快发展生产性服务业，是向结构调整要动力、促进经济稳定增长的重大措施，既可以有效激发内需潜力、带动扩大社会就业、持续改善人民生活，也有利于引领产业向价值链高端提升。为加快重点领域生产性服务业发展，进一步推动产业结构调整升级，现提出以下意见：

一、总体要求

（一）指导思想。

以邓小平理论、"三个代表"重要思想、科学发展观为指导，深入贯彻党的十八大和十八届二中、三中全会精神，全面落实党中央、国务院各项决策部署，科学规划布局，放宽市场准入，完善行业标准，创造环境条件，

11

加快生产性服务业创新发展,实现服务业与农业、工业等在更高水平上有机融合,推动我国产业结构优化调整,促进经济提质增效升级。

(二)基本原则。

坚持市场主导。处理好政府和市场的关系,使市场在资源配置中起决定性作用和更好发挥政府作用,鼓励和支持各种所有制企业根据市场需求,积极发展生产性服务业。

坚持突出重点。以显著提升产业发展整体素质和产品附加值为重点,围绕全产业链的整合优化,充分发挥生产性服务业在研发设计、流程优化、市场营销、物流配送、节能降耗等方面的引领带动作用。

坚持创新驱动。建立与国际接轨的专业化生产性服务业体系,推动云计算、大数据、物联网等在生产性服务业的应用,鼓励企业开展科技创新、产品创新、管理创新、市场创新和商业模式创新,发展新兴生产性服务业态。

坚持集聚发展。适应中国特色新型工业化、信息化、城镇化、农业现代化发展趋势,深入实施区域发展总体战略和主体功能区战略,因地制宜引导生产性服务业在中心城市、制造业集中区域、现代农业产业基地以及有条件的城镇等区域集聚,实现规模效益和特色发展。

二、发展导向

以产业转型升级需求为导向,进一步加快生产性服务业发展,引导企业进一步打破"大而全"、"小而全"的格局,分离和外包非核心业务,向价值链高端延伸,促进我国产业逐步由生产制造型向生产服务型转变。

(一)鼓励企业向价值链高端发展。

鼓励农业企业和涉农服务机构重点围绕提高科技创新和推广应用能力,加快推进现代种业发展,完善农副产品流通体系。鼓励有能力的工业企业重点围绕提高研发创新和系统集成能力,发展市场调研、产品设计、技术开发、工程总包和系统控制等业务。加快发展专业化设计及相关定制、加工服务,建立健全重大技术装备第三方认证制度。促进专利技术运用和创新成果转化,健全研发设计、试验验证、运行维护和技术产品标准等体系。重点围绕市场营销和品牌服务,发展现代销售体系,增强产业链上下游企业协同能力。强化期货、现货交易平台功能。鼓励分期付款等消费金融服务方式。推进仓储物流、维修维护和回收利用等专业服务的发展。

(二)推进农业生产和工业制造现代化。

搭建各类农业生产服务平台,加强政策法律咨询、市场信息、病虫害防治、测土配方施肥、种养过程监控等服务。健全农业生产资料配送网络,鼓励开展农机跨区作业、承包作业、机具租赁和维修服务。推进面向产业集群和中小企业的基础工艺、基础材料、基础元器件研发和系统集成以及生产、检测、计量等专业化公共服务平台建设,鼓励开展工程项目、工业设计、产品技术研发和检验检测、工艺诊断、流程优化再造、技能培训等服务外包,整合优化生产服务系统。发展技术支持和设备监理、保养、维修、改造、备品备件等专业化服务,提高设备运行质量。鼓励制造业与相关产业协同处置工业"三废"及社会废弃物,发展节能减排投融资、清洁生产审核及咨询等节能环保服务。

(三)加快生产制造与信息技术服务融合。

支持农业生产的信息技术服务创新和应用,发展农作物良种繁育、农业生产动态监测、环境监控等信息技术服务,建立健全农产品质量安全可追溯体系。鼓励将数字技术和智能制造技术广泛应用于产品设计和制造过程,丰富产品功能,提高产品性能。运用互联网、大数据等信息技术,积极发展定制生产,满足多样化、个性化消费需求。促进智能终端与应用服务相融合、数字产品与内容服务相结合,推动产品创新,拓展服务领域。发展服务于产业集群的电子商务、数字内容、数据托管、技术推广、管理咨询等服务平台,提高资源配置效率。

三、主要任务

现阶段,我国生产性服务业重点发展研发设计、第三方物流、融资租赁、信息技术服务、节能环保服务、检验检测认证、电子商务、商务咨询、服务外包、售后服务、人力资源服务和品牌建设。

(一)研发设计。

积极开展研发设计服务,加强新材料、新产品、新工艺的研发和推广应用。大力发展工业设计,培育企业品牌、丰富产品品种、提高附加值。促进工业设计向高端综合设计服务转变。支持研发体现中国文化要素的设计产品。整合现有资源,发挥企业创新主体作用,推进产学研用合作,加快创新成果产业化步伐。鼓励建立专业化、开放型的工业设计企业和工业设计服务中心,促进工业企业与工业设计企业合作。完善知识产权交易和中介服务体系,发展研发设计交易市场。开展面向生产性服务业企业的知识产权培训、专利运营、分析评议、专利代理和专利预警等服务。建立主要由市场评价创新成果的机制,加快研发设计创新转化为现实生产力。

(二)第三方物流。

优化物流企业供应链管理服务,提高物流企业配送的信息化、智能化、精准化水平,推广企业零库存管理等现代企业管理模式。加强核心技术开发,发展连锁配送等现代经营方式,重点推进云计算、物联网、北斗导航及地理信息等技术在物流智能化管理方面的应用。引导企业剥离物流业务,积极发展专业化、社会化的大型物流企业。完善物流建设和服务标准,引导物流设施资源集聚集约发展,培育一批具有较强服务能力的生产服务型物流园区和配送中心。加强综合性、专业性物流公共信息平台和货物配载中心建设,衔接货物信息,匹配运载工具,提高物流企业运输工具利用效率,降低运输车辆空驶率。提高物流行业标准化设施、设备和器具应用水平以及托盘标准化水平。继续推进制造业与物流业联动发展示范工作和快递服务制造业工作,加强仓储、冷链物流服务。大力发展铁水联运、江海直达、滚装运输、道路货物甩挂运输等运输方式,推进货运汽车(挂车)、列车标准国际化。优化城市配送网络,鼓励统一配送和共同配送。推动城市配送车辆标准化、标识化,建立健全配送车辆运力调控机制,完善配送车辆便利通行措施。在关系民生的农产品、药品、快速消费品等重点领域开展标准化托盘循环共用示范试点。完善农村物流服务体系,加强产销衔接,扩大农超对接规模,加快农产品批发和零售市场改造升级,拓展农产品加工服务。

（三）融资租赁。

建立完善融资租赁业运营服务和管理信息系统,丰富租赁方式,提升专业水平,形成融资渠道多样、集约发展、监管有效、法律体系健全的融资租赁服务体系。大力推广大型制造设备、施工设备、运输工具、生产线等融资租赁服务,鼓励融资租赁企业支持中小微企业发展。引导企业利用融资租赁方式,进行设备更新和技术改造。鼓励采用融资租赁方式开拓国际市场。紧密联系产业需求,积极开展租赁业务创新和制度创新,拓展厂商租赁的业务范围。引导租赁服务企业加强与商业银行、保险、信托等金融机构合作,充分利用境外资金,多渠道拓展融资空间,实现规模化经营。建设程序标准化、管理规范化、运转高效的租赁物与二手设备流通市场,建立和完善租赁物公示、查询系统和融资租赁资产退出机制。加快研究制定融资租赁行业的法律法规。充分发挥行业协会作用,加强信用体系建设和行业自律。建立系统性行业风险防范机制,以及融资租赁业统计制度和评价指标体系。

（四）信息技术服务。

发展涉及网络新应用的信息技术服务,积极运用云计算、物联网等信息技术,推动制造业的智能化、柔性化和服务化,促进定制生产等模式创新发展。加快面向工业重点行业的知识库建设,创新面向专业领域的信息服务方式,提升服务能力。加强相关软件研发,提高信息技术咨询设计、集成实施、运行维护、测试评估和信息安全服务水平,面向工业行业应用提供系统解决方案,促进工业生产业务流程再造和优化。推动工业企业与软件提供商、信息服务提供商联合提升企业生产经营管理全过程的数字化水平。支持工业企业所属信息服务机构面向行业和社会提供专业化服务。加快农村互联网基础设施建设,推进信息进村入户。

(五)节能环保服务。

健全节能环保法规和标准体系,增强节能环保指标的刚性约束,严格落实奖惩措施。大力发展节能减排投融资、能源审计、清洁生产审核、工程咨询、节能环保产品认证、节能评估等第三方节能环保服务体系。规范引导建材、冶金、能源企业协同开展城市及产业废弃物的资源化处理,建立交易市场。鼓励结合改善环境质量和治理污染的需要,开展环保服务活动。发展系统设计、成套设备、工程施工、调试运行和维护管理等环保服务总承包。鼓励大型重点用能单位依托自身技术优势和管理经验,开展专业化节能环保服务。推广合同能源管理,建设"一站式"合同能源管理综合服务平台,积极探索节能量市场化交易。建设再生资源回收体系和废弃物逆向物流交易平台。积极发展再制造专业技术服务,建立再制造旧件回收、产品营销、溯源等信息化管理系统。推行环境污染第三方治理。

(六)检验检测认证。

加快发展第三方检验检测认证服务,鼓励不同所有制检验检测认证机构平等参与市场竞争,不断增强权威性和公信力,为提高产品质量提供有力的支持保障服务。加强计量、检测技术、检测装备研发等基础能力建设,发展面向设计开发、生产制造、售后服务全过程的分析、测试、计量、检验等服务。建设一批国家产业计量测试中心,构建国家产业计量测试服务体系。加强先进重大装备、新材料、新能源汽车等领域的第三方检验检测服务,加快发展药品检验检测、医疗器械检验、进出口检验检疫、农产品质量安全检验检测、食品安全检验检测等服务,发展在线检测,完善检验检测认证服务体系。开拓电子商务等服务认证领域。优化资源配置,引导检验检测认证机构集聚发展,推进整合业务相同或相近的检验检测认证机构。积极参与制定国际检验检测标准,开展检验检测认证结果和技术能力国际互认。培育一批技术能力强、服务水平高、规模效益好、具有一定国际影响力的检验检测认证集团。加大生产性服务业标准的推广应用力度,深化国家级服务业标准化试点。

(七)电子商务。

深化大中型企业电子商务应用,促进大宗原材料网上交易、工业产品网上定制、上下游关联企业业务协同发展,创新组织结构和经营模式。引导小微企业依托第三方电子商务服务平台开展业务。抓紧研究制定鼓励电子商务创新发展的意见。深化电子商务服务集成创新。加快并规范集交易、电子认证、在线支付、物流、信用评估等服务于一体的第三方电子商务综合服务平台发展。加快推进适应电子合同、电子发票和电子签名发展的制度建设。建设开放式电子商务快递配送信息平台和社会化仓储设施网络,加快布局、规范建设快件处理中心和航空、陆运集散中心。鼓励对现有商业设施、邮政便民服务设施等的整合利用,加强共同配送末端网点建设,推动社区商业电子商务发展。深入推进国家电子商务示范城市、示范基地和示范企业建设,发展电子商务可信交易保障、交易纠纷处理等服务。建立健全促进电子商务发展的工作保障机制。加强网络基础设施建设和电子商务信用体系、统计监测体系建设,不断完善电子商务标准体系和快递服务质量评价体系。推进农村电子商务发展,积极培育农产品电子商务,鼓励网上购销对接等多种交易方式。支持面向跨境贸易的多语种电子商务平台建设、服务创新和应用推广。积极发展移动电子商务,推动移动电子商务应用向工业生产经营和生产性服务业领域延伸。

(八)商务咨询。

提升商务咨询服务专业化、规模化、网络化水平。引导商务咨询企业以促进产业转型升级为重点,大力发展战略规划、营销策划、市场调查、管理咨询等提升产业发展素质的咨询服务,积极发展资产评估、会计、审计、税务、勘察设计、工程咨询等专业咨询服务。发展信息技术咨询服务,开展咨询设计、集成实施、运行维护、测试评估、应用系统解决方案和信息安全服务。加强知识产权咨询服务,发展检索、分析、数据加工等基础服务,培育知识产权转化、投融资等市场化服务。重视培育品牌和商誉,发展无形资产、信用等评估服务。抓紧研究制定咨询服务业发展指导意见。依法健全商务咨询服务的职业评价制度和信用管理体系,加强执业培训和行业自律。开展多种形式的国际合作,推动商务咨询服务国际化发展。

(九)服务外包。

把握全球服务外包发展新趋势,积极承接国际离岸服务外包业务,大力培育在岸服务外包市场。抓紧研究制定在岸与离岸服务外包协调发展政策。适应生产性服务业社会化、专业化发展要求,鼓励服务外包,促进企业突出核心业务、优化生产流程、创新组织结构、提高质量和效率。引导社会资本积极发展信息技术外包、业务流程外包和知识流程外包服务业务,为产业转型升级提供支撑。鼓励政府机构和事业单位购买专业化服务,加强管理创新。支持企业购买专业化服务,构建数字化服务平台,实现包括产品设计、工艺流程、生产规划、生产制造和售后服务在内的全过程管理。

(十)售后服务。

鼓励企业将售后服务作为开拓市场、提高竞争力的重要途径,增强服务功能,健全服务网络,提升服务质量,完善服务体系。完善产品"三包"制度,推动发展产品配送、安装调试、以旧换新等售后服务,积极运用互联网、物联网、大数据等信息技术,发展远程检测诊断、运营维护、技术支持等售后服务新业态。大力发展专业维护维修服务,加快技术研发与应用,促进维护维修服务业务和服务模式创新,鼓励开展设备监理、维护、修理和运行等全生命周期服务。积极发展专业化、社会化的第三方维护维修服务,支持具备条件的工业企业内设机构向专业维护维修公司转变。完善售后服务标准,加强售后服务专业队伍建设,健全售后服务认证制度和质量监测体系,不断提高用户满意度。

(十一)人力资源服务和品牌建设。

以产业引导、政策扶持和环境营造为重点,推进人力资源服务创新,大力开发能满足不同层次、不同群体需求的各类人力资源服务产品。提高人力资源服务水平,促进人力资源服务供求对接,引导各类企业通过专业化的人力资源服务提升人力资源管理开发和使用水平,提升劳动者素质和人力资源配置效率。加快形成一批具有国际竞争力的综合型、专业型人力资源服务机构。统筹利用高等院校、科研院所、职业院校、社会培训机构和企业等各种培训资源,强化生产性服务业所需的创新型、应用型、复合型、技术技能型人才开发培训。加快推广中关村科技园区股权激励试点经验,调动科研人员创新进取的积极性。营造尊重人才、有利于优秀人才脱颖而出和充分发挥作用的社会环境。鼓励具有自主知识产权的知识创新、技术创新和模式创新,积极创建知名品牌,增强独特文化特质,以品牌引领消费,带动生产制造,推动形成具有中国特色的品牌价值评价机制。

四、政策措施

从深化改革开放、完善财税政策、强化金融创新、有效供给土地、健全价格机制和加强基础工作等方面,为生产性服务业发展创造良好环境,最大限度地激发企业和市场活力。

(一)进一步扩大开放。

进一步放开生产性服务业领域市场准入,营造公平竞争环境,不得对社会资本设置歧视性障碍,鼓励社会资本以多种方式发展生产性服务业。进一步减少生产性服务业重点领域前置审批和资质认定项目,由先证后照改为先照后证,加快落实注册资本认缴登记制。允许社会资本参与应用型技术研发机构市场化改革。鼓励社会资本参与国家服务业综合改革试点。

引导外资企业来华设立生产性服务业企业、各类功能性总部和分支机构、研发中心、营运基地等。统一内外资法律法规,推进生产性服务业领域有序开放,放开建筑设计、会计审计、商贸物流、电子商务等服务业领域外资准入限制。加快研究制定服务业进一步扩大开放的政策措施,对已经明确的扩大开放要求,要抓紧落实配套措施。探索对外商投资实行准入前国民待遇加负面清单的管理模式。发挥中国(上海)自由贸易试验区在服务业领域先行先试的作用。加强与香港、澳门、台湾地区的服务业合作,加快推进深圳前海、珠海横琴、广州南沙与港澳地区,福建厦门、平潭和江苏昆山与台湾地区的服务业合作试点。

鼓励有条件的企业依托现有产品贸易优势,在境外设立分支机构,大力拓展生产性服务业发展空间。简化境外投资审批程序,进一步提高生产性服务业境外投资的便利化程度。鼓励企业利用电子商务开拓国际营销渠道,积极研究为符合条件的电子商务企业、快递企业提供便利通关措施。加快跨境电子商务通关试点建设。鼓励设立境外投资贸易服务机构,做好境外投资需求的规模、领域和国别研究,提供对外投资准确信息,为企业"走出去"提供咨询服务。

(二)完善财税政策。

尽快将营业税改征增值税试点扩大到服务业全领域。根据生产性服务业产业融合度高的特点,完善促进生产性服务业的税收政策。研发设计、检验检测认证、节能环保等科技型、创新型生产性服务业企业,可申请认定为高新技术企业,享受15%的企业所得税优惠税率。研究适时扩大生产性服务业服务产品出口退税政策范围,制定产品退税目录和具体管理办法。

中央财政和地方财政在各自事权和支出责任范围内,重点支持公共基础设施、市场诚信体系、标准体系建设以及公共服务平台等服务业发展薄弱环节建设,探索完善财政资金投入方式,提高资金使用效率,推动建立统一开放、规范竞争的服务业市场体系。鼓励开发区、产业集群、现代农业产业基地、服务业集聚区和发展示范区积极建设重大服务平台。积极研究自主创新产品首次应用政策,增加对研发设计成果应用的支持。完善政府采购办法,逐步加大政府向社会力量购买服务的力度,凡适合社会力量承担的,都可以通过委托、承包、采购等方式交给社会力量承担。研究制定政府向社会力量购买服务的指导性目录,明确政府购买的服务种类、性质和内容。

(三)创新金融服务。

鼓励商业银行按照风险可控、商业可持续原则,开发适合生产性服务业特点的各类金融产品和服务,积极发展商圈融资、供应链融资等融资方式。支持节能环保服务项目以预期收益质押获得贷款。研究制定利用知识产权质押、仓单质押、信用保险保单质押、股权质押、商业保理等多种方式融资的可行措施。建立生产性服务业重点领域企业信贷风险补偿机制。完善动产抵(质)押登记公示体系,建立健全动产押品管理公司监管制度。支持符合条件的生产性服务业企业通过银行间债券市场发行非金融企业债券融资工具融资,拓宽企业融资渠道。支持商业银行发行专项金融债券,服务小微企业。根据研发、设计、应用的阶段特征和需求,建立完善相应的融资支持体系和产品。搭建方便快捷的融资平台,支持符合条件的生产性服务业企业上市融资、发行债券。对符合条件的中小企业信用担保机构提供担保服务实行免征营业税政策。鼓励融资性担保机构扩大生产性服务业企业担保业务规模。

(四)完善土地和价格政策。

合理安排生产性服务业用地,促进节约集约发展。鼓励工业企业利用自有工业用地兴办促进企业转型升级的自营生产性服务业,经依法批准,对提高自有工业用地容积率用于自营生产性服务业的工业企业,可按新用途办理相关手续。选择具备条件的城市和国家服务业综合改革试点区域,鼓励通过对城镇低效用地的改造发展生产性服务业。加强对服务业发展示范区促进生产性服务业发展与土地利用工作的协同指导。

建立完善主要以市场决定价格的生产性服务业价格形成机制,规范服务价格。建立科学合理的生产性服务业企业贷款定价机制,加大对生产性服务业重点领域企业的支持力度。加快落实生产性服务业用电、用水、用气与工业同价。对工业企业分离出的非核心业务,在水、气方面实行与原企业相同的价格政策。符合条件的生产性服务业重点领域企业,可申请参与电力用户与发电企业直接交易试点。加强对生产性服务业重点领域违规收费项目的清理和监督检查。

(五)加强知识产权保护和人才队伍建设。

鼓励生产性服务业企业创造自主知识产权,加强对服务模式、服务内容等创新的保护。加快数字版权保护技术研发,推进国家版权监管平台建设。扩大知识产权基础信息资源共享范围,促进知识产权协同创新。加强知识产权执法,加大对侵犯知识产权和制售假冒伪劣商品的打击力度,维护市场秩序,保护创新积极性。加强政府引导,及时发布各类人才需求导向等信息。支持生产性服务业创新团队培养,建立创新发展服务平台。研究促进设计、创意人才队伍建设的措施办法,鼓励创新型人才发展。建设大型专业人才服务平台,增强人才供需衔接。

(六)建立健全统计制度。

以国民经济行业分类为基础,抓紧研究制定生产性服务业及重点领域统计分类,完善相关统计制度和指标体系,明确各有关部门相关统计任务。建立健全有关部门信息共享机制,逐步形成年度、季度信息发布机制。

各地区、各部门要充分认识发展生产性服务业的重大意义,把加快发展生产性服务业作为转变经济发展方式、调整产业结构的重要任务,采取有力措施,确保各项政策落到实处、见到实效。地方各级人民政府要加强组织领导,结合本地实际进一步研究制定扶持生产性服务业发展的政策措施。国务院各有关部门要密切协作配合,抓紧制定各项配套政策和落实政策措施分工的具体措施,营造促进生产性服务业发展的良好环境。发展改革委要加强统筹协调,会同有关部门对本意见落实情况进行督促检查和跟踪分析,每半年向国务院报告一次落实情况,重大问题及时报告。

在推进生产性服务业加快发展的同时,要围绕人民群众的迫切需要,继续大力发展生活性服务业,落实和完善生活性服务业支持政策,拓展新领域,不断丰富健康、家庭、养老等服务产品供给;发展新业态,不断提高网络购物、远程教育、旅游等服务层次水平;培育新热点,不断扩大文化创意、数字家庭、信息消费等消费市场规模,做到生产性服务业与生活性服务业并重、现代服务业与传统服务业并举,切实把服务业打造成经济社会可持续发展的新引擎。

国务院关于加快科技
服务业发展的若干意见

（2014 年 10 月 9 日）

各省、自治区、直辖市人民政府,国务院各部委、各直属机构:

科技服务业是现代服务业的重要组成部分,具有人才智力密集、科技含量高、产业附加值大、辐射带动作用强等特点。近年来,我国科技服务业发展势头良好,服务内容不断丰富,服务模式不断创新,新型科技服务组织和服务业态不断涌现,服务质量和能力稳步提升。但总体上我国科技服务业仍处于发展初期,存在着市场主体发育不健全、服务机构专业化程度不高、高端服务业态较少、缺乏知名品牌、发展环境不完善、复合型人才缺乏等问题。加快科技服务业发展,是推动科技创新和科技成果转化、促进科技经济深度融合的客观要求,是调整优化产业结构、培育新经济增长点的重要举措,是实现科技创新引领产业升级、推动经济向中高端水平迈进的关键一环,对于深入实施创新驱动发展战略、推动经济提质增效升级具有重要意义。为加快推动科技服务业发展,现提出以下意见。

一、总体要求

（一）指导思想。

以邓小平理论、"三个代表"重要思想、科学发展观为指导,深入贯彻落实党的十八大、十八届二中、三中全会精神和国务院决策部署,充分发

24

挥市场在资源配置中的决定性作用,以支撑创新驱动发展战略实施为目标,以满足科技创新需求和提升产业创新能力为导向,深化科技体制改革,加快政府职能转变,完善政策环境,培育和壮大科技服务市场主体,创新科技服务模式,延展科技创新服务链,促进科技服务业专业化、网络化、规模化、国际化发展,为建设创新型国家、打造中国经济升级版提供重要保障。

(二)基本原则。

坚持深化改革。推进科技体制改革,加快政府职能转变和简政放权,有序放开科技服务市场准入,建立符合国情、持续发展的体制机制,营造平等参与、公平竞争的发展环境,激发各类科技服务主体活力。

坚持创新驱动。充分应用现代信息和网络技术,依托各类科技创新载体,整合开放公共科技服务资源,推动技术集成创新和商业模式创新,积极发展新型科技服务业态。

坚持市场导向。充分发挥市场在资源配置中的决定性作用,区分公共服务和市场化服务,综合运用财税、金融、产业等政策支持科技服务机构市场化发展,加强专业化分工,拓展市场空间,实现科技服务业集聚发展。

坚持开放合作。鼓励科技服务机构加强区域协作,推动科技服务业协同发展,加强国际交流与合作,培育具有全球影响力的服务品牌。

(三)发展目标。

到2020年,基本形成覆盖科技创新全链条的科技服务体系,服务科技创新能力大幅增强,科技服务市场化水平和国际竞争力明显提升,培育一批拥有知名品牌的科技服务机构和龙头企业,涌现一批新型科技服务业态,形成一批科技服务产业集群,科技服务业产业规模达到8万亿元,成为促进科技经济结合的关键环节和经济提质增效升级的重要引擎。

二、重点任务

重点发展研究开发、技术转移、检验检测认证、创业孵化、知识产权、科技咨询、科技金融、科学技术普及等专业科技服务和综合科技服务,提升科技服务业对科技创新和产业发展的支撑能力。

（一）研究开发及其服务。

加大对基础研究的投入力度,支持开展多种形式的应用研究和试验发展活动。支持高校、科研院所整合科研资源,面向市场提供专业化的研发服务。鼓励研发类企业专业化发展,积极培育市场化新型研发组织、研发中介和研发服务外包新业态。支持产业联盟开展协同创新,推动产业技术研发机构面向产业集群开展共性技术研发。支持发展产品研发设计服务,促进研发设计服务企业积极应用新技术提高设计服务能力。加强科技资源开放服务,建立健全高校、科研院所的科研设施和仪器设备开放运行机制,引导国家重点实验室、国家工程实验室、国家工程（技术）研究中心、大型科学仪器中心、分析测试中心等向社会开放服务。

（二）技术转移服务。

发展多层次的技术（产权）交易市场体系,支持技术交易机构探索基于互联网的在线技术交易模式,推动技术交易市场做大做强。鼓励技术转移机构创新服务模式,为企业提供跨领域、跨区域、全过程的技术转移集成服务,促进科技成果加速转移转化。依法保障为科技成果转移转化作出重要贡献的人员、技术转移机构等相关方的收入或股权比例。充分发挥技术进出口交易会、高新技术成果交易会等展会在推动技术转移中的作用。推动高校、科研院所、产业联盟、工程中心等面向市场开展中试和技术熟化等集成服务。建立企业、科研院所、高校良性互动机制,促进技术转移转化。

（三）检验检测认证服务。

加快发展第三方检验检测认证服务,鼓励不同所有制检验检测认证机构平等参与市场竞争。加强计量、检测技术、检测装备研发等基础能力建设,发展面向设计开发、生产制造、售后服务全过程的观测、分析、测试、检验、标准、认证等服务。支持具备条件的检验检测认证机构与行政部门脱钩、转企改制,加快推进跨部门、跨行业、跨层级整合与并购重组,培育一批技术能力强、服务水平高、规模效益好的检验检测认证集团。完善检验检测认证机构规划布局,加强国家质检中心和检测实验室建设。构建产业计量测试服务体系,加强国家产业计量测试中心建设,建立计量科技创新联盟。构建统一的检验检测认证监管制度,完善检验检测认证机构资质认定办法,开展检验检测认证结果和技术能力国际互认。加强技术标准研制与应用,支持标准研发、信息咨询等服务发展,构建技术标准全程服务体系。

(四)创业孵化服务。

构建以专业孵化器和创新型孵化器为重点、综合孵化器为支撑的创业孵化生态体系。加强创业教育,营造创业文化,办好创新创业大赛,充分发挥大学科技园在大学生创业就业和高校科技成果转化中的载体作用。引导企业、社会资本参与投资建设孵化器,促进天使投资与创业孵化紧密结合,推广"孵化+创投"等孵化模式,积极探索基于互联网的新型孵化方式,提升孵化器专业服务能力。整合创新创业服务资源,支持建设"创业苗圃+孵化器+加速器"的创业孵化服务链条,为培育新兴产业提供源头支撑。

(五)知识产权服务。

以科技创新需求为导向,大力发展知识产权代理、法律、信息、咨询、培训等服务,提升知识产权分析评议、运营实施、评估交易、保护维权、投融资等服务水平,构建全链条的知识产权服务体系。支持成立知识产权服务联盟,开发高端检索分析工具。推动知识产权基础信息资源免费或低成本向社会开放,基本检索工具免费供社会公众使用。支持相关科技服务机构面向重点产业领域,建立知识产权信息服务平台,提升产业创新服务能力。

（六）科技咨询服务。

鼓励发展科技战略研究、科技评估、科技招投标、管理咨询等科技咨询服务业，积极培育管理服务外包、项目管理外包等新业态。支持科技咨询机构、知识服务机构、生产力促进中心等积极应用大数据、云计算、移动互联网等现代信息技术，创新服务模式，开展网络化、集成化的科技咨询和知识服务。加强科技信息资源的市场化开发利用，支持发展竞争情报分析、科技查新和文献检索等科技信息服务。发展工程技术咨询服务，为企业提供集成化的工程技术解决方案。

（七）科技金融服务。

深化促进科技和金融结合试点，探索发展新型科技金融服务组织和服务模式，建立适应创新链需求的科技金融服务体系。鼓励金融机构在科技金融服务的组织体系、金融产品和服务机制方面进行创新，建立融资风险与收益相匹配的激励机制，开展科技保险、科技担保、知识产权质押等科技金融服务。支持天使投资、创业投资等股权投资对科技企业进行投资和增值服务，探索投贷结合的融资模式。利用互联网金融平台服务科技创新，完善投融资担保机制，破解科技型中小微企业融资难问题。

（八）科学技术普及服务。

加强科普能力建设，支持有条件的科技馆、博物馆、图书馆等公共场所免费开放，开展公益性科普服务。引导科普服务机构采取市场运作方式，加强产品研发，拓展传播渠道，开展增值服务，带动模型、教具、展品等相关衍生产业发展。推动科研机构、高校向社会开放科研设施，鼓励企业、社会组织和个人捐助或投资建设科普设施。整合科普资源，建立区域合作机制，逐步形成全国范围内科普资源互通共享的格局。支持各类出版机构、新闻媒体开展科普服务，积极开展青少年科普阅读活动，加大科技传播力度，提供科普服务新平台。

（九）综合科技服务。

鼓励科技服务机构的跨领域融合、跨区域合作,以市场化方式整合现有科技服务资源,创新服务模式和商业模式,发展全链条的科技服务,形成集成化总包、专业化分包的综合科技服务模式。鼓励科技服务机构面向产业集群和区域发展需求,开展专业化的综合科技服务,培育发展壮大若干科技集成服务商。支持科技服务机构面向军民科技融合开展综合服务,推进军民融合深度发展。

三、政策措施

（一）健全市场机制。

进一步完善科技服务业市场法规和监管体制,有序放开科技服务市场准入,规范市场秩序,加强科技服务企业信用体系建设,构建统一开放、竞争有序的市场体系,为各类科技服务主体营造公平竞争的环境。推动国有科技服务企业建立现代企业制度,引导社会资本参与国有科技服务企业改制,促进股权多元化改造。鼓励科技人员创办科技服务企业,积极支持合伙制科技服务企业发展。加快推进具备条件的科技服务事业单位转制,开展市场化经营。加快转变政府职能,充分发挥产业技术联盟、行业协会等社会组织在推动科技服务业发展中的作用。

（二）强化基础支撑。

加快建立国家科技报告制度,建设统一的国家科技管理信息系统,逐步加大信息开放和共享力度。积极推进科技服务公共技术平台建设,提升科技服务技术支撑能力。建立健全科技服务的标准体系,加强分类指导,促进科技服务业规范化发展。完善科技服务业统计调查制度,充分利用并整合各有关部门科技服务业统计数据,定期发布科技服务业发展情况。研究实行有利于科技服务业发展的土地政策,完善价格政策,逐步实现科技服务企业用水、用电、用气与工业企业同价。

（三）加大财税支持。

建立健全事业单位大型科研仪器设备对外开放共享机制,加强对国家超级计算中心等公共科研基础设施的支持。完善高新技术企业认定管理办法,充分考虑科技服务业特点,将科技服务内容及其支撑技术纳入国家重点支持的高新技术领域,对认定为高新技术企业的科技服务企业,减按15%的税率征收企业所得税。符合条件的科技服务企业发生的职工教育经费支出,不超过工资薪金总额8%的部分,准予在计算应纳税所得额时据实扣除。结合完善企业研发费用计核方法,统筹研究科技服务费用税前加计扣除范围。加快推进营业税改征增值税试点,扩大科技服务企业增值税进项税额抵扣范围,消除重复征税。落实国家大学科技园、科技企业孵化器相关税收优惠政策,对其自用以及提供给孵化企业使用的房产、土地,免征房产税和城镇土地使用税;对其向孵化企业出租场地、房屋以及提供孵化服务的收入,免征营业税。

（四）拓宽资金渠道。

建立多元化的资金投入体系,拓展科技服务企业融资渠道,引导银行信贷、创业投资、资本市场等加大对科技服务企业的支持,支持科技服务企业上市融资和再融资以及到全国中小企业股份转让系统挂牌,鼓励外资投入科技服务业。积极发挥财政资金的杠杆作用,利用中小企业发展专项资金、国家科技成果转化引导基金等渠道加大对科技服务企业的支持力度;鼓励地方通过科技服务业发展专项资金等方式,支持科技服务机构提升专业服务能力、搭建公共服务平台、创新服务模式等。创新财政支持方式,积极探索以政府购买服务、"后补助"等方式支持公共科技服务发展。

（五）加强人才培养。

面向科技服务业发展需求,完善学历教育和职业培训体系,支持高校调整相关专业设置,加强对科技服务业从业人员的培养培训。积极利用各类人才计划,引进和培养一批懂技术、懂市场、懂管理的复合型科技服务高端人才。依托科协组织、行业协会,开展科技服务人才专业技术培训,提高从业人员的专业素质和能力水平。完善科技服务业人才评价体系,健全职业资格制度,调动高校、科研院所、企业等各类人才在科技服务领域创业创新的积极性。

(六)深化开放合作。

支持科技服务企业"走出去",通过海外并购、联合经营、设立分支机构等方式开拓国际市场,扶持科技服务企业到境外上市。推动科技服务企业牵头组建以技术、专利、标准为纽带的科技服务联盟,开展协同创新。支持科技服务机构开展技术、人才等方面的国际交流合作。鼓励国外知名科技服务机构在我国设立分支机构或开展科技服务合作。

(七)推动示范应用。

开展科技服务业区域和行业试点示范,打造一批特色鲜明、功能完善、布局合理的科技服务业集聚区,形成一批具有国际竞争力的科技服务业集群。深入推动重点行业的科技服务应用,围绕战略性新兴产业和现代制造业的创新需求,建设公共科技服务平台。鼓励开展面向农业技术推广、农业产业化、人口健康、生态环境、社会治理、公共安全、防灾减灾等惠民科技服务。

各地区、各部门要充分认识加快科技服务业发展的重大意义,加强组织领导,健全工作机制,强化部门协同和上下联动,协调推动科技服务业改革发展。各地区要根据本意见,结合地方实际研究制订具体实施方案,细化政策措施,确保各项任务落到实处。各有关部门要抓紧研究制订配套政策和落实分工任务的具体措施,为科技服务业发展营造良好环境。科技部要会同相关部门对本意见的落实情况进行跟踪分析和督促指导,重大事项及时向国务院报告。

国务院关于扶持
小型微型企业健康发展的意见

（2014 年 10 月 31 日）

各省、自治区、直辖市人民政府,国务院各部委、各直属机构:

　　工商登记制度改革极大地激发了市场活力和创业热情,小型微型企业数量快速增长,为促进经济发展和社会就业发挥了积极作用,但在发展中也面临一些困难和问题。为切实扶持小型微型企业(含个体工商户)健康发展,现提出如下意见。

　　一、充分发挥现有中小企业专项资金的引导作用,鼓励地方中小企业扶持资金将小型微型企业纳入支持范围。(财政部、发展改革委、工业和信息化部、科技部、商务部、工商总局等部门负责)

　　二、认真落实已经出台的支持小型微型企业税收优惠政策,根据形势发展的需要研究出台继续支持的政策。小型微型企业从事国家鼓励发展的投资项目,进口项目自用且国内不能生产的先进设备,按照有关规定免征关税。(财政部会同税务总局、工商总局、工业和信息化部、海关总署等部门负责)

　　三、加大中小企业专项资金对小企业创业基地(微型企业孵化园、科技孵化器、商贸企业集聚区等)建设的支持力度。鼓励大中型企业带动产业链上的小型微型企业,实现产业集聚和抱团发展。(财政部、工业和信息化部、科技部、商务部、工商总局等部门负责)

　　四、对小型微型企业吸纳就业困难人员就业的,按照规定给予社会保险补贴。自工商登记注册之日起 3 年内,对安排残疾人就业未达到规定比例、在职职工总数 20 人以下(含 20 人)的小型微型企业,免征残疾人就业保障金。(人力资源社会保障部会同财政部、中国残联等部门负责)

五、鼓励各级政府设立的创业投资引导基金积极支持小型微型企业。积极引导创业投资基金、天使基金、种子基金投资小型微型企业。符合条件的小型微型企业可按规定享受小额担保贷款扶持政策。(财政部会同发展改革委、工业和信息化部、证监会、科技部、商务部、人力资源社会保障部等部门负责)

六、进一步完善小型微型企业融资担保政策。大力发展政府支持的担保机构,引导其提高小型微型企业担保业务规模,合理确定担保费用。进一步加大对小型微型企业融资担保的财政支持力度,综合运用业务补助、增量业务奖励、资本投入、代偿补偿、创新奖励等方式,引导担保、金融机构和外贸综合服务企业等为小型微型企业提供融资服务。(银监会会同发展改革委、工业和信息化部、财政部、科技部、商务部、人力资源社会保障部、人民银行、税务总局等部门负责)

七、鼓励大型银行充分利用机构和网点优势,加大小型微型企业金融服务专营机构建设力度。引导中小型银行将改进小型微型企业金融服务和战略转型相结合,科学调整信贷结构,重点支持小型微型企业和区域经济发展。引导银行业金融机构针对小型微型企业的经营特点和融资需求特征,创新产品和服务。各银行业金融机构在商业可持续和有效控制风险的前提下,单列小型微型企业信贷计划。在加强监管前提下,大力推进具备条件的民间资本依法发起设立中小型银行等金融机构。(银监会会同人民银行、发展改革委、财政部、工业和信息化部、科技部、商务部等部门负责)

八、高校毕业生到小型微型企业就业的,其档案可由当地市、县一级的公共就业人才服务机构免费保管。(人力资源社会保障部、工业和信息化部、工商总局等部门负责)

九、建立支持小型微型企业发展的信息互联互通机制。依托工商行政管理部门的企业信用信息公示系统,在企业自愿申报的基础上建立小型微型企业名录,集中公开各类扶持政策及企业享受扶持政策的信息。通过统一的信用信息平台,汇集工商注册登记、行政许可、税收缴纳、社保缴费等信息,推进小型微型企业信用信息共享,促进小型微型企业信用体系建设。通过信息公开和共享,利用大数据、云计算等现代信息技术,推动政府部门和银行、证券、保险等专业机构提供更有效的服务。从小型微型企业中抽取一定比例的样本企业,进行跟踪调查,加强监测分析。(工商总局、发展改革委、税务总局、工业和信息化部、人力资源社会保障部、人民银行、质检总局、统计局等部门负责)

十、大力推进小型微型企业公共服务平台建设,加大政府购买服务力度,为小型微型企业免费提供管理指导、技能培训、市场开拓、标准咨询、检验检测认证等服务。(工业和信息化部会同财政部、科技部、商务部、质检总局等部门负责)

各地区、各部门要结合本地区、本部门实际,在落实好已有的小型微型企业扶持政策的基础上,加大对政策的解读、宣传力度,简化办事流程,提高服务效率。各地区、各部门要确保政策尽快落实,并适时提出进一步措施。

国务院关于创新重点领域投融资机制
鼓励社会投资的指导意见

(2014 年 11 月 16 日)

各省、自治区、直辖市人民政府,国务院各部委、各直属机构:

为推进经济结构战略性调整,加强薄弱环节建设,促进经济持续健康发展,迫切需要在公共服务、资源环境、生态建设、基础设施等重点领域进一步创新投融资机制,充分发挥社会资本特别是民间资本的积极作用。为此,特提出以下意见。

一、总体要求

(一)指导思想。全面贯彻落实党的十八大和十八届三中、四中全会精神,按照党中央、国务院决策部署,使市场在资源配置中起决定性作用和更好发挥政府作用,打破行业垄断和市场壁垒,切实降低准入门槛,建立公平开放透明的市场规则,营造权利平等、机会平等、规则平等的投资环境,进一步鼓励社会投资特别是民间投资,盘活存量、用好增量,调结构、补短板,服务国家生产力布局,促进重点领域建设,增加公共产品有效供给。

(二)基本原则。实行统一市场准入,创造平等投资机会;创新投资运营机制,扩大社会资本投资途径;优化政府投资使用方向和方式,发挥引导带动作用;创新融资方式,拓宽融资渠道;完善价格形成机制,发挥价格杠杆作用。

二、创新生态环保投资运营机制

（三）深化林业管理体制改革。推进国有林区和国有林场管理体制改革，完善森林经营和采伐管理制度，开展森林科学经营。深化集体林权制度改革，稳定林权承包关系，放活林地经营权，鼓励林权依法规范流转。鼓励荒山荒地造林和退耕还林林地林权依法流转。减免林权流转税费，有效降低流转成本。

（四）推进生态建设主体多元化。在严格保护森林资源的前提下，鼓励社会资本积极参与生态建设和保护，支持符合条件的农民合作社、家庭农场（林场）、专业大户、林业企业等新型经营主体投资生态建设项目。对社会资本利用荒山荒地进行植树造林的，在保障生态效益、符合土地用途管制要求的前提下，允许发展林下经济、森林旅游等生态产业。

（五）推动环境污染治理市场化。在电力、钢铁等重点行业以及开发区（工业园区）污染治理等领域，大力推行环境污染第三方治理，通过委托治理服务、托管运营服务等方式，由排污企业付费购买专业环境服务公司的治污减排服务，提高污染治理的产业化、专业化程度。稳妥推进政府向社会购买环境监测服务。建立重点行业第三方治污企业推荐制度。

（六）积极开展排污权、碳排放权交易试点。推进排污权有偿使用和交易试点，建立排污权有偿使用制度，规范排污权交易市场，鼓励社会资本参与污染减排和排污权交易。加快调整主要污染物排污费征收标准，实行差别化排污收费政策。加快在国内试行碳排放权交易制度，探索森林碳汇交易，发展碳排放权交易市场，鼓励和支持社会投资者参与碳配额交易，通过金融市场发现价格的功能，调整不同经济主体利益，有效促进环保和节能减排。

三、鼓励社会资本投资运营农业和水利工程

（七）培育农业、水利工程多元化投资主体。支持农民合作社、家庭农场、专业大户、农业企业等新型经营主体投资建设农田水利和水土保持设施。允许财政补助形成的小型农田水利和水土保持工程资产由农业用水合作组织持有和管护。鼓励社会资本以特许经营、参股控股等多种形式参与具有一定收益的节水供水重大水利工程建设运营。社会资本愿意投入的重大水利工程，要积极鼓励社会资本投资建设。

（八）保障农业、水利工程投资合理收益。社会资本投资建设或运营管理农田水利、水土保持设施和节水供水重大水利工程的，与国有、集体投资项目享有同等政策待遇，可以依法获取供水水费等经营收益；承担公益性任务的，政府可对工程建设投资、维修养护和管护经费等给予适当补助，并落实优惠政策。社会资本投资建设或运营管理农田水利设施、重大水利工程等，可依法继承、转让、转租、抵押其相关权益；征收、征用或占用的，要按照国家有关规定给予补偿或者赔偿。

（九）通过水权制度改革吸引社会资本参与水资源开发利用和保护。加快建立水权制度，培育和规范水权交易市场，积极探索多种形式的水权交易流转方式，允许各地通过水权交易满足新增合理用水需求。鼓励社会资本通过参与节水供水重大水利工程投资建设等方式优先获得新增水资源使用权。

（十）完善水利工程水价形成机制。深入开展农业水价综合改革试点，进一步促进农业节水。水利工程供非农业用水价格按照补偿成本、合理收益、优质优价、公平负担的原则合理制定，并根据供水成本变化及社会承受能力等适时调整，推行两部制水利工程水价和丰枯季节水价。价格调整不到位时，地方政府可根据实际情况安排财政性资金，对运营单位进行合理补偿。

四、推进市政基础设施投资运营市场化

（十一）改革市政基础设施建设运营模式。推动市政基础设施建设运营事业单位向独立核算、自主经营的企业化管理转变。鼓励打破以项目为单位的分散运营模式，实行规模化经营，降低建设和运营成本，提高投资效益。推进市县、乡镇和村级污水收集和处理、垃圾处理项目按行业"打包"投资和运营，鼓励实行城乡供水一体化、厂网一体投资和运营。

（十二）积极推动社会资本参与市政基础设施建设运营。通过特许经营、投资补助、政府购买服务等多种方式，鼓励社会资本投资城镇供水、供热、燃气、污水垃圾处理、建筑垃圾资源化利用和处理、城市综合管廊、公园配套服务、公共交通、停车设施等市政基础设施项目，政府依法选择符合要求的经营者。政府可采用委托经营或转让—经营—转让（TOT）等方式，将已经建成的市政基础设施项目转交给社会资本运营管理。

（十三）加强县城基础设施建设。按照新型城镇化发展的要求，把有条件的县城和重点镇发展为中小城市，支持基础设施建设，增强吸纳农业转移人口的能力。选择若干具有产业基础、特色资源和区位优势的县城和重点镇推行试点，加大对市政基础设施建设运营引入市场机制的政策支持力度。

（十四）完善市政基础设施价格机制。加快改进市政基础设施价格形成、调整和补偿机制，使经营者能够获得合理收益。实行上下游价格调整联动机制，价格调整不到位时，地方政府可根据实际情况安排财政性资金对企业运营进行合理补偿。

五、改革完善交通投融资机制

（十五）加快推进铁路投融资体制改革。用好铁路发展基金平台，吸

引社会资本参与,扩大基金规模。充分利用铁路土地综合开发政策,以开发收益支持铁路发展。按照市场化方向,不断完善铁路运价形成机制。向地方政府和社会资本放开城际铁路、市域(郊)铁路、资源开发性铁路和支线铁路的所有权、经营权。按照构建现代企业制度的要求,保障投资者权益,推进蒙西至华中、长春至西巴彦花铁路等引进民间资本的示范项目实施。鼓励按照"多式衔接、立体开发、功能融合、节约集约"的原则,对城市轨道交通站点周边、车辆段上盖进行土地综合开发,吸引社会资本参与城市轨道交通建设。

(十六)完善公路投融资模式。建立完善政府主导、分级负责、多元筹资的公路投融资模式,完善收费公路政策,吸引社会资本投入,多渠道筹措建设和维护资金。逐步建立高速公路与普通公路统筹发展机制,促进普通公路持续健康发展。

(十七)鼓励社会资本参与水运、民航基础设施建设。探索发展"航电结合"等投融资模式,按相关政策给予投资补助,鼓励社会资本投资建设航电枢纽。鼓励社会资本投资建设港口、内河航运设施等。积极吸引社会资本参与盈利状况较好的枢纽机场、干线机场以及机场配套服务设施等投资建设,拓宽机场建设资金来源。

六、鼓励社会资本加强能源设施投资

(十八)鼓励社会资本参与电力建设。在做好生态环境保护、移民安置和确保工程安全的前提下,通过业主招标等方式,鼓励社会资本投资常规水电站和抽水蓄能电站。在确保具备核电控股资质主体承担核安全责任的前提下,引入社会资本参与核电项目投资,鼓励民间资本进入核电设备研制和核电服务领域。鼓励社会资本投资建设风光电、生物质能等清洁能源项目和背压式热电联产机组,进入清洁高效煤电项目建设、燃煤电厂节能减排升级改造领域。

（十九）鼓励社会资本参与电网建设。积极吸引社会资本投资建设跨区输电通道、区域主干电网完善工程和大中城市配电网工程。将海南联网Ⅱ回线路和滇西北送广东特高压直流输电工程等项目作为试点，引入社会资本。鼓励社会资本投资建设分布式电源并网工程、储能装置和电动汽车充换电设施。

（二十）鼓励社会资本参与油气管网、储存设施和煤炭储运建设运营。支持民营企业、地方国有企业等参股建设油气管网主干线、沿海液化天然气（LNG）接收站、地下储气库、城市配气管网和城市储气设施，控股建设油气管网支线、原油和成品油商业储备库。鼓励社会资本参与铁路运煤干线和煤炭储配体系建设。国家规划确定的石化基地炼化一体化项目向社会资本开放。

（二十一）理顺能源价格机制。进一步推进天然气价格改革，2015年实现存量气和增量气价格并轨，逐步放开非居民用天然气气源价格，落实页岩气、煤层气等非常规天然气价格市场化政策。尽快出台天然气管道运输价格政策。按照合理成本加合理利润的原则，适时调整煤层气发电、余热余压发电上网标杆电价。推进天然气分布式能源冷、热、电价格市场化。完善可再生能源发电价格政策，研究建立流域梯级效益补偿机制，适时调整完善燃煤发电机组环保电价政策。

七、推进信息和民用空间基础设施投资主体多元化

（二十二）鼓励电信业进一步向民间资本开放。进一步完善法律法规，尽快修订电信业务分类目录。研究出台具体试点办法，鼓励和引导民间资本投资宽带接入网络建设和业务运营，大力发展宽带用户。推进民营企业开展移动通信转售业务试点工作，促进业务创新发展。

（二十三）吸引民间资本加大信息基础设施投资力度。支持基础电信企业引入民间战略投资者。推动中国铁塔股份有限公司引入民间资

本,实现混合所有制发展。

（二十四）鼓励民间资本参与国家民用空间基础设施建设。完善民用遥感卫星数据政策,加强政府采购服务,鼓励民间资本研制、发射和运营商业遥感卫星,提供市场化、专业化服务。引导民间资本参与卫星导航地面应用系统建设。

八、鼓励社会资本加大社会事业投资力度

（二十五）加快社会事业公立机构分类改革。积极推进养老、文化、旅游、体育等领域符合条件的事业单位,以及公立医院资源丰富地区符合条件的医疗事业单位改制,为社会资本进入创造条件,鼓励社会资本参与公立机构改革。将符合条件的国有单位培训疗养机构转变为养老机构。

（二十六）鼓励社会资本加大社会事业投资力度。通过独资、合资、合作、联营、租赁等途径,采取特许经营、公建民营、民办公助等方式,鼓励社会资本参与教育、医疗、养老、体育健身、文化设施建设。尽快出台鼓励社会力量兴办教育、促进民办教育健康发展的意见。各地在编制城市总体规划、控制性详细规划以及有关专项规划时,要统筹规划、科学布局各类公共服务设施。各级政府逐步扩大教育、医疗、养老、体育健身、文化等政府购买服务范围,各类经营主体平等参与。将符合条件的各类医疗机构纳入医疗保险定点范围。

（二十七）完善落实社会事业建设运营税费优惠政策。进一步完善落实非营利性教育、医疗、养老、体育健身、文化机构税收优惠政策。对非营利性医疗、养老机构建设一律免征有关行政事业性收费,对营利性医疗、养老机构建设一律减半征收有关行政事业性收费。

（二十八）改进社会事业价格管理政策。民办教育、医疗机构用电、用水、用气、用热,执行与公办教育、医疗机构相同的价格政策。养老机构用电、用水、用气、用热,按居民生活类价格执行。除公立医疗、养老机构

提供的基本服务按照政府规定的价格政策执行外,其他医疗、养老服务实行经营者自主定价。营利性民办学校收费实行自主定价,非营利性民办学校收费政策由地方政府按照市场化方向根据当地实际情况确定。

九、建立健全政府和社会资本合作(PPP)机制

(二十九)推广政府和社会资本合作(PPP)模式。认真总结经验,加强政策引导,在公共服务、资源环境、生态保护、基础设施等领域,积极推广 PPP 模式,规范选择项目合作伙伴,引入社会资本,增强公共产品供给能力。政府有关部门要严格按照预算管理有关法律法规,完善财政补贴制度,切实控制和防范财政风险。健全 PPP 模式的法规体系,保障项目顺利运行。鼓励通过 PPP 方式盘活存量资源,变现资金要用于重点领域建设。

(三十)规范合作关系保障各方利益。政府有关部门要制定管理办法,尽快发布标准合同范本,对 PPP 项目的业主选择、价格管理、回报方式、服务标准、信息披露、违约处罚、政府接管以及评估论证等进行详细规定,规范合作关系。平衡好社会公众与投资者利益关系,既要保障社会公众利益不受损害,又要保障经营者合法权益。

(三十一)健全风险防范和监督机制。政府和投资者应对 PPP 项目可能产生的政策风险、商业风险、环境风险、法律风险等进行充分论证,完善合同设计,健全纠纷解决和风险防范机制。建立独立、透明、可问责、专业化的 PPP 项目监管体系,形成由政府监管部门、投资者、社会公众、专家、媒体等共同参与的监督机制。

(三十二)健全退出机制。政府要与投资者明确 PPP 项目的退出路径,保障项目持续稳定运行。项目合作结束后,政府应组织做好接管工作,妥善处理投资回收、资产处理等事宜。

十、充分发挥政府投资的引导带动作用

(三十三)优化政府投资使用方向。政府投资主要投向公益性和基础性建设。对鼓励社会资本参与的生态环保、农林水利、市政基础设施、社会事业等重点领域,政府投资可根据实际情况给予支持,充分发挥政府投资"四两拨千斤"的引导带动作用。

(三十四)改进政府投资使用方式。在同等条件下,政府投资优先支持引入社会资本的项目,根据不同项目情况,通过投资补助、基金注资、担保补贴、贷款贴息等方式,支持社会资本参与重点领域建设。抓紧制定政府投资支持社会投资项目的管理办法,规范政府投资安排行为。

十一、创新融资方式拓宽融资渠道

(三十五)探索创新信贷服务。支持开展排污权、收费权、集体林权、特许经营权、购买服务协议预期收益、集体土地承包经营权质押贷款等担保创新类贷款业务。探索利用工程供水、供热、发电、污水垃圾处理等预期收益质押贷款,允许利用相关收益作为还款来源。鼓励金融机构对民间资本举办的社会事业提供融资支持。

(三十六)推进农业金融改革。探索采取信用担保和贴息、业务奖励、风险补偿、费用补贴、投资基金,以及互助信用、农业保险等方式,增强农民合作社、家庭农场(林场)、专业大户、农林业企业的贷款融资能力和风险抵御能力。

(三十七)充分发挥政策性金融机构的积极作用。在国家批准的业务范围内,加大对公共服务、生态环保、基础设施建设项目的支持力度。努力为生态环保、农林水利、中西部铁路和公路、城市基础设施等重大工程提供长期稳定、低成本的资金支持。

（三十八）鼓励发展支持重点领域建设的投资基金。大力发展股权投资基金和创业投资基金,鼓励民间资本采取私募等方式发起设立主要投资于公共服务、生态环保、基础设施、区域开发、战略性新兴产业、先进制造业等领域的产业投资基金。政府可以使用包括中央预算内投资在内的财政性资金,通过认购基金份额等方式予以支持。

（三十九）支持重点领域建设项目开展股权和债权融资。大力发展债权投资计划、股权投资计划、资产支持计划等融资工具,延长投资期限,引导社保资金、保险资金等用于收益稳定、回收期长的基础设施和基础产业项目。支持重点领域建设项目采用企业债券、项目收益债券、公司债券、中期票据等方式通过债券市场筹措投资资金。推动铁路、公路、机场等交通项目建设企业应收账款证券化。建立规范的地方政府举债融资机制,支持地方政府依法依规发行债券,用于重点领域建设。

创新重点领域投融资机制对稳增长、促改革、调结构、惠民生具有重要作用。各地区、各有关部门要从大局出发,进一步提高认识,加强组织领导,健全工作机制,协调推动重点领域投融资机制创新。各地政府要结合本地实际,抓紧制定具体实施细则,确保各项措施落到实处。国务院各有关部门要严格按照分工,抓紧制定相关配套措施,加快重点领域建设,同时要加强宣传解读,让社会资本了解参与方式、运营方式、盈利模式、投资回报等相关政策,进一步稳定市场预期,充分调动社会投资积极性,切实发挥好投资对经济增长的关键作用。发展改革委要会同有关部门加强对本指导意见落实情况的督促检查,重大问题及时向国务院报告。

国务院关于国家重大科研基础设施和
大型科研仪器向社会开放的意见

（2014 年 12 月 31 日）

各省、自治区、直辖市人民政府,国务院各部委、各直属机构:

国家重大科研基础设施和大型科研仪器(以下称科研设施与仪器)是用于探索未知世界、发现自然规律、实现技术变革的复杂科学研究系统,是突破科学前沿、解决经济社会发展和国家安全重大科技问题的技术基础和重要手段。近年来,科研设施与仪器规模持续增长,覆盖领域不断拓展,技术水平明显提升,综合效益日益显现。同时,科研设施与仪器利用率和共享水平不高的问题也逐渐凸显出来,部分科研设施与仪器重复建设和购置,存在部门化、单位化、个人化的倾向,闲置浪费现象比较严重,专业化服务能力有待提高,科研设施与仪器对科技创新的服务和支撑作用没有得到充分发挥。为加快推进科研设施与仪器向社会开放,进一步提高科技资源利用效率,现提出以下意见。

一、总体要求

（一）指导思想。

以邓小平理论、"三个代表"重要思想、科学发展观为指导,深入贯彻党的十八大和十八届二中、三中、四中全会精神,认真落实党中央和国务院的决策部署,围绕健全国家创新体系和提高全社会创新能力,通过深化改革和制度创新,加快推进科研设施与仪器向高校、科研院所、企业、社会研发组织等社会用户开放,实现资源共享,避免部门分割、单位独占,充分释放服务潜能,为科技创新和社会需求服务,为实施创新驱动发展战略提供有效支撑。

(二)主要目标。

力争用三年时间,基本建成覆盖各类科研设施与仪器、统一规范、功能强大的专业化、网络化管理服务体系,科研设施与仪器开放共享制度、标准和机制更加健全,建设布局更加合理,开放水平显著提升,分散、重复、封闭、低效的问题基本解决,资源利用率进一步提高。

(三)基本原则。

制度推动。制定促进科研设施与仪器开放的管理制度和办法,明确管理部门和单位的责任,理顺开放运行的管理机制,逐步纳入法制化轨道,推动非涉密和无特殊规定限制的科研设施与仪器一律向社会开放。

信息共享。搭建统一的网络管理平台,实现科研设施与仪器配置、管理、服务、监督、评价的全链条有机衔接。

资源统筹。既要盘活存量,统筹管理,挖掘现有科研设施与仪器的潜力,促进利用效率最大化;又要调控增量,合理布局新增科研设施与仪器,以开放共享推动解决重复购置和闲置浪费的问题。

奖惩结合。建立以用为主、用户参与的评估监督体系,形成科研设施与仪器向社会服务的数量质量与利益补偿、后续支持紧密挂钩的奖惩机制。

分类管理。对于不同类型的科研设施与仪器,采取不同的开放方式,制定相应的管理制度、支撑措施及评价办法。

(四)适用范围。

科研设施与仪器包括大型科学装置、科学仪器中心、科学仪器服务单元和单台套价值在50万元及以上的科学仪器设备等,主要分布在高校、科研院所和部分企业的各类重点实验室、工程(技术)研究中心、分析测试中心、野外科学观测研究站及大型科学设施中心等研究实验基地。其中,科学仪器设备可以分为分析仪器、物理性能测试仪器、计量仪器、电子测量仪器、海洋仪器、地球探测仪器、大气探测仪器、特种检测仪器、激光器、工艺试验仪器、计算机及其配套设备、天文仪器、医学科研仪器、核仪器、其他仪器等 15 类。

二、重点措施

(一)所有符合条件的科研设施与仪器都纳入统一网络平台管理。

科技部会同有关部门和地方建立统一开放的国家网络管理平台,并将所有符合条件的科研设施与仪器纳入平台管理。科研设施与仪器管理单位(以下简称管理单位)按照统一的标准和规范,建立在线服务平台,公开科研设施与仪器使用办法和使用情况,实时提供在线服务。管理单位的服务平台统一纳入国家网络管理平台,逐步形成跨部门、跨领域、多层次的网络服务体系。

管理单位建立完善科研设施与仪器运行和开放情况的记录,并通过国家网络管理平台,向社会发布科研设施与仪器开放制度及实施情况,公布科研设施与仪器分布、利用和开放共享情况等信息。

(二)按照科研设施与仪器功能实行分类开放共享。

对于大型科学装置、科学仪器中心,有关部门和管理单位要将向社会开放纳入日常运行管理工作。对于科学仪器服务单元和单台套价值在 50 万元及以上的科学仪器设备,科技行政主管部门要加强统筹协调,按不同专业领域或仪器功能,打破管理单位的界限,推动形成专业化、网络化的科学仪器服务机构群。对于单台套价值在 50 万元以下的科学仪器设备,可采取管理单位自愿申报、行政主管部门择优加入的方式,纳入国家网络管理平台管理。对于通用科学仪器设备,通过建设仪器中心、分析测试中心等方式,集中集约管理,促进开放共享和高效利用。对于拟新建设施和新购置仪器,应强化查重评议工作,并将开放方案纳入建设或购置计划。管理单位应当自科研设施与仪器完成安装使用验收之日起 30 个工作日内,将科研设施与仪器名称、规格、功能等情况和开放制度提交国家网络管理平台。

鼓励国防科研单位在不涉密条件下探索开展科研设施与仪器向社会开放服务。

对于利用科研设施与仪器形成的科学数据、科技文献(论文)、科技报告等科技资源,要根据各自特点采取相应的方式对外开放共享。开放共享情况要作为科技资源建设和科技计划项目管理考核的重要内容。

(三)建立促进开放的激励引导机制。

管理单位对外提供开放共享服务,可以按照成本补偿和非盈利性原则收取材料消耗费和水、电等运行费,还可以根据人力成本收取服务费,服务收入纳入单位预算,由单位统一管理。管理单位对各类科研设施与仪器向社会开放服务建立公开透明的成本核算和服务收费标准,行政主管部门要加强管理和监督。对于纳入国家网络管理平台统一管理、享受科教用品和科技开发用品进口免税政策的科学仪器设备,在符合监管条件的前提下,准予用于其他单位的科技开发、科学研究和教学活动。探索建立用户引导机制,鼓励共享共用。

统筹考虑和严格控制在新上科研项目中购置科学仪器设备。将优先利用现有科研设施与仪器开展科研活动作为各科研单位获得国家科技计划(专项、基金等)支持的重要条件。

鼓励企业和社会力量以多种方式参与共建国家重大科研基础设施,组建专业的科学仪器设备服务机构,促进科学仪器设备使用的社会化服务。

(四)建立科研设施与仪器开放评价体系和奖惩办法。

科技部会同有关部门建立评价制度,制定评价标准和办法,引入第三方专业评估机制,定期对科研设施与仪器的运行情况、管理单位开放制度的合理性、开放程度、服务质量、服务收费和开放效果进行评价考核。评价考核结果向社会公布,并作为科研设施与仪器更新的重要依据。对于通用科研设施与仪器,重点评价用户使用率、用户的反馈意见、有效服务机时、服务质量以及相关研究成果的产出、水平与贡献;对于专用科研设施与仪器,重点评价是否有效组织了高水平的设施应用专业团队以及相关研究成果的产出、水平与贡献。

管理单位应在满足单位科研教学需求的基础上,最大限度推进科研设施与仪器对外开放,不断提高资源利用率。对于科研设施与仪器开放效果好、用户评价高的管理单位,同级财政部门会同有关部门根据评价考核结果和财政预算管理的要求,建立开放共享后补助机制,调动管理单位开放共享积极性。对于不按规定如实上报科研设施与仪器数据、不按规定公开开放与利用信息、开放效果差、使用效率低的管理单位,科技行政主管部门会同有关部门在网上予以通报,限期整改,并采取停止管理单位新购仪器设备、在申报科技计划(专项、基金等)项目时不准购置仪器设备等方式予以约束。对于通用性强但开放共享差的科研设施与仪器,结合科技行政主管部门的评价考核结果,相关行政主管部门和财政部门可以按规定在部门内或跨部门无偿划拨,管理单位也可以在单位内部调配。科技行政主管部门、相关行政主管部门要建立投诉渠道,接受社会对科研设施与仪器调配的监督。

(五)加强开放使用中形成的知识产权管理。

用户独立开展科学实验形成的知识产权由用户自主拥有,所完成的著作、论文等发表时,应明确标注利用科研设施与仪器情况。加强网络防护和网络环境下数据安全管理,管理单位应当保护用户身份信息以及在使用过程中形成的知识产权、科学数据和技术秘密。

(六)强化管理单位的主体责任。

管理单位是科研设施与仪器向社会开放的责任主体,要强化法人责任,切实履行开放职责,自觉接受相关部门的考核评估和社会监督。要根据科研设施与仪器的类型和用户需求,建立相应的开放、运行、维护、使用管理制度,保障科研设施与仪器的良好运行与开放共享。要落实实验技术人员岗位、培训、薪酬、评价等政策。科学仪器设备集中使用的单位,要建立专业化的技术服务团队,不断提高实验技术水平和开放水平。

各行政主管部门要切实履行对管理单位开放情况的管理和监督职责,实施年度考核,把开放水平和结果作为年度考核的重要内容。

三、组织实施和进度安排

改革分阶段实施,在2014年科技部会同有关部门和地方启动现有科研设施与仪器的资源调查,摸清家底,建立科研设施与仪器资源数据库的基础上,逐步实现科研设施与仪器向社会开放的全覆盖。

2015年,科技部会同有关部门充分利用现有全国大型科学仪器设备协作共用平台,启动统一开放的科研设施与仪器国家网络管理平台建设,年底前基本建立。遴选状态良好、管理制度健全、开放绩效突出并具有代表性的科研设施与仪器,先行开展向社会开放试点。制定管理单位服务平台的标准规范,制定并发布统一的评价办法,开展评价考核工作,财政部门会同有关部门建立开放共享后补助机制。完善科技部、财政部、教育部、中科院等相关部门对新购科学仪器设备的查重和联合评议机制。所有管理单位制定完善的开放制度,并在国家网络管理平台上发布。

2016年,科技部会同有关部门和地方建成覆盖各类科研设施与仪器、统一规范、功能强大的专业化、网络化国家网络管理平台,将所有符合条件的科研设施与仪器纳入平台管理。所有管理单位按照统一的标准规范建成各自的服务平台,明确服务方式、服务内容、服务流程,纳入国家网络管理平台,形成跨部门、跨领域、多层次的网络服务体系。所有管理单位在国家网络管理平台上发布符合开放条件的科研设施与仪器开放清单和开放信息。

2017年,科技行政主管部门对管理单位的科研设施与仪器向社会开放情况进行评价考核,并向社会公布评价考核结果。

国务院关于促进云计算创新发展
培育信息产业新业态的意见

（2015 年 1 月 6 日）

各省、自治区、直辖市人民政府，国务院各部委、各直属机构：

云计算是推动信息技术能力实现按需供给、促进信息技术和数据资源充分利用的全新业态，是信息化发展的重大变革和必然趋势。发展云计算，有利于分享信息知识和创新资源，降低全社会创业成本，培育形成新产业和新消费热点，对稳增长、调结构、惠民生和建设创新型国家具有重要意义。当前，全球云计算处于发展初期，我国面临难得的机遇，但也存在服务能力较薄弱、核心技术差距较大、信息资源开放共享不够、信息安全挑战突出等问题，重建设轻应用、数据中心无序发展苗头初步显现。为促进我国云计算创新发展，积极培育信息产业新业态，现提出以下意见。

一、指导思想、基本原则和发展目标

（一）指导思想。

适应推进新型工业化、信息化、城镇化、农业现代化和国家治理能力现代化的需要，以全面深化改革为动力，以提升能力、深化应用为主线，完善发展环境，培育骨干企业，创新服务模式，扩展应用领域，强化技术支撑，保障信息安全，优化设施布局，促进云计算创新发展，培育信息产业新业态,使信息资源得到高效利用,为促进创业兴业、释放创新活力提供有力支持,为经济社会持续健康发展注入新的动力。

(二)基本原则。

市场主导。发挥市场在资源配置中的决定性作用,完善市场准入制度,减少行政干预,鼓励企业根据市场需求丰富服务种类,提升服务能力,对接应用市场。建立公平开放透明的市场规则,完善监管政策,维护良好市场秩序。

统筹协调。以需求为牵引,加强分类指导,推进重点领域的应用、服务和产品协同发展。引导地方根据实际需求合理确定云计算发展定位,避免政府资金盲目投资建设数据中心和相关园区。加强信息技术资源整合,避免行业信息化系统成为信息孤岛。优化云计算基础设施布局,促进区域协调发展。

创新驱动。以企业为主体,加强产学研用合作,强化云计算关键技术和服务模式创新,提升自主创新能力。积极探索加强国际合作,推动云计算开放式创新和国际化发展。加强管理创新,鼓励新业态发展。

保障安全。在现有信息安全保障体系基础上,结合云计算特点完善相关信息安全制度,强化安全管理和数据隐私保护,增强安全技术支撑和服务能力,建立健全安全防护体系,切实保障云计算信息安全。充分运用云计算的大数据处理能力,带动相关安全技术和服务发展。

(三)发展目标。

到2017年,云计算在重点领域的应用得到深化,产业链条基本健全,初步形成安全保障有力,服务创新、技术创新和管理创新协同推进的云计算发展格局,带动相关产业快速发展。

服务能力大幅提升。形成若干具有较强创新能力的公共云计算骨干服务企业。面向中小微企业和个人的云计算服务种类丰富,实现规模化运营。云计算系统集成能力显著提升。

创新能力明显增强。增强原始创新和基础创新能力,突破云计算平台软件、艾字节(EB,约为 2^{60} 字节)级云存储系统、大数据挖掘分析等一批关键技术与产品,云计算技术接近国际先进水平,云计算标准体系基本建立。服务创新对技术创新的带动作用显著增强,产学研用协同发展水平大幅提高。

应用示范成效显著。在社会效益明显、产业带动性强、示范作用突出的若干重点领域推动公共数据开放、信息技术资源整合和政府采购服务改革,充分利用公共云计算服务资源开展百项云计算和大数据应用示范工程,在降低创业门槛、服务民生、培育新业态、探索电子政务建设新模式等方面取得积极成效,政府自建数据中心数量减少5%以上。

基础设施不断优化。云计算数据中心区域布局初步优化,新建大型云计算数据中心能源利用效率(PUE)值优于1.5。宽带发展政策环境逐步完善,初步建成满足云计算发展需求的宽带网络基础设施。

安全保障基本健全。初步建立适应云计算发展需求的信息安全监管制度和标准规范体系,云计算安全关键技术产品的产业化水平和网络安全防护能力明显提升,云计算发展环境更加安全可靠。

到2020年,云计算应用基本普及,云计算服务能力达到国际先进水平,掌握云计算关键技术,形成若干具有较强国际竞争力的云计算骨干企业。云计算信息安全监管体系和法规体系健全。大数据挖掘分析能力显著提升。云计算成为我国信息化重要形态和建设网络强国的重要支撑,推动经济社会各领域信息化水平大幅提高。

二、主要任务

(一)增强云计算服务能力。

大力发展公共云计算服务,实施云计算工程,支持信息技术企业加快向云计算产品和服务提供商转型。大力发展计算、存储资源租用和应用软件开发部署平台服务,以及企业经营管理、研发设计等在线应用服务,降低企业信息化门槛和创新成本,支持中小微企业发展和创业活动。积极发展基于云计算的个人信息存储、在线工具、学习娱乐等服务,培育信息消费。发展安全可信的云计算外包服务,推动政府业务外包。支持云计算与物联网、移动互联网、互联网金融、电子商务等技术和服务的融合发展与创新应用,积极培育新业态、新模式。鼓励大企业开放平台资源,打造协作共赢的云计算服务生态环境。引导专有云有序发展,鼓励企业创新信息化建设思路,在充分利用公共云计算服务资源的基础上,立足自身需求,利用安全可靠的专有云解决方案,整合信息资源,优化业务流程,提升经营管理水平。大力发展面向云计算的信息系统规划咨询、方案设计、系统集成和测试评估等服务。

(二)提升云计算自主创新能力。

加强云计算相关基础研究、应用研究、技术研发、市场培育和产业政策的紧密衔接与统筹协调。发挥企业创新主体作用,以服务创新带动技术创新,增强原始创新能力,着力突破云计算平台大规模资源管理与调度、运行监控与安全保障、艾字节级数据存储与处理、大数据挖掘分析等关键技术,提高相关软硬件产品研发及产业化水平。加强核心电子器件、高端通用芯片及基础软件产品等科技专项成果与云计算产业需求对接,积极推动安全可靠的云计算产品和解决方案在各领域的应用。充分整合利用国内外创新资源,加强云计算相关技术研发实验室、工程中心和企业技术中心建设。建立产业创新联盟,发挥骨干企业的引领作用,培育一批特色鲜明的创新型中小企业,健全产业生态系统。完善云计算公共支撑体系,加强知识产权保护利用、标准制定和相关评估测评等工作,促进协同创新。

(三)探索电子政务云计算发展新模式。

鼓励应用云计算技术整合改造现有电子政务信息系统,实现各领域政务信息系统整体部署和共建共用,大幅减少政府自建数据中心的数量。新建电子政务系统须经严格论证并按程序进行审批。政府部门要加大采购云计算服务的力度,积极开展试点示范,探索基于云计算的政务信息化建设运行新机制,推动政务信息资源共享和业务协同,促进简政放权,加强事中事后监管,为云计算创造更大市场空间,带动云计算产业快速发展。

(四)加强大数据开发与利用。

充分发挥云计算对数据资源的集聚作用,实现数据资源的融合共享,推动大数据挖掘、分析、应用和服务。开展公共数据开放利用改革试点,出台政府机构数据开放管理规定,在保障信息安全和个人隐私的前提下,积极探索地理、人口、知识产权及其他有关管理机构数据资源向社会开放,推动政府部门间数据共享,提升社会管理和公共服务能力。重点在公共安全、疾病防治、灾害预防、就业和社会保障、交通物流、教育科研、电子商务等领域,开展基于云计算的大数据应用示范,支持政府机构和企业创新大数据服务模式。充分发挥云计算、大数据在智慧城市建设中的服务支撑作用,加强推广应用,挖掘市场潜力,服务城市经济社会发展。

(五)统筹布局云计算基础设施。

加强全国数据中心建设的统筹规划,引导大型云计算数据中心优先在能源充足、气候适宜、自然灾害较少的地区部署,以实时应用为主的中小型数据中心在靠近用户所在地、电力保障稳定的地区灵活部署。地方政府和有关企业要合理确定云计算发展定位,杜绝盲目建设数据中心和相关园区。加快推进实施"宽带中国"战略,结合云计算发展布局优化网络结构,加快网络基础设施建设升级,优化互联网网间互联架构,提升互联互通质量,降低带宽租费水平。支持采用可再生能源和节能减排技术建设绿色云计算中心。

(六)提升安全保障能力。

研究完善云计算和大数据环境下个人和企业信息保护、网络信息安全相关法规与制度,制定信息收集、存储、转移、删除、跨境流动等管理规则,加快信息安全立法进程。加强云计算服务网络安全防护管理,加大云计算服务安全评估力度,建立完善党政机关云计算服务安全管理制度。落实国家信息安全等级保护制度,开展定级备案和测评等工作。完善云计算安全态势感知、安全事件预警预防及应急处置机制,加强对党政机关和金融、交通、能源等重要信息系统的安全评估和监测。支持云计算安全软硬件技术产品的研发生产、试点示范和推广应用,加快云计算安全专业化服务队伍建设。

三、保障措施

（一）完善市场环境。

修订电信业务分类目录,完善云计算服务市场准入制度,支持符合条件的云计算服务企业申请相关业务经营资质。研究支持大规模云计算服务的网络政策。支持第三方机构开展云计算服务质量、可信度和网络安全等评估测评工作。引导云计算服务企业加强内部管理,提升服务质量和诚信水平,逐步建立云计算信任体系。加强互联网骨干网互联互通监管和技术支撑手段建设,调整网间互联结算政策,保障网间互联高效畅通。对符合布局原则和能耗标准的云计算数据中心,支持其参加直供电试点,满足大工业用电条件的可执行大工业电价,并在网络、市政配套等方面给予保障,优先安排用地。引导国有企业运用云计算技术提升经营管理水平,推广应用安全可靠的云计算产品和解决方案。

（二）建立健全相关法规制度。

落实《全国人民代表大会常务委员会关于加强网络信息保护的决定》和《中华人民共和国政府信息公开条例》,完善互联网信息服务管理办法,加快制定信息网络安全、个人信息保护等法律法规,出台政府和重要行业采购使用云计算服务相关规定,明确相关管理部门和云计算服务企业的安全管理责任,规范云计算服务商与用户的责权利关系。

（三）加大财税政策扶持力度。

按照深化中央财政科技计划（专项、基金等）管理改革的要求，充分发挥国家科技计划、科技重大专项的作用，采取无偿资助、后补助等多种方式加大政府资金支持力度，引导社会投资，支持云计算关键技术研发及产业化。支持实施云计算工程，继续推进云计算服务创新试点示范工作，及时总结推广试点经验。创新政府信息系统建设和运营经费管理方式，完善政府采购云计算服务的配套政策，发展基于云计算的政府信息技术服务外包业务。将云计算企业纳入软件企业、国家规划布局内重点软件企业、高新技术企业和技术先进型服务企业的认定范畴，符合条件的按规定享受相关税收优惠政策。

（四）完善投融资政策。

引导设立一批云计算创业投资基金。加快建立包括财政出资和社会资金投入在内的多层次担保体系，加大对云计算企业的融资担保支持力度。推动金融机构对技术先进、带动支撑作用强的重大云计算项目给予信贷支持。积极支持符合条件的云计算企业在资本市场直接融资。

（五）建立健全标准规范体系。

按照"急用先行、成熟先上、重点突破"原则，加快推进云计算标准体系建设，制定云计算服务质量、安全、计量、互操作、应用迁移，云计算数据中心建设与评估，以及虚拟化、数据存储和管理、弹性计算、平台接口等方面标准，研究制定基于云计算平台的业务和数据安全、涉密信息系统保密技术防护和管理、违法信息技术管控等标准。

（六）加强人才队伍建设。

鼓励普通高校、职业院校、科研院所与企业联合培养云计算相关人才，加强学校教育与产业发展的有效衔接，为云计算发展提供高水平智力支持。完善激励机制，造就一批云计算领军人才和技术带头人。充分利用现有人才引进计划，引进国际云计算领域高端人才。对作出突出贡献的云计算人才，可按国家有关规定给予表彰奖励，在职称评定、落户政策等方面予以优先安排。支持企业和教育机构开展云计算应用人才培训。

（七）积极开展国际合作。

支持云计算企业通过海外并购、联合经营、在境外部署云计算数据中心和设立研发机构等方式，积极开拓国际市场，促进基于云计算的服务贸易发展。加强国内外企业的研发合作，引导外商按有关规定投资我国云计算相关产业。鼓励国内企业和行业组织参与制定云计算国际标准。

各地区、各部门要高度重视云计算发展工作，按照本意见提出的要求和任务，认真抓好贯彻落实，出台配套政策措施，突出抓手，重点突破，着力加强政府云计算应用的统筹推进等工作。国务院有关部门要加强协调配合，建立完善工作机制，做好与国家网络安全和信息化发展战略及相关政策的衔接，加强组织实施，形成推进合力。发展改革委、工业和信息化部、科技部、财政部、网信办要会同有关部门，加强对云计算发展的跟踪分析，推动各项任务分工的细化落实。

国务院关于进一步做好新形势下就业创业工作的意见

（2015 年 4 月 27 日）

各省、自治区、直辖市人民政府，国务院各部委、各直属机构：

就业事关经济发展和民生改善大局。党中央、国务院高度重视，坚持把稳定和扩大就业作为宏观调控的重要目标，大力实施就业优先战略，积极深化行政审批制度和商事制度改革，推动大众创业、万众创新，创业带动就业倍增效应进一步释放，就业局势总体稳定。但也要看到，随着我国经济发展进入新常态，就业总量压力依然存在，结构性矛盾更加凸显。大众创业、万众创新是富民之道、强国之举，有利于产业、企业、分配等多方面结构优化。面对就业压力加大形势，必须着力培育大众创业、万众创新的新引擎，实施更加积极的就业政策，把创业和就业结合起来，以创业创新带动就业，催生经济社会发展新动力，为促进民生改善、经济结构调整和社会和谐稳定提供新动能。现就进一步做好就业创业工作提出以下意见：

一、深入实施就业优先战略

（一）坚持扩大就业发展战略。把稳定和扩大就业作为经济运行合理区间的下限，将城镇新增就业、调查失业率作为宏观调控重要指标，纳入国民经济和社会发展规划及年度计划。合理确定经济增长速度和发展模式,科学把握宏观调控的方向和力度,以稳增长促就业,以鼓励创业就业带动经济增长。加强财税、金融、产业、贸易等经济政策与就业政策的配套衔接,建立宏观经济政策对就业影响评价机制。建立公共投资和重大项目建设带动就业评估机制,同等条件下对创造就业岗位多、岗位质量好的项目优先安排。

(二)发展吸纳就业能力强的产业。创新服务业发展模式和业态,支持发展商业特许经营、连锁经营,大力发展金融租赁、节能环保、电子商务、现代物流等生产性服务业和旅游休闲、健康养老、家庭服务、社会工作、文化体育等生活性服务业,打造新的经济增长点,提高服务业就业比重。加快创新驱动发展,推进产业转型升级,培育战略性新兴产业和先进制造业,提高劳动密集型产业附加值;结合实施区域发展总体战略,引导具有成本优势的资源加工型、劳动密集型产业和具有市场需求的资本密集型、技术密集型产业向中西部地区转移,挖掘第二产业就业潜力。推进农业现代化,加快转变农业发展方式,培养新型职业农民,鼓励有文化、有技术、有市场经济观念的各类城乡劳动者根据市场需求到农村就业创业。

(三)发挥小微企业就业主渠道作用。引导银行业金融机构针对小微企业经营特点和融资需求特征,创新产品和服务。发展政府支持的融资性担保机构和再担保机构,完善风险分担机制,为小微企业提供融资支持。落实支持小微企业发展的税收政策,加强市场监管执法和知识产权保护,对小微企业亟需获得授权的核心专利申请优先审查。发挥新型载体聚集发展的优势,引入竞争机制,开展小微企业创业创新基地城市示范,中央财政给予综合奖励。创新政府采购支持方式,消除中小企业享受相关优惠政策面临的条件认定、企业资质等不合理限制门槛。指导企业改善用工管理,对小微企业新招用劳动者,符合相关条件的,按规定给予就业创业支持,不断提高小微企业带动就业能力。

(四)积极预防和有效调控失业风险。落实调整失业保险费率政策,减轻企业和个人负担,稳定就业岗位。将失业保险基金支持企业稳岗政策实施范围由兼并重组企业、化解产能过剩企业、淘汰落后产能企业等三类企业扩大到所有符合条件的企业。生产经营困难企业可通过与职工进行集体协商,采取在岗培训、轮班工作、弹性工时、协商薪酬等办法不裁员或少裁员。对确实要裁员的,应制定人员安置方案,实施专项就业帮扶行动,妥善处理劳动关系和社会保险接续,促进失业人员尽快再就业。淘汰落后产能奖励资金、依据兼并重组政策规定支付给企业的土地补偿费要优先用于职工安置。完善失业监测预警机制,建立应对失业风险的就业应急预案。

二、积极推进创业带动就业

(五)营造宽松便捷的准入环境。深化商事制度改革,进一步落实注册资本登记制度改革,坚决推行工商营业执照、组织机构代码证、税务登记证"三证合一",年内出台推进"三证合一"登记制度改革意见和统一社会信用代码方案,实现"一照一码"。继续优化登记方式,放松经营范围登记管制,支持各地结合实际放宽新注册企业场所登记条件限制,推动"一址多照"、集群注册等住所登记改革,分行业、分业态释放住所资源。运用大数据加强对市场主体的服务和监管。依托企业信用信息公示系统,实现政策集中公示、扶持申请导航、享受扶持信息公示。建立小微企业目录,对小微企业发展状况开展抽样统计。推动修订与商事制度改革不衔接、不配套的法律、法规和政策性文件。全面完成清理非行政许可审批事项,再取消下放一批制约经济发展、束缚企业活力等含金量高的行政许可事项,全面清理中央设定、地方实施的行政审批事项,大幅减少投资项目前置审批。对保留的审批事项,规范审批行为,明确标准,缩短流程,限时办结,推广"一个窗口"受理、网上并联审批等方式。

(六)培育创业创新公共平台。抓住新技术革命和产业变革的重要机遇,适应创业创新主体大众化趋势,大力发展技术转移转化、科技金融、认证认可、检验检测等科技服务业,总结推广创客空间、创业咖啡、创新工场等新型孵化模式,加快发展市场化、专业化、集成化、网络化的众创空间,实现创新与创业、线上与线下、孵化与投资相结合,为创业者提供低成本、便利化、全要素、开放式的综合服务平台和发展空间。落实科技企业孵化器、大学科技园的税收优惠政策,对符合条件的众创空间等新型孵化机构适用科技企业孵化器税收优惠政策。有条件的地方可对众创空间的房租、宽带网络、公共软件等给予适当补贴,或通过盘活商业用房、闲置厂房等资源提供成本较低的场所。可在符合土地利用总体规划和城乡规划前提下,或利用原有经批准的各类园区,建设创业基地,为创业者提供服务,打造一批创业示范基地。鼓励企业由传统的管控型组织转型为新型创业平台,让员工成为平台上的创业者,形成市场主导、风投参与、企业孵化的创业生态系统。

(七)拓宽创业投融资渠道。运用财税政策,支持风险投资、创业投资、天使投资等发展。运用市场机制,引导社会资金和金融资本支持创业活动,壮大创业投资规模。按照政府引导、市场化运作、专业化管理的原则,加快设立国家中小企业发展基金和国家新兴产业创业投资引导基金,带动社会资本共同加大对中小企业创业创新的投入,促进初创期科技型中小企业成长,支持新兴产业领域早中期、初创期企业发展。鼓励地方设立创业投资引导等基金。发挥多层次资本市场作用,加快创业板等资本市场改革,强化全国中小企业股份转让系统融资、交易等功能,规范发展服务小微企业的区域性股权市场。开展股权众筹融资试点,推动多渠道股权融资,积极探索和规范发展互联网金融,发展新型金融机构和融资服务机构,促进大众创业。

(八)支持创业担保贷款发展。将小额担保贷款调整为创业担保贷款,针对有创业要求、具备一定创业条件但缺乏创业资金的就业重点群体和困难人员,提高其金融服务可获得性,明确支持对象、标准和条件,贷款最高额度由针对不同群体的 5 万元、8 万元、10 万元不等统一调整为 10

万元。鼓励金融机构参照贷款基础利率,结合风险分担情况,合理确定贷款利率水平,对个人发放的创业担保贷款,在贷款基础利率基础上上浮 3 个百分点以内的,由财政给予贴息。简化程序,细化措施,健全贷款发放考核办法和财政贴息资金规范管理约束机制,提高代偿效率,完善担保基金呆坏账核销办法。

(九)加大减税降费力度。实施更加积极的促进就业创业税收优惠政策,将企业吸纳就业税收优惠的人员范围由失业一年以上人员调整为失业半年以上人员。高校毕业生、登记失业人员等重点群体创办个体工商户、个人独资企业的,可依法享受税收减免政策。抓紧推广中关村国家自主创新示范区税收试点政策,将职工教育经费税前扣除试点政策、企业转增股本分期缴纳个人所得税试点政策、股权奖励分期缴纳个人所得税试点政策推广至全国范围。全面清理涉企行政事业性收费、政府性基金、具有强制垄断性的经营服务性收费、行业协会商会涉企收费,落实涉企收费清单管理制度和创业负担举报反馈机制。

(十)调动科研人员创业积极性。探索高校、科研院所等事业单位专业技术人员在职创业、离岗创业有关政策。对于离岗创业的,经原单位同意,可在 3 年内保留人事关系,与原单位其他在岗人员同等享有参加职称评聘、岗位等级晋升和社会保险等方面的权利。原单位应当根据专业技术人员创业的实际情况,与其签订或变更聘用合同,明确权利义务。加快推进中央级事业单位科技成果使用、处置和收益管理改革试点政策推广。鼓励利用财政性资金设立的科研机构、普通高校、职业院校,通过合作实施、转让、许可和投资等方式,向高校毕业生创设的小微企业优先转移科技成果。完善科技人员创业股权激励政策,放宽股权奖励、股权出售的企业设立年限和盈利水平限制。

(十一)鼓励农村劳动力创业。支持农民工返乡创业,发展农民合作社、家庭农场等新型农业经营主体,落实定向减税和普遍性降费政策。依托现有各类园区等存量资源,整合创建一批农民工返乡创业园,强化财政扶持和金融服务。将农民创业与发展县域经济结合起来,大力发展农产品加工、休闲农业、乡村旅游、农村服务业等劳动密集型产业项目,促进农村一二三产业融合。依托基层就业和社会保障服务设施等公共平台,提供创业指导和服务。鼓励各类企业和社会机构利用现有资源,搭建一批农业创业创新示范基地和见习基地,培训一批农民创业创新辅导员。支持农民网上创业,大力发展"互联网+"和电子商务,积极组织创新创业农民与企业、小康村、市场和园区对接,推进农村青年创业富民行动。

(十二)营造大众创业良好氛围。支持举办创业训练营、创业创新大赛、创新成果和创业项目展示推介等活动,搭建创业者交流平台,培育创业文化,营造鼓励创业、宽容失败的良好社会氛围,让大众创业、万众创新蔚然成风。对劳动者创办社会组织、从事网络创业符合条件的,给予相应创业扶持政策。推进创业型城市创建,对政策落实好、创业环境优、工作成效显著的,按规定予以表彰。

三、统筹推进高校毕业生等重点群体就业

(十三)鼓励高校毕业生多渠道就业。把高校毕业生就业摆在就业工作首位。完善工资待遇进一步向基层倾斜的办法,健全高校毕业生到基层工作的服务保障机制,鼓励毕业生到乡镇特别是困难乡镇机关事业单位工作。对高校毕业生到中西部地区、艰苦边远地区和老工业基地县以下基层单位就业、履行一定服务期限的,按规定给予学费补偿和国家助学贷款代偿。结合政府购买服务工作的推进,在基层特别是街道(乡镇)、社区(村)购买一批公共管理和社会服务岗位,优先用于吸纳高校毕业生就业。对小微企业新招用毕业年度高校毕业生,签订1年以上劳动合同并缴纳社会保险费的,给予1年社会保险补贴。落实完善见习补贴政策,对见习期满留用率达到50%以上的见习单位,适当提高见习补贴标准。将求职补贴调整为求职创业补贴,对象范围扩展到已获得国家助

学贷款的毕业年度高校毕业生。深入实施大学生创业引领计划、离校未就业高校毕业生就业促进计划,整合发展高校毕业生就业创业基金,完善管理体制和市场化运行机制,实现基金滚动使用,为高校毕业生就业创业提供支持。积极支持和鼓励高校毕业生投身现代农业建设。对高校毕业生申报从事灵活就业的,按规定纳入各项社会保险,各级公共就业人才服务机构要提供人事、劳动保障代理服务。技师学院高级工班、预备技师班和特殊教育院校职业教育类毕业生可参照高校毕业生享受相关就业补贴政策。

(十四)加强对困难人员的就业援助。合理确定就业困难人员范围,规范认定程序,加强实名制动态管理和分类帮扶。坚持市场导向,鼓励其到企业就业、自主创业或灵活就业。对用人单位招用就业困难人员,签订劳动合同并缴纳社会保险费的,在一定期限内给予社会保险补贴。对就业困难人员灵活就业并缴纳社会保险费的,给予一定比例的社会保险补贴。对通过市场渠道确实难以实现就业的,可通过公益性岗位予以托底安置,并给予社会保险补贴及适当岗位补贴。社会保险补贴和岗位补贴期限最长不超过3年,对初次核定享受补贴政策时距退休年龄不足5年的人员,可延长至退休。规范公益性岗位开发和管理,科学设定公益性岗位总量,适度控制岗位规模,制定岗位申报评估办法,严格按照法律规定安排就业困难人员,不得用于安排非就业困难人员。加强对就业困难人员在岗情况的管理和工作考核,建立定期核查机制,完善就业困难人员享受扶持政策期满退出办法,做好退出后的政策衔接和就业服务。依法大力推进残疾人按比例就业,加大对用人单位安置残疾人的补贴和奖励力度,建立用人单位按比例安排残疾人就业公示制度。加快完善残疾人集中就业单位扶持政策,推进残疾人辅助性就业和灵活就业。加大对困难人员就业援助力度,确保零就业家庭、最低生活保障家庭等困难家庭至少有一人就业。对就业困难人员较集中的地区,上级政府要强化帮扶责任,加大产业、项目、资金、人才等支持力度。

（十五）推进农村劳动力转移就业。结合新型城镇化建设和户籍制度改革,建立健全城乡劳动者平等就业制度,进一步清理针对农民工就业的歧视性规定。完善职业培训、就业服务、劳动维权"三位一体"的工作机制,加强农民工输出输入地劳务对接,特别是对劳动力资源较为丰富的老少边穷地区,充分发挥各类公共就业服务机构和人力资源服务机构作用,积极开展有组织的劳务输出,加强对转移就业农民工的跟踪服务,有针对性地帮助其解决实际困难,推进农村富余劳动力有序外出就业和就地就近转移就业。做好被征地农民就业工作,在制定征地补偿安置方案时,要明确促进被征地农民就业的具体措施。

（十六）促进退役军人就业。扶持自主择业军转干部、自主就业退役士兵就业创业,落实各项优惠政策,组织实施教育培训,加强就业指导和服务,搭建就业创业服务平台。对符合政府安排工作条件的退役士官、义务兵,要确保岗位落实,细化完善公务员招录和事业单位招聘时同等条件优先录用（聘用）,以及国有、国有控股和国有资本占主导地位企业按比例预留岗位择优招录的措施。退役士兵报考公务员、应聘事业单位职位的,在军队服现役经历视为基层工作经历,服现役年限计算为工作年限。调整完善促进军转干部及随军家属就业税收政策。

四、加强就业创业服务和职业培训

（十七）强化公共就业创业服务。健全覆盖城乡的公共就业创业服务体系,提高服务均等化、标准化和专业化水平。完善公共就业服务体系的创业服务功能,充分发挥公共就业服务、中小企业服务、高校毕业生就业指导等机构的作用,为创业者提供项目开发、开业指导、融资服务、跟踪扶持等服务,创新服务内容和方式。健全公共就业创业服务经费保障机制,切实将县级以上公共就业创业服务机构和县级以下（不含县级）基层公共就业创业服务平台经费纳入同级财政预算。将职业介绍补贴和扶持公共就业服务补助合并调整为就业创业服务补贴,支持各地按照精准发力、绩效管理的原则,加强公共就业创业服务能力建设,向社会力量购买基本就业创业服务成果。创新就业创业服务供给模式,形成多元参与、公平竞争格局,提高服务质量和效率。

(十八)加快公共就业服务信息化。按照统一建设、省级集中、业务协同、资源共享的原则,逐步建成以省级为基础、全国一体化的就业信息化格局。建立省级集中的就业信息资源库,加强信息系统应用,实现就业管理和就业服务工作全程信息化。推进公共就业信息服务平台建设,实现各类就业信息统一发布,健全全国就业信息监测平台。推进就业信息共享开放,支持社会服务机构利用政府数据开展专业化就业服务,推动政府、社会协同提升公共就业服务水平。

(十九)加强人力资源市场建设。加快建立统一规范灵活的人力资源市场,消除城乡、行业、身份、性别、残疾等影响平等就业的制度障碍和就业歧视,形成有利于公平就业的制度环境。健全统一的市场监管体系,推进人力资源市场诚信体系建设和标准化建设。加强对企业招聘行为、职业中介活动的规范,及时纠正招聘过程中的歧视、限制及欺诈等行为。建立国有企事业单位公开招聘制度,推动实现招聘信息公开、过程公开和结果公开。加快发展人力资源服务业,规范发展人事代理、人才推荐、人员培训、劳务派遣等人力资源服务,提升服务供给能力和水平。完善党政机关、企事业单位、社会各方面人才顺畅流动的制度体系。

(二十)加强职业培训和创业培训。顺应产业结构迈向中高端水平、缓解就业结构性矛盾的需求,优化高校学科专业结构,加快发展现代职业教育,大规模开展职业培训,加大创业培训力度。利用各类创业培训资源,开发针对不同创业群体、创业活动不同阶段特点的创业培训项目,把创新创业课程纳入国民教育体系。重点实施农民工职业技能提升和失业人员转业转岗培训,增强其就业创业和职业转换能力。尊重劳动者培训意愿,引导劳动者自主选择培训项目、培训方式和培训机构。发挥企业主体作用,支持企业以新招用青年劳动者和新转岗人员为重点开展新型学徒制培训。强化基础能力建设,创新培训模式,建立高水平、专兼职的创业培训师资队伍,提升培训质量,落实职业培训补贴政策,合理确定补贴标准。推进职业资格管理改革,完善有利于劳动者成长成才的培养、评价和激励机制,畅通技能人才职业上升通道,推动形成劳动、技能等要素按贡献参与分配的机制,使技能劳动者获得与其能力业绩相适应的工资待遇。

(二十一)建立健全失业保险、社会救助与就业的联动机制。进一步完善失业保险制度,充分发挥失业保险保生活、防失业、促就业的作用,鼓励领取失业保险金人员尽快实现就业或自主创业。对实现就业或自主创业的最低生活保障对象,在核算家庭收入时,可以扣减必要的就业成本。

(二十二)完善失业登记办法。在法定劳动年龄内、有劳动能力和就业要求、处于无业状态的城镇常住人员,可以到常住地的公共就业服务机构进行失业登记。各地公共就业服务机构要为登记失业的各类人员提供均等化的政策咨询、职业指导、职业介绍等公共就业服务和普惠性就业政策,并逐步使外来劳动者与当地户籍人口享有同等的就业扶持政策。将《就业失业登记证》调整为《就业创业证》,免费发放,作为劳动者享受公共就业服务及就业扶持政策的凭证。有条件的地方可积极推动社会保障卡在就业领域的应用。

五、强化组织领导

(二十三)健全协调机制。县级以上人民政府要加强对就业创业工作的领导,把促进就业创业摆上重要议程,健全政府负责人牵头的就业创业工作协调机制,加强就业形势分析研判,落实完善就业创业政策,协调解决重点难点问题,确保各项就业目标完成和就业局势稳定。有关部门要增强全局意识,密切配合,尽职履责。进一步发挥各人民团体以及其他社会组织的作用,充分调动社会各方促进就业创业积极性。

(二十四)落实目标责任制。将就业创业工作纳入政绩考核,细化目标任务、政策落实、就业创业服务、资金投入、群众满意度等指标,提高权重,并层层分解,督促落实。对在就业创业工作中取得显著成绩的单位和个人,按国家有关规定予以表彰奖励。有关地区不履行促进就业职责,造成恶劣社会影响的,对当地人民政府有关负责人及具体责任人实行问责。

(二十五)保障资金投入。各级人民政府要根据就业状况和就业工作目标,在财政预算中合理安排就业相关资金。按照系统规范、精简效能的原则,明确政府间促进就业政策的功能定位,严格支出责任划分。进一步规范就业专项资金管理,强化资金预算执行和监督,开展资金使用绩效评价,着力提高就业专项资金使用效益。

(二十六)建立健全就业创业统计监测体系。健全就业统计指标,完善统计口径和统计调查方法,逐步将性别等指标纳入统计监测范围,探索建立创业工作统计指标。进一步加强和完善全国劳动力调查制度建设,扩大调查范围,增加调查内容。强化统计调查的质量控制。加大就业统计调查人员、经费和软硬件等保障力度,推进就业统计调查信息化建设。依托行业组织,建立健全行业人力资源需求预测和就业状况定期发布制度。

(二十七)注重舆论引导。坚持正确导向,加强政策解读,及时回应社会关切,大力宣传促进就业创业工作的经验做法,宣传劳动者自主就业、自主创业和用人单位促进就业的典型事迹,引导全社会共同关心和支持就业创业工作,引导高校毕业生等各类劳动者转变观念,树立正确的就业观,大力营造劳动光荣、技能宝贵、创造伟大的时代风尚。

各地区、各部门要认真落实本意见提出的各项任务,结合本地区、本部门实际,创造性地开展工作,制定具体方案和配套政策,同时要切实转变职能,简化办事流程,提高服务效率,确保各项就业创业政策措施落实到位,以稳就业惠民生促进经济社会平稳健康发展。

国务院关于大力发展电子商务
加快培育经济新动力的意见

（2015 年 5 月 4 日）

各省、自治区、直辖市人民政府，国务院各部委、各直属机构：

近年来我国电子商务发展迅猛，不仅创造了新的消费需求，引发了新的投资热潮，开辟了就业增收新渠道，为大众创业、万众创新提供了新空间，而且电子商务正加速与制造业融合，推动服务业转型升级，催生新兴业态，成为提供公共产品、公共服务的新力量，成为经济发展新的原动力。与此同时，电子商务发展面临管理方式不适应、诚信体系不健全、市场秩序不规范等问题，亟需采取措施予以解决。当前，我国已进入全面建成小康社会的决定性阶段，为减少束缚电子商务发展的机制体制障碍，进一步发挥电子商务在培育经济新动力，打造"双引擎"、实现"双目标"等方面的重要作用，现提出以下意见：

一、指导思想、基本原则和主要目标

（一）指导思想。全面贯彻党的十八大和十八届二中、三中、四中全会精神，按照党中央、国务院决策部署，坚持依靠改革推动科学发展，主动适应和引领经济发展新常态，着力解决电子商务发展中的深层次矛盾和重大问题，大力推进政策创新、管理创新和服务创新，加快建立开放、规范、诚信、安全的电子商务发展环境，进一步激发电子商务创新动力、创造潜力、创业活力,加速推动经济结构战略性调整,实现经济提质增效升级。

(二)基本原则。一是积极推动。主动作为、支持发展。积极协调解决电子商务发展中的各种矛盾与问题。在政府资源开放、网络安全保障、投融资支持、基础设施和诚信体系建设等方面加大服务力度。推进电子商务企业税费合理化,减轻企业负担。进一步释放电子商务发展潜力,提升电子商务创新发展水平。二是逐步规范。简政放权、放管结合。法无禁止的市场主体即可为,法未授权的政府部门不能为,最大限度减少对电子商务市场的行政干预。在放宽市场准入的同时,要在发展中逐步规范市场秩序,营造公平竞争的创业发展环境,进一步激发社会创业活力,拓宽电子商务创新发展领域。三是加强引导。把握趋势、因势利导。加强对电子商务发展中前瞻性、苗头性、倾向性问题的研究,及时在商业模式创新、关键技术研发、国际市场开拓等方面加大对企业的支持引导力度,引领电子商务向打造"双引擎"、实现"双目标"发展,进一步增强企业的创新动力,加速电子商务创新发展步伐。

(三)主要目标。到2020年,统一开放、竞争有序、诚信守法、安全可靠的电子商务大市场基本建成。电子商务与其他产业深度融合,成为促进创业、稳定就业、改善民生服务的重要平台,对工业化、信息化、城镇化、农业现代化同步发展起到关键性作用。

二、营造宽松发展环境

(四)降低准入门槛。全面清理电子商务领域现有前置审批事项,无法律法规依据的一律取消,严禁违法设定行政许可、增加行政许可条件和程序。(国务院审改办,有关部门按职责分工分别负责)进一步简化注册资本登记,深入推进电子商务领域由"先证后照"改为"先照后证"改革。(工商总局、中央编办)落实《注册资本登记制度改革方案》,放宽电子商务市场主体住所(经营场所)登记条件,完善相关管理措施。(省级人民政府)推进对快递企业设立非法人快递末端网点实施备案制管理。(邮政局)简化境内电子商务企业海外上市审批流程,鼓励电子商务领域的跨境人民币直接投资。(发展改革委、商务部、外汇局、证监会、人民银行)放开外商投资电子商务业务的外方持股比例限制。(工业和信息化部、发展改革委、商务部)探索建立能源、铁路、公共事业等行业电子商务服务的市场化机制。(有关部门按职责分工分别负责)

(五)合理降税减负。从事电子商务活动的企业,经认定为高新技术企业的,依法享受高新技术企业相关优惠政策,小微企业依法享受税收优惠政策。(科技部、财政部、税务总局)加快推进"营改增",逐步将旅游电子商务、生活服务类电子商务等相关行业纳入"营改增"范围。(财政部、税务总局)

(六)加大金融服务支持。建立健全适应电子商务发展的多元化、多渠道投融资机制。(有关部门按职责分工分别负责)研究鼓励符合条件的互联网企业在境内上市等相关政策。(证监会)支持商业银行、担保存货管理机构及电子商务企业开展无形资产、动产质押等多种形式的融资服务。鼓励商业银行、商业保理机构、电子商务企业开展供应链金融、商业保理服务,进一步拓展电子商务企业融资渠道。(人民银行、商务部)引导和推动创业投资基金,加大对电子商务初创企业的支持。(发展改革委)

(七)维护公平竞争。规范电子商务市场竞争行为,促进建立开放、公平、健康的电子商务市场竞争秩序。研究制定电子商务产品质量监督管理办法,探索建立风险监测、网上抽查、源头追溯、属地查处的电子商务产品质量监督机制,完善部门间、区域间监管信息共享和职能衔接机制。依法打击网络虚假宣传、生产销售假冒伪劣产品、违反国家出口管制法规政策跨境销售两用品和技术、不正当竞争等违法行为,组织开展电子商务产品质量提升行动,促进合法、诚信经营。(工商总局、质检总局、公安部、商务部按职责分工分别负责)重点查处达成垄断协议和滥用市场支配地位的问题,通过经营者集中反垄断审查,防止排除、限制市场竞争的行为。(发展改革委、工商总局、商务部)加强电子商务领域知识产权保护,研究进一步加大网络商业方法领域发明专利保护力度。(工业和信息化部、商务部、海关总署、工商总局、新闻出版广电总局、知识产权局等部门按职责分工分别负责)进一步加大政府利用电子商务平台进行采购的力度。(财政部)各级政府部门不得通过行政命令指定为电子商务提供公共服务的供应商,不得滥用行政权力排除、限制电子商务的竞争。(有关部门按职责分工分别负责)

三、促进就业创业

(八)鼓励电子商务领域就业创业。把发展电子商务促进就业纳入各地就业发展规划和电子商务发展整体规划。建立电子商务就业和社会保障指标统计制度。经工商登记注册的网络商户从业人员,同等享受各项就业创业扶持政策。未进行工商登记注册的网络商户从业人员,可认定为灵活就业人员,享受灵活就业人员扶持政策,其中在网络平台实名注册、稳定经营且信誉良好的网络商户创业者,可按规定享受小额担保贷款及贴息政策。支持中小微企业应用电子商务、拓展业务领域,鼓励有条件的地区建设电子商务创业园区,指导各类创业孵化基地为电子商务创业人员提供场地支持和创业孵化服务。加强电子商务企业用工服务,完善电子商务人才供求信息对接机制。(人力资源社会保障部、工业和信息化部、商务部、统计局,地方各级人民政府)

(九)加强人才培养培训。支持学校、企业及社会组织合作办学,探索实训式电子商务人才培养与培训机制。推进国家电子商务专业技术人才知识更新工程,指导各类培训机构增加电子商务技能培训项目,支持电子商务企业开展岗前培训、技能提升培训和高技能人才培训,加快培养电子商务领域的高素质专门人才和技术技能人才。参加职业培训和职业技能鉴定的人员,以及组织职工培训的电子商务企业,可按规定享受职业培训补贴和职业技能鉴定补贴政策。鼓励有条件的职业院校、社会培训机构和电子商务企业开展网络创业培训。(人力资源社会保障部、商务部、教育部、财政部)

(十)保障从业人员劳动权益。规范电子商务企业特别是网络商户劳动用工,经工商登记注册取得营业执照的,应与招用的劳动者依法签订劳动合同;未进行工商登记注册的,也可参照劳动合同法相关规定与劳动者签订民事协议,明确双方的权利、责任和义务。按规定将网络从业人员纳入各项社会保险,对未进行工商登记注册的网络商户,其从业人员可按灵活就业人员参保缴费办法参加社会保险。符合条件的就业困难人员和高校毕业生,可享受灵活就业人员社会保险补贴政策。长期雇用 5 人及以上的网络商户,可在工商注册地进行社会保险登记,参加企业职工的各项社会保险。满足统筹地区社会保险优惠政策条件的网络商户,可享受社会保险优惠政策。(人力资源社会保障部)

四、推动转型升级

(十一)创新服务民生方式。积极拓展信息消费新渠道,创新移动电子商务应用,支持面向城乡居民社区提供日常消费、家政服务、远程缴费、健康医疗等商业和综合服务的电子商务平台发展。加快推动传统媒体与新兴媒体深度融合,提升文化企业网络服务能力,支持文化产品电子商务平台发展,规范网络文化市场。支持教育、会展、咨询、广告、餐饮、娱乐等服务企业深化电子商务应用。(有关部门按职责分工分别负责)鼓励支持旅游景点、酒店等开展线上营销,规范发展在线旅游预订市场,推动旅游在线服务模式创新。(旅游局、工商总局)加快建立全国 12315 互联网平台,完善网上交易在线投诉及售后维权机制,研究制定 7 天无理由退货实施细则,促进网络购物消费健康快速发展。(工商总局)

（十二）推动传统商贸流通企业发展电子商务。鼓励有条件的大型零售企业开办网上商城，积极利用移动互联网、地理位置服务、大数据等信息技术提升流通效率和服务质量。支持中小零售企业与电子商务平台优势互补，加强服务资源整合，促进线上交易与线下交易融合互动。（商务部）推动各类专业市场建设网上市场，通过线上线下融合，加速向网络化市场转型，研究完善能源、化工、钢铁、林业等行业电子商务平台规范发展的相关措施。（有关部门按职责分工分别负责）制定完善互联网食品药品经营监督管理办法，规范食品、保健食品、药品、化妆品、医疗器械网络经营行为，加强互联网食品药品市场监测监管体系建设，推动医药电子商务发展。（食品药品监管总局、卫生计生委、商务部）

（十三）积极发展农村电子商务。加强互联网与农业农村融合发展，引入产业链、价值链、供应链等现代管理理念和方式，研究制定促进农村电子商务发展的意见，出台支持政策措施。（商务部、农业部）加强鲜活农产品标准体系、动植物检疫体系、安全追溯体系、质量保障与安全监管体系建设，大力发展农产品冷链基础设施。（质检总局、发展改革委、商务部、农业部、食品药品监管总局）开展电子商务进农村综合示范，推动信息进村入户，利用"万村千乡"市场网络改善农村地区电子商务服务环境。（商务部、农业部）建设地理标志产品技术标准体系和产品质量保证体系，支持利用电子商务平台宣传和销售地理标志产品，鼓励电子商务平台服务"一村一品"，促进品牌农产品走出去。鼓励农业生产资料企业发展电子商务。（农业部、质检总局、工商总局）支持林业电子商务发展，逐步建立林产品交易诚信体系、林产品和林权交易服务体系。（林业局）

（十四）创新工业生产组织方式。支持生产制造企业深化物联网、云计算、大数据、三维(3D)设计及打印等信息技术在生产制造各环节的应用，建立与客户电子商务系统对接的网络制造管理系统，提高加工订单的响应速度及柔性制造能力；面向网络消费者个性化需求，建立网络化经营管理模式，发展"以销定产"及"个性化定制"生产方式。（工业和信息化部、科技部、商务部)鼓励电子商务企业大力开展品牌经营,优化配置研发、设计、生产、物流等优势资源,满足网络消费者需求。(商务部、工商总局、质检总局)鼓励创意服务,探索建立生产性创新服务平台,面向初创企业及创意群体提供设计、测试、生产、融资、运营等创新创业服务。(工业和信息化部、科技部)

(十五)推广金融服务新工具。建设完善移动金融安全可信公共服务平台,制定相关应用服务的政策措施,推动金融机构、电信运营商、银行卡清算机构、支付机构、电子商务企业等加强合作,实现移动金融在电子商务领域的规模化应用;推广应用具有硬件数字证书、采用国家密码行政主管部门规定算法的移动智能终端,保障移动电子商务交易的安全性和真实性;制定在线支付标准规范和制度,提升电子商务在线支付的安全性,满足电子商务交易及公共服务领域金融服务需求;鼓励商业银行与电子商务企业开展多元化金融服务合作,提升电子商务服务质量和效率。(人民银行、密码局、国家标准委)

(十六)规范网络化金融服务新产品。鼓励证券、保险、公募基金等企业和机构依法进行网络化创新,完善互联网保险产品审核和信息披露制度,探索建立适应互联网证券、保险、公募基金产品销售等互联网金融活动的新型监管方式。(人民银行、证监会、保监会)规范保险业电子商务平台建设,研究制定电子商务涉及的信用保证保险的相关扶持政策,鼓励发展小微企业信贷信用保险、个人消费履约保证保险等新业务,扩大信用保险保单融资范围。完善在线旅游服务企业投保办法。(保监会、银监会、旅游局按职责分工分别负责)

五、完善物流基础设施

(十七)支持物流配送终端及智慧物流平台建设。推动跨地区跨行业的智慧物流信息平台建设,鼓励在法律规定范围内发展共同配送等物流配送组织新模式。(交通运输部、商务部、邮政局、发展改革委)支持物流(快递)配送站、智能快件箱等物流设施建设,鼓励社区物业、村级信息服务站(点)、便利店等提供快件派送服务。支持快递服务网络向农村地区延伸。(地方各级人民政府,商务部、邮政局、农业部按职责分工分别负责)推进电子商务与物流快递协同发展。(财政部、商务部、邮政局)鼓励学校、快递企业、第三方主体因地制宜加强合作,通过设置智能快件箱或快件收发室、委托校园邮政局所代为投递、建立共同配送站点等方式,促进快递进校园。(地方各级人民政府,邮政局、商务部、教育部)根据执法需求,研究推动被监管人员生活物资电子商务和智能配送。(司法部)有条件的城市应将配套建设物流(快递)配送站、智能终端设施纳入城市社区发展规划,鼓励电子商务企业和物流(快递)企业对网络购物商品包装物进行回收和循环利用。(有关部门按职责分工分别负责)

(十八)规范物流配送车辆管理。各地区要按照有关规定,推动城市配送车辆的标准化、专业化发展;制定并实施城市配送用汽车、电动三轮车等车辆管理办法,强化城市配送运力需求管理,保障配送车辆的便利通行;鼓励采用清洁能源车辆开展物流(快递)配送业务,支持充电、加气等设施建设;合理规划物流(快递)配送车辆通行路线和货物装卸搬运地点。对物流(快递)配送车辆采取通行证管理的城市,应明确管理部门、公开准入条件、引入社会监督。(地方各级人民政府)

(十九)合理布局物流仓储设施。完善仓储建设标准体系,鼓励现代化仓储设施建设,加强偏远地区仓储设施建设。(住房城乡建设部、公安部、发展改革委、商务部、林业局)各地区要在城乡规划中合理规划布局物流仓储用地,在土地利用总体规划和年度供地计划中合理安排仓储建设用地,引导社会资本进行仓储设施投资建设或再利用,严禁擅自改变物流仓储用地性质。(地方各级人民政府)鼓励物流(快递)企业发展"仓配一体化"服务。(商务部、邮政局)

六、提升对外开放水平

（二十）加强电子商务国际合作。积极发起或参与多双边或区域关于电子商务规则的谈判和交流合作，研究建立我国与国际认可组织的互认机制，依托我国认证认可制度和体系，完善电子商务企业和商品的合格评定机制，提升国际组织和机构对我国电子商务企业和商品认证结果的认可程度，力争国际电子商务规制制定的主动权和跨境电子商务发展的话语权。（商务部、质检总局）

（二十一）提升跨境电子商务通关效率。积极推进跨境电子商务通关、检验检疫、结汇、缴进口税等关键环节"单一窗口"综合服务体系建设，简化与完善跨境电子商务货物返修与退运通关流程，提高通关效率。（海关总署、财政部、税务总局、质检总局、外汇局）探索建立跨境电子商务货物负面清单、风险监测制度，完善跨境电子商务货物通关与检验检疫监管模式，建立跨境电子商务及相关物流企业诚信分类管理制度，防止疫病疫情传入、外来有害生物入侵和物种资源流失。（海关总署、质检总局按职责分工分别负责）大力支持中国（杭州）跨境电子商务综合试验区先行先试，尽快形成可复制、可推广的经验，加快在全国范围推广。（商务部、发展改革委）

（二十二）推动电子商务走出去。抓紧研究制定促进跨境电子商务发展的指导意见。（商务部、发展改革委、海关总署、工业和信息化部、财政部、人民银行、税务总局、工商总局、质检总局、外汇局）鼓励国家政策性银行在业务范围内加大对电子商务企业境外投资并购的贷款支持，研究制定针对电子商务企业境外上市的规范管理政策。（人民银行、证监会、商务部、发展改革委、工业和信息化部）简化电子商务企业境外直接投资外汇登记手续，拓宽其境外直接投资外汇登记及变更登记业务办理渠道。（外汇局）支持电子商务企业建立海外营销渠道，创立自有品牌。

各驻外机构应加大对电子商务企业走出去的服务力度。进一步开放面向港澳台地区的电子商务市场,推动设立海峡两岸电子商务经济合作实验区。鼓励发展面向"一带一路"沿线国家的电子商务合作,扩大跨境电子商务综合试点,建立政府、企业、专家等各个层面的对话机制,发起和主导电子商务多边合作。(有关部门按职责分工分别负责)

七、构筑安全保障防线

(二十三)保障电子商务网络安全。电子商务企业要按照国家信息安全等级保护管理规范和技术标准相关要求,采用安全可控的信息设备和网络安全产品,建设完善网络安全防护体系、数据资源安全管理体系和网络安全应急处置体系,鼓励电子商务企业获得信息安全管理体系认证,提高自身信息安全管理水平。鼓励电子商务企业加强与网络安全专业服务机构、相关管理部门的合作,共享网络安全威胁预警信息,消除网络安全隐患,共同防范网络攻击破坏、窃取公民个人信息等违法犯罪活动。(公安部、国家认监委、工业和信息化部、密码局)

(二十四)确保电子商务交易安全。研究制定电子商务交易安全管理制度,明确电子商务交易各方的安全责任和义务。(工商总局、工业和信息化部、公安部)建立电子认证信任体系,促进电子认证机构数字证书交叉互认和数字证书应用的互联互通,推广数字证书在电子商务交易领域的应用。建立电子合同等电子交易凭证的规范管理机制,确保网络交易各方的合法权益。加强电子商务交易各方信息保护,保障电子商务消费者个人信息安全。(工业和信息化部、工商总局、密码局等有关部门按职责分工分别负责)

(二十五)预防和打击电子商务领域违法犯罪。电子商务企业要切实履行违禁品信息巡查清理、交易记录及日志留存、违法犯罪线索报告等责任和义务,加强对销售管制商品网络商户的资格审查和对异常交易、非法交易的监控,防范电子商务在线支付给违法犯罪活动提供洗钱等便利,并为打击网络违法犯罪提供技术支持。加强电子商务企业与相关管理部门的协作配合,建立跨机构合作机制,加大对制售假冒伪劣商品、网络盗窃、网络诈骗、网上非法交易等违法犯罪活动的打击力度。(公安部、工商总局、人民银行、银监会、工业和信息化部、商务部等有关部门按职责分工分别负责)

八、健全支撑体系

(二十六)健全法规标准体系。加快推进电子商务法立法进程,研究制定或适时修订相关法规,明确电子票据、电子合同、电子检验检疫报告和证书、各类电子交易凭证等的法律效力,作为处理相关业务的合法凭证。(有关部门按职责分工分别负责)制定适合电子商务特点的投诉管理制度,制定基于统一产品编码的电子商务交易产品质量信息发布规范,建立电子商务纠纷解决和产品质量担保责任机制。(工商总局、质检总局等部门按职责分工分别负责)逐步推行电子发票和电子会计档案,完善相关技术标准和规章制度。(税务总局、财政部、档案局、国家标准委)建立完善电子商务统计制度,扩大电子商务统计的覆盖面,增强统计的及时性、真实性。(统计局、商务部)统一线上线下的商品编码标识,完善电子商务标准规范体系,研究电子商务基础性关键标准,积极主导和参与制定电子商务国际标准。(国家标准委、商务部)

(二十七)加强信用体系建设。建立健全电子商务信用信息管理制度,推动电子商务企业信用信息公开。推进人口、法人、商标和产品质量等信息资源向电子商务企业和信用服务机构开放,逐步降低查询及利用成本。(工商总局、商务部、公安部、质检总局等部门按职责分工分别负责)促进电子商务信用信息与社会其他领域相关信息的交换共享,推动电子商务信用评价,建立健全电子商务领域失信行为联合惩戒机制。

（发展改革委、人民银行、工商总局、质检总局、商务部）推动电子商务领域应用网络身份证,完善网店实名制,鼓励发展社会化的电子商务网站可信认证服务。（公安部、工商总局、质检总局）发展电子商务可信交易保障公共服务,完善电子商务信用服务保障制度,推动信用调查、信用评估、信用担保等第三方信用服务和产品在电子商务中的推广应用。（工商总局、质检总局）

（二十八）强化科技与教育支撑。开展电子商务基础理论、发展规律研究。加强电子商务领域云计算、大数据、物联网、智能交易等核心关键技术研究开发。实施网络定制服务、网络平台服务、网络交易服务、网络贸易服务、网络交易保障服务技术研发与应用示范工程。强化产学研结合的企业技术中心、工程技术中心、重点实验室建设。鼓励企业组建产学研协同创新联盟。探索建立电子商务学科体系,引导高等院校加强电子商务学科建设和人才培养,为电子商务发展提供更多的高层次复合型专门人才。（科技部、教育部、发展改革委、商务部）建立预防网络诈骗、保障交易安全、保护个人信息等相关知识的宣传与服务机制。（公安部、工商总局、质检总局）

（二十九）协调推动区域电子商务发展。各地区要把电子商务列入经济与社会发展规划,按照国家有关区域发展规划和对外经贸合作战略,立足城市产业发展特点和优势,引导各类电子商务业态和功能聚集,推动电子商务产业统筹协调、错位发展。推动国家电子商务示范城市、示范基地建设。（有关地方人民政府）依托国家电子商务示范城市,加快开展电子商务法规政策创新和试点示范工作,为国家制定电子商务相关法规和政策提供实践依据。加强对中西部和东北地区电子商务示范城市的支持与指导。（发展改革委、财政部、商务部、人民银行、海关总署、税务总局、工商总局、质检总局等部门按照职责分工分别负责）

各地区、各部门要认真落实本意见提出的各项任务,于 2015 年底前研究出台具体政策。发展改革委、中央网信办、商务部、工业和信息化部、财政部、人力资源社会保障部、人民银行、海关总署、税务总局、工商总局、质检总局等部门要完善电子商务跨部门协调工作机制,研究重大问题,加强指导和服务。有关社会机构要充分发挥自身监督作用,推动行业自律和服务创新。相关部门、社团组织及企业要解放思想,转变观念,密切协作,开拓创新,共同推动建立规范有序、社会共治、辐射全球的电子商务大市场,促进经济平稳健康发展。

国务院关于大力推进大众创业
万众创新若干政策措施的意见

（2015 年 6 月 11 日）

各省、自治区、直辖市人民政府，国务院各部委、各直属机构：

推进大众创业、万众创新，是发展的动力之源，也是富民之道、公平之计、强国之策，对于推动经济结构调整、打造发展新引擎、增强发展新动力、走创新驱动发展道路具有重要意义，是稳增长、扩就业、激发亿万群众智慧和创造力，促进社会纵向流动、公平正义的重大举措。根据 2015 年《政府工作报告》部署，为改革完善相关体制机制，构建普惠性政策扶持体系，推动资金链引导创业创新链、创业创新链支持产业链、产业链带动就业链，现提出以下意见。

一、充分认识推进大众创业、万众创新的重要意义

——推进大众创业、万众创新，是培育和催生经济社会发展新动力的必然选择。随着我国资源环境约束日益强化，要素的规模驱动力逐步减弱，传统的高投入、高消耗、粗放式发展方式难以为继，经济发展进入新常态，需要从要素驱动、投资驱动转向创新驱动。推进大众创业、万众创新，就是要通过结构性改革、体制机制创新，消除不利于创业创新发展的各种制度束缚和桎梏，支持各类市场主体不断开办新企业、开发新产品、开拓新市场，培育新兴产业，形成小企业"铺天盖地"、大企业"顶天立地"的发

展格局,实现创新驱动发展,打造新引擎、形成新动力。

——推进大众创业、万众创新,是扩大就业、实现富民之道的根本举措。我国有 13 亿多人口、9 亿多劳动力,每年高校毕业生、农村转移劳动力、城镇困难人员、退役军人数量较大,人力资源转化为人力资本的潜力巨大,但就业总量压力较大,结构性矛盾凸显。推进大众创业、万众创新,就是要通过转变政府职能、建设服务型政府,营造公平竞争的创业环境,使有梦想、有意愿、有能力的科技人员、高校毕业生、农民工、退役军人、失业人员等各类市场创业主体"如鱼得水",通过创业增加收入,让更多的人富起来,促进收入分配结构调整,实现创新支持创业、创业带动就业的良性互动发展。

——推进大众创业、万众创新,是激发全社会创新潜能和创业活力的有效途径。目前,我国创业创新理念还没有深入人心,创业教育培训体系还不健全,善于创造、勇于创业的能力不足,鼓励创新、宽容失败的良好环境尚未形成。推进大众创业、万众创新,就是要通过加强全社会以创新为核心的创业教育,弘扬"敢为人先、追求创新、百折不挠"的创业精神,厚植创新文化,不断增强创业创新意识,使创业创新成为全社会共同的价值追求和行为习惯。

二、总体思路

按照"四个全面"战略布局,坚持改革推动,加快实施创新驱动发展战略,充分发挥市场在资源配置中的决定性作用和更好发挥政府作用,加大简政放权力度,放宽政策、放开市场、放活主体,形成有利于创业创新的良好氛围,让千千万万创业者活跃起来,汇聚成经济社会发展的巨大动能。不断完善体制机制、健全普惠性政策措施,加强统筹协调,构建有利于大众创业、万众创新蓬勃发展的政策环境、制度环境和公共服务体系,以创业带动就业、创新促进发展。

——坚持深化改革,营造创业环境。通过结构性改革和创新,进一步简政放权、放管结合、优化服务,增强创业创新制度供给,完善相关法律法规、扶持政策和激励措施,营造均等普惠环境,推动社会纵向流动。

——坚持需求导向,释放创业活力。尊重创业创新规律,坚持以人为本,切实解决创业者面临的资金需求、市场信息、政策扶持、技术支撑、公共服务等瓶颈问题,最大限度释放各类市场主体创业创新活力,开辟就业新空间,拓展发展新天地,解放和发展生产力。

——坚持政策协同,实现落地生根。加强创业、创新、就业等各类政策统筹,部门与地方政策联动,确保创业扶持政策可操作、能落地。鼓励有条件的地区先行先试,探索形成可复制、可推广的创业创新经验。

——坚持开放共享,推动模式创新。加强创业创新公共服务资源开放共享,整合利用全球创业创新资源,实现人才等创业创新要素跨地区、跨行业自由流动。依托"互联网+"、大数据等,推动各行业创新商业模式,建立和完善线上与线下、境内与境外、政府与市场开放合作等创业创新机制。

三、创新体制机制,实现创业便利化

(一)完善公平竞争市场环境。进一步转变政府职能,增加公共产品和服务供给,为创业者提供更多机会。逐步清理并废除妨碍创业发展的制度和规定,打破地方保护主义。加快出台公平竞争审查制度,建立统一透明、有序规范的市场环境。依法反垄断和反不正当竞争,消除不利于创业创新发展的垄断协议和滥用市场支配地位以及其他不正当竞争行为。清理规范涉企收费项目,完善收费目录管理制度,制定事中事后监管办法。建立和规范企业信用信息发布制度,制定严重违法企业名单管理办法,把创业主体信用与市场准入、享受优惠政策挂钩,完善以信用管理为基础的创业创新监管模式。

（二）深化商事制度改革。加快实施工商营业执照、组织机构代码证、税务登记证"三证合一"、"一照一码"，落实"先照后证"改革，推进全程电子化登记和电子营业执照应用。支持各地结合实际放宽新注册企业场所登记条件限制，推动"一址多照"、集群注册等住所登记改革，为创业创新提供便利的工商登记服务。建立市场准入等负面清单，破除不合理的行业准入限制。开展企业简易注销试点，建立便捷的市场退出机制。依托企业信用信息公示系统建立小微企业名录，增强创业企业信息透明度。

（三）加强创业知识产权保护。研究商业模式等新形态创新成果的知识产权保护办法。积极推进知识产权交易，加快建立全国知识产权运营公共服务平台。完善知识产权快速维权与维权援助机制，缩短确权审查、侵权处理周期。集中查处一批侵犯知识产权的大案要案，加大对反复侵权、恶意侵权等行为的处罚力度，探索实施惩罚性赔偿制度。完善权利人维权机制，合理划分权利人举证责任，完善行政调解等非诉讼纠纷解决途径。

（四）健全创业人才培养与流动机制。把创业精神培育和创业素质教育纳入国民教育体系，实现全社会创业教育和培训制度化、体系化。加快完善创业课程设置，加强创业实训体系建设。加强创业创新知识普及教育，使大众创业、万众创新深入人心。加强创业导师队伍建设，提高创业服务水平。加快推进社会保障制度改革，破除人才自由流动制度障碍，实现党政机关、企事业单位、社会各方面人才顺畅流动。加快建立创业创新绩效评价机制，让一批富有创业精神、勇于承担风险的人才脱颖而出。

四、优化财税政策，强化创业扶持

（五）加大财政资金支持和统筹力度。各级财政要根据创业创新需要，统筹安排各类支持小微企业和创业创新的资金，加大对创业创新支持力度,强化资金预算执行和监管,加强资金使用绩效评价。支持有条件的地方政府设立创业基金,扶持创业创新发展。在确保公平竞争前提下,鼓励对众创空间等孵化机构的办公用房、用水、用能、网络等软硬件设施给予适当优惠,减轻创业者负担。

(六)完善普惠性税收措施。落实扶持小微企业发展的各项税收优惠政策。落实科技企业孵化器、大学科技园、研发费用加计扣除、固定资产加速折旧等税收优惠政策。对符合条件的众创空间等新型孵化机构适用科技企业孵化器税收优惠政策。按照税制改革方向和要求,对包括天使投资在内的投向种子期、初创期等创新活动的投资,统筹研究相关税收支持政策。修订完善高新技术企业认定办法,完善创业投资企业享受70%应纳税所得额税收抵免政策。抓紧推广中关村国家自主创新示范区税收试点政策,将企业转增股本分期缴纳个人所得税试点政策、股权奖励分期缴纳个人所得税试点政策推广至全国范围。落实促进高校毕业生、残疾人、退役军人、登记失业人员等创业就业税收政策。

(七)发挥政府采购支持作用。完善促进中小企业发展的政府采购政策,加强对采购单位的政策指导和监督检查,督促采购单位改进采购计划编制和项目预留管理,增强政策对小微企业发展的支持效果。加大创新产品和服务的采购力度,把政府采购与支持创业发展紧密结合起来。

五、搞活金融市场,实现便捷融资

(八)优化资本市场。支持符合条件的创业企业上市或发行票据融资,并鼓励创业企业通过债券市场筹集资金。积极研究尚未盈利的互联网和高新技术企业到创业板发行上市制度,推动在上海证券交易所建立战略新兴产业板。加快推进全国中小企业股份转让系统向创业板转板试点。研究解决特殊股权结构类创业企业在境内上市的制度性障碍,完善资本市场规则。规范发展服务于中小微企业的区域性股权市场,推动建立工商登记部门与区域性股权市场的股权登记对接机制,支持股权质押融资。支持符合条件的发行主体发行小微企业增信集合债等企业债券创新品种。

（九）创新银行支持方式。鼓励银行提高针对创业创新企业的金融服务专业化水平,不断创新组织架构、管理方式和金融产品。推动银行与其他金融机构加强合作,对创业创新活动给予有针对性的股权和债权融资支持。鼓励银行业金融机构向创业企业提供结算、融资、理财、咨询等一站式系统化的金融服务。

（十）丰富创业融资新模式。支持互联网金融发展,引导和鼓励众筹融资平台规范发展,开展公开、小额股权众筹融资试点,加强风险控制和规范管理。丰富完善创业担保贷款政策。支持保险资金参与创业创新,发展相互保险等新业务。完善知识产权估值、质押和流转体系,依法合规推动知识产权质押融资、专利许可费收益权证券化、专利保险等服务常态化、规模化发展,支持知识产权金融发展。

六、扩大创业投资,支持创业起步成长

（十一）建立和完善创业投资引导机制。不断扩大社会资本参与新兴产业创投计划参股基金规模,做大直接融资平台,引导创业投资更多向创业企业起步成长的前端延伸。不断完善新兴产业创业投资政策体系、制度体系、融资体系、监管和预警体系,加快建立考核评价体系。加快设立国家新兴产业创业投资引导基金和国家中小企业发展基金,逐步建立支持创业创新和新兴产业发展的市场化长效运行机制。发展联合投资等新模式,探索建立风险补偿机制。鼓励各地方政府建立和完善创业投资引导基金。加强创业投资立法,完善促进天使投资的政策法规。促进国家新兴产业创业投资引导基金、科技型中小企业创业投资引导基金、国家科技成果转化引导基金、国家中小企业发展基金等协同联动。推进创业投资行业协会建设,加强行业自律。

(十二)拓宽创业投资资金供给渠道。加快实施新兴产业"双创"三年行动计划,建立一批新兴产业"双创"示范基地,引导社会资金支持大众创业。推动商业银行在依法合规、风险隔离的前提下,与创业投资机构建立市场化长期性合作。进一步降低商业保险资金进入创业投资的门槛。推动发展投贷联动、投保联动、投债联动等新模式,不断加大对创业创新企业的融资支持。

(十三)发展国有资本创业投资。研究制定鼓励国有资本参与创业投资的系统性政策措施,完善国有创业投资机构激励约束机制、监督管理机制。引导和鼓励中央企业和其他国有企业参与新兴产业创业投资基金、设立国有资本创业投资基金等,充分发挥国有资本在创业创新中的作用。研究完善国有创业投资机构国有股转持豁免政策。

(十四)推动创业投资"引进来"与"走出去"。抓紧修订外商投资创业投资企业相关管理规定,按照内外资一致的管理原则,放宽外商投资准入,完善外资创业投资机构管理制度,简化管理流程,鼓励外资开展创业投资业务。放宽对外资创业投资基金投资限制,鼓励中外合资创业投资机构发展。引导和鼓励创业投资机构加大对境外高端研发项目的投资,积极分享境外高端技术成果。按投资领域、用途、募集资金规模,完善创业投资境外投资管理。

七、发展创业服务,构建创业生态

(十五)加快发展创业孵化服务。大力发展创新工场、车库咖啡等新型孵化器,做大做强众创空间,完善创业孵化服务。引导和鼓励各类创业孵化器与天使投资、创业投资相结合,完善投融资模式。引导和推动创业孵化与高校、科研院所等技术成果转移相结合,完善技术支撑服务。引导和鼓励国内资本与境外合作设立新型创业孵化平台,引进境外先进创业孵化模式,提升孵化能力。

(十六)大力发展第三方专业服务。加快发展企业管理、财务咨询、市场营销、人力资源、法律顾问、知识产权、检验检测、现代物流等第三方专业化服务,不断丰富和完善创业服务。

(十七)发展"互联网+"创业服务。加快发展"互联网+"创业网络体系,建设一批小微企业创业创新基地,促进创业与创新、创业与就业、线上与线下相结合,降低全社会创业门槛和成本。加强政府数据开放共享,推动大型互联网企业和基础电信企业向创业者开放计算、存储和数据资源。积极推广众包、用户参与设计、云设计等新型研发组织模式和创业创新模式。

(十八)研究探索创业券、创新券等公共服务新模式。有条件的地方继续探索通过创业券、创新券等方式对创业者和创新企业提供社会培训、管理咨询、检验检测、软件开发、研发设计等服务,建立和规范相关管理制度和运行机制,逐步形成可复制、可推广的经验。

八、建设创业创新平台,增强支撑作用

(十九)打造创业创新公共平台。加强创业创新信息资源整合,建立创业政策集中发布平台,完善专业化、网络化服务体系,增强创业创新信息透明度。鼓励开展各类公益讲坛、创业论坛、创业培训等活动,丰富创业平台形式和内容。支持各类创业创新大赛,定期办好中国创新创业大赛、中国农业科技创新创业大赛和创新挑战大赛等赛事。加强和完善中小企业公共服务平台网络建设。充分发挥企业的创新主体作用,鼓励和支持有条件的大型企业发展创业平台、投资并购小微企业等,支持企业内外部创业者创业,增强企业创业创新活力。为创业失败者再创业建立必要的指导和援助机制,不断增强创业信心和创业能力。加快建立创业企业、天使投资、创业投资统计指标体系,规范统计口径和调查方法,加强监

测和分析。

（二十）用好创业创新技术平台。建立科技基础设施、大型科研仪器和专利信息资源向全社会开放的长效机制。完善国家重点实验室等国家级科研平台（基地）向社会开放机制，为大众创业、万众创新提供有力支撑。鼓励企业建立一批专业化、市场化的技术转移平台。鼓励依托三维（3D）打印、网络制造等先进技术和发展模式，开展面向创业者的社会化服务。引导和支持有条件的领军企业创建特色服务平台，面向企业内部和外部创业者提供资金、技术和服务支撑。加快建立军民两用技术项目实施、信息交互和标准化协调机制，促进军民创新资源融合。

（二十一）发展创业创新区域平台。支持开展全面创新改革试验的省（区、市）、国家综合配套改革试验区等，依托改革试验平台在创业创新体制机制改革方面积极探索，发挥示范和带动作用，为创业创新制度体系建设提供可复制、可推广的经验。依托自由贸易试验区、国家自主创新示范区、战略性新兴产业集聚区等创业创新资源密集区域，打造若干具有全球影响力的创业创新中心。引导和鼓励创业创新型城市完善环境，推动区域集聚发展。推动实施小微企业创业基地城市示范。鼓励有条件的地方出台各具特色的支持政策，积极盘活闲置的商业用房、工业厂房、企业库房、物流设施和家庭住所、租赁房等资源，为创业者提供低成本办公场所和居住条件。

九、激发创造活力，发展创新型创业

（二十二）支持科研人员创业。加快落实高校、科研院所等专业技术人员离岗创业政策，对经同意离岗的可在3年内保留人事关系，建立健全科研人员双向流动机制。进一步完善创新型中小企业上市股权激励和员工持股计划制度规则。鼓励符合条件的企业按照有关规定，通过股权、期权、分红等激励方式，调动科研人员创业积极性。支持鼓励学会、协会、研

91

究会等科技社团为科技人员和创业企业提供咨询服务。

（二十三）支持大学生创业。深入实施大学生创业引领计划，整合发展高校毕业生就业创业基金。引导和鼓励高校统筹资源，抓紧落实大学生创业指导服务机构、人员、场地、经费等。引导和鼓励成功创业者、知名企业家、天使和创业投资人、专家学者等担任兼职创业导师，提供包括创业方案、创业渠道等创业辅导。建立健全弹性学制管理办法，支持大学生保留学籍休学创业。

（二十四）支持境外人才来华创业。发挥留学回国人才特别是领军人才、高端人才的创业引领带动作用。继续推进人力资源市场对外开放，建立和完善境外高端创业创新人才引进机制。进一步放宽外籍高端人才来华创业办理签证、永久居留证等条件，简化开办企业审批流程，探索由事前审批调整为事后备案。引导和鼓励地方对回国创业高端人才和境外高端人才来华创办高科技企业给予一次性创业启动资金，在配偶就业、子女入学、医疗、住房、社会保障等方面完善相关措施。加强海外科技人才离岸创业基地建设，把更多的国外创业创新资源引入国内。

十、拓展城乡创业渠道，实现创业带动就业

（二十五）支持电子商务向基层延伸。引导和鼓励集办公服务、投融资支持、创业辅导、渠道开拓于一体的市场化网商创业平台发展。鼓励龙头企业结合乡村特点建立电子商务交易服务平台、商品集散平台和物流中心，推动农村依托互联网创业。鼓励电子商务第三方交易平台渠道下沉，带动城乡基层创业人员依托其平台和经营网络开展创业。完善有利于中小网商发展的相关措施，在风险可控、商业可持续的前提下支持发展面向中小网商的融资贷款业务。

（二十六）支持返乡创业集聚发展。结合城乡区域特点，建立有市场竞争力的协作创业模式，形成各具特色的返乡人员创业联盟。引导返乡

创业人员融入特色专业市场,打造具有区域特点的创业集群和优势产业集群。深入实施农村青年创业富民行动,支持返乡创业人员因地制宜围绕休闲农业、农产品深加工、乡村旅游、农村服务业等开展创业,完善家庭农场等新型农业经营主体发展环境。

(二十七)完善基层创业支撑服务。加强城乡基层创业人员社保、住房、教育、医疗等公共服务体系建设,完善跨区域创业转移接续制度。健全职业技能培训体系,加强远程公益创业培训,提升基层创业人员创业能力。引导和鼓励中小金融机构开展面向基层创业创新的金融产品创新,发挥社区地理和软环境优势,支持社区创业者创业。引导和鼓励行业龙头企业、大型物流企业发挥优势,拓展乡村信息资源、物流仓储等技术和服务网络,为基层创业提供支撑。

十一、加强统筹协调,完善协同机制

(二十八)加强组织领导。建立由发展改革委牵头的推进大众创业万众创新部际联席会议制度,加强顶层设计和统筹协调。各地区、各部门要立足改革创新,坚持需求导向,从根本上解决创业创新中面临的各种体制机制问题,共同推进大众创业、万众创新蓬勃发展。重大事项要及时向国务院报告。

(二十九)加强政策协调联动。建立部门之间、部门与地方之间政策协调联动机制,形成强大合力。各地区、各部门要系统梳理已发布的有关支持创业创新发展的各项政策措施,抓紧推进"立、改、废"工作,将对初创企业的扶持方式从选拔式、分配式向普惠式、引领式转变。建立健全创业创新政策协调审查制度,增强政策普惠性、连贯性和协同性。

(三十)加强政策落实情况督查。加快建立推进大众创业、万众创新有关普惠性政策措施落实情况督查督导机制,建立和完善政策执行评估体系和通报制度,全力打通决策部署的"最先一公里"和政策落实的"最后一公里",确保各项政策措施落地生根。

　　各地区、各部门要进一步统一思想认识,高度重视、认真落实本意见的各项要求,结合本地区、本部门实际明确任务分工、落实工作责任,主动作为、敢于担当,积极研究解决新问题,及时总结推广经验做法,加大宣传力度,加强舆论引导,推动本意见确定的各项政策措施落实到位,不断拓展大众创业、万众创新的空间,汇聚经济社会发展新动能,促进我国经济保持中高速增长、迈向中高端水平。

国务院关于积极推进
"互联网+"行动的指导意见

（2015 年 7 月 1 日）

各省、自治区、直辖市人民政府，国务院各部委、各直属机构：

"互联网+"是把互联网的创新成果与经济社会各领域深度融合，推动技术进步、效率提升和组织变革，提升实体经济创新力和生产力，形成更广泛的以互联网为基础设施和创新要素的经济社会发展新形态。在全球新一轮科技革命和产业变革中，互联网与各领域的融合发展具有广阔前景和无限潜力，已成为不可阻挡的时代潮流，正对各国经济社会发展产生着战略性和全局性的影响。积极发挥我国互联网已经形成的比较优势，把握机遇，增强信心，加快推进"互联网+"发展，有利于重塑创新体系、激发创新活力、培育新兴业态和创新公共服务模式，对打造大众创业、万众创新和增加公共产品、公共服务"双引擎"，主动适应和引领经济发展新常态，形成经济发展新动能，实现中国经济提质增效升级具有重要意义。

近年来，我国在互联网技术、产业、应用以及跨界融合等方面取得了积极进展，已具备加快推进"互联网+"发展的坚实基础，但也存在传统企业运用互联网的意识和能力不足、互联网企业对传统产业理解不够深入、新业态发展面临体制机制障碍、跨界融合型人才严重匮乏等问题，亟待加以解决。为加快推动互联网与各领域深入融合和创新发展，充分发挥"互联网+"对稳增长、促改革、调结构、惠民生、防风险的重要作用，现就积极推进"互联网+"行动提出以下意见。

一、行动要求

（一）总体思路。

顺应世界"互联网+"发展趋势，充分发挥我国互联网的规模优势和应用优势，推动互联网由消费领域向生产领域拓展，加速提升产业发展水平，增强各行业创新能力，构筑经济社会发展新优势和新动能。坚持改革创新和市场需求导向，突出企业的主体作用，大力拓展互联网与经济社会各领域融合的广度和深度。着力深化体制机制改革，释放发展潜力和活力；着力做优存量，推动经济提质增效和转型升级；着力做大增量，培育新兴业态，打造新的增长点；着力创新政府服务模式，夯实网络发展基础，营造安全网络环境，提升公共服务水平。

（二）基本原则。

坚持开放共享。营造开放包容的发展环境，将互联网作为生产生活要素共享的重要平台，最大限度优化资源配置，加快形成以开放、共享为特征的经济社会运行新模式。

坚持融合创新。鼓励传统产业树立互联网思维，积极与"互联网+"相结合。推动互联网向经济社会各领域加速渗透，以融合促创新，最大程度汇聚各类市场要素的创新力量，推动融合性新兴产业成为经济发展新动力和新支柱。

坚持变革转型。充分发挥互联网在促进产业升级以及信息化和工业化深度融合中的平台作用，引导要素资源向实体经济集聚，推动生产方式和发展模式变革。创新网络化公共服务模式，大幅提升公共服务能力。

坚持引领跨越。巩固提升我国互联网发展优势，加强重点领域前瞻性布局，以互联网融合创新为突破口，培育壮大新兴产业，引领新一轮科技革命和产业变革，实现跨越式发展。

坚持安全有序。完善互联网融合标准规范和法律法规,增强安全意识,强化安全管理和防护,保障网络安全。建立科学有效的市场监管方式,促进市场有序发展,保护公平竞争,防止形成行业垄断和市场壁垒。

(三)发展目标。

到2018年,互联网与经济社会各领域的融合发展进一步深化,基于互联网的新业态成为新的经济增长动力,互联网支撑大众创业、万众创新的作用进一步增强,互联网成为提供公共服务的重要手段,网络经济与实体经济协同互动的发展格局基本形成。

——经济发展进一步提质增效。互联网在促进制造业、农业、能源、环保等产业转型升级方面取得积极成效,劳动生产率进一步提高。基于互联网的新兴业态不断涌现,电子商务、互联网金融快速发展,对经济提质增效的促进作用更加凸显。

——社会服务进一步便捷普惠。健康医疗、教育、交通等民生领域互联网应用更加丰富,公共服务更加多元,线上线下结合更加紧密。社会服务资源配置不断优化,公众享受到更加公平、高效、优质、便捷的服务。

——基础支撑进一步夯实提升。网络设施和产业基础得到有效巩固加强,应用支撑和安全保障能力明显增强。固定宽带网络、新一代移动通信网和下一代互联网加快发展,物联网、云计算等新型基础设施更加完备。人工智能等技术及其产业化能力显著增强。

——发展环境进一步开放包容。全社会对互联网融合创新的认识不断深入,互联网融合发展面临的体制机制障碍有效破除,公共数据资源开放取得实质性进展,相关标准规范、信用体系和法律法规逐步完善。

到2025年,网络化、智能化、服务化、协同化的"互联网+"产业生态体系基本完善,"互联网+"新经济形态初步形成,"互联网+"成为经济社会创新发展的重要驱动力量。

二、重点行动

（一）"互联网+"创业创新。

充分发挥互联网的创新驱动作用,以促进创业创新为重点,推动各类要素资源聚集、开放和共享,大力发展众创空间、开放式创新等,引导和推动全社会形成大众创业、万众创新的浓厚氛围,打造经济发展新引擎。（发展改革委、科技部、工业和信息化部、人力资源社会保障部、商务部等负责,列第一位者为牵头部门,下同）

1. 强化创业创新支撑。鼓励大型互联网企业和基础电信企业利用技术优势和产业整合能力,向小微企业和创业团队开放平台入口、数据信息、计算能力等资源,提供研发工具、经营管理和市场营销等方面的支持和服务,提高小微企业信息化应用水平,培育和孵化具有良好商业模式的创业企业。充分利用互联网基础条件,完善小微企业公共服务平台网络,集聚创业创新资源,为小微企业提供找得着、用得起、有保障的服务。

2. 积极发展众创空间。充分发挥互联网开放创新优势,调动全社会力量,支持创新工场、创客空间、社会实验室、智慧小企业创业基地等新型众创空间发展。充分利用国家自主创新示范区、科技企业孵化器、大学科技园、商贸企业集聚区、小微企业创业示范基地等现有条件,通过市场化方式构建一批创新与创业相结合、线上与线下相结合、孵化与投资相结合的众创空间,为创业者提供低成本、便利化、全要素的工作空间、网络空间、社交空间和资源共享空间。实施新兴产业"双创"行动,建立一批新兴产业"双创"示范基地,加快发展"互联网+"创业网络体系。

3. 发展开放式创新。鼓励各类创新主体充分利用互联网,把握市场需求导向,加强创新资源共享与合作,促进前沿技术和创新成果及时转化,构建开放式创新体系。推动各类创业创新扶持政策与互联网开放平台联动协作,为创业团队和个人开发者提供绿色通道服务。加快发展创业服务业,积极推广众包、用户参与设计、云设计等新型研发组织模式,引导建立社会各界交流合作的平台,推动跨区域、跨领域的技术成果转移和协同创新。

(二)"互联网+"协同制造。

推动互联网与制造业融合,提升制造业数字化、网络化、智能化水平,加强产业链协作,发展基于互联网的协同制造新模式。在重点领域推进智能制造、大规模个性化定制、网络化协同制造和服务型制造,打造一批网络化协同制造公共服务平台;加快形成制造业网络化产业生态体系。(工业和信息化部、发展改革委、科技部共同牵头)

1. 大力发展智能制造。以智能工厂为发展方向,开展智能制造试点示范,加快推动云计算、物联网、智能工业机器人、增材制造等技术在生产过程中的应用,推进生产装备智能化升级、工艺流程改造和基础数据共享。着力在工控系统、智能感知元器件、工业云平台、操作系统和工业软件等核心环节取得突破,加强工业大数据的开发与利用,有效支撑制造业智能化转型,构建开放、共享、协作的智能制造产业生态。

2. 发展大规模个性化定制。支持企业利用互联网采集并对接用户个性化需求,推进设计研发、生产制造和供应链管理等关键环节的柔性化改造,开展基于个性化产品的服务模式和商业模式创新。鼓励互联网企业整合市场信息,挖掘细分市场需求与发展趋势,为制造企业开展个性化定制提供决策支撑。

3. 提升网络化协同制造水平。鼓励制造业骨干企业通过互联网与产业链各环节紧密协同,促进生产、质量控制和运营管理系统全面互联,推行众包设计研发和网络化制造等新模式。鼓励有实力的互联网企业构建网络化协同制造公共服务平台,面向细分行业提供云制造服务,促进创新资源、生产能力、市场需求的集聚与对接,提升服务中小微企业能力,加快全社会多元化制造资源的有效协同,提高产业链资源整合能力。

4. 加速制造业服务化转型。鼓励制造企业利用物联网、云计算、大数据等技术,整合产品全生命周期数据,形成面向生产组织全过程的决策服务信息,为产品优化升级提供数据支撑。鼓励企业基于互联网开展故障预警、远程维护、质量诊断、远程过程优化等在线增值服务,拓展产品价值空间,实现从制造向"制造+服务"的转型升级。

(三)"互联网+"现代农业。

利用互联网提升农业生产、经营、管理和服务水平,培育一批网络化、智能化、精细化的现代"种养加"生态农业新模式,形成示范带动效应,加快完善新型农业生产经营体系,培育多样化农业互联网管理服务模式,逐步建立农副产品、农资质量安全追溯体系,促进农业现代化水平明显提升。(农业部、发展改革委、科技部、商务部、质检总局、食品药品监管总局、林业局等负责)

1. 构建新型农业生产经营体系。鼓励互联网企业建立农业服务平台,支撑专业大户、家庭农场、农民合作社、农业产业化龙头企业等新型农业生产经营主体,加强产销衔接,实现农业生产由生产导向向消费导向转变。提高农业生产经营的科技化、组织化和精细化水平,推进农业生产流通销售方式变革和农业发展方式转变,提升农业生产效率和增值空间。规范用好农村土地流转公共服务平台,提升土地流转透明度,保障农民权益。

2. 发展精准化生产方式。推广成熟可复制的农业物联网应用模式。在基础较好的领域和地区,普及基于环境感知、实时监测、自动控制的网络化农业环境监测系统。在大宗农产品规模生产区域,构建天地一体的农业物联网测控体系,实施智能节水灌溉、测土配方施肥、农机定位耕种等精准化作业。在畜禽标准化规模养殖基地和水产健康养殖示范基地,推动饲料精准投放、疾病自动诊断、废弃物自动回收等智能设备的应用普及和互联互通。

3. 提升网络化服务水平。深入推进信息进村入户试点,鼓励通过移动互联网为农民提供政策、市场、科技、保险等生产生活信息服务。支持互联网企业与农业生产经营主体合作,综合利用大数据、云计算等技术,建立农业信息监测体系,为灾害预警、耕地质量监测、重大动植物疫情防控、市场波动预测、经营科学决策等提供服务。

4.完善农副产品质量安全追溯体系。充分利用现有互联网资源,构建农副产品质量安全追溯公共服务平台,推进制度标准建设,建立产地准出与市场准入衔接机制。支持新型农业生产经营主体利用互联网技术,对生产经营过程进行精细化信息化管理,加快推动移动互联网、物联网、二维码、无线射频识别等信息技术在生产加工和流通销售各环节的推广应用,强化上下游追溯体系对接和信息互通共享,不断扩大追溯体系覆盖面,实现农副产品"从农田到餐桌"全过程可追溯,保障"舌尖上的安全"。

(四)"互联网+"智慧能源。

通过互联网促进能源系统扁平化,推进能源生产与消费模式革命,提高能源利用效率,推动节能减排。加强分布式能源网络建设,提高可再生能源占比,促进能源利用结构优化。加快发电设施、用电设施和电网智能化改造,提高电力系统的安全性、稳定性和可靠性。(能源局、发展改革委、工业和信息化部等负责)

1.推进能源生产智能化。建立能源生产运行的监测、管理和调度信息公共服务网络,加强能源产业链上下游企业的信息对接和生产消费智能化,支撑电厂和电网协调运行,促进非化石能源与化石能源协同发电。鼓励能源企业运用大数据技术对设备状态、电能负载等数据进行分析挖掘与预测,开展精准调度、故障判断和预测性维护,提高能源利用效率和安全稳定运行水平。

2.建设分布式能源网络。建设以太阳能、风能等可再生能源为主体的多能源协调互补的能源互联网。突破分布式发电、储能、智能微网、主动配电网等关键技术,构建智能化电力运行监测、管理技术平台,使电力设备和用电终端基于互联网进行双向通信和智能调控,实现分布式电源的及时有效接入,逐步建成开放共享的能源网络。

3. 探索能源消费新模式。开展绿色电力交易服务区域试点,推进以智能电网为配送平台,以电子商务为交易平台,融合储能设施、物联网、智能用电设施等硬件以及碳交易、互联网金融等衍生服务于一体的绿色能源网络发展,实现绿色电力的点到点交易及实时配送和补贴结算。进一步加强能源生产和消费协调匹配,推进电动汽车、港口岸电等电能替代技术的应用,推广电力需求侧管理,提高能源利用效率。基于分布式能源网络,发展用户端智能化用能、能源共享经济和能源自由交易,促进能源消费生态体系建设。

4. 发展基于电网的通信设施和新型业务。推进电力光纤到户工程,完善能源互联网信息通信系统。统筹部署电网和通信网深度融合的网络基础设施,实现同缆传输、共建共享,避免重复建设。鼓励依托智能电网发展家庭能效管理等新型业务。

(五)"互联网+"普惠金融。

促进互联网金融健康发展,全面提升互联网金融服务能力和普惠水平,鼓励互联网与银行、证券、保险、基金的融合创新,为大众提供丰富、安全、便捷的金融产品和服务,更好满足不同层次实体经济的投融资需求,培育一批具有行业影响力的互联网金融创新型企业。(人民银行、银监会、证监会、保监会、发展改革委、工业和信息化部、网信办等负责)

1. 探索推进互联网金融云服务平台建设。探索互联网企业构建互联网金融云服务平台。在保证技术成熟和业务安全的基础上,支持金融企业与云计算技术提供商合作开展金融公共云服务,提供多样化、个性化、精准化的金融产品。支持银行、证券、保险企业稳妥实施系统架构转型,鼓励探索利用云服务平台开展金融核心业务,提供基于金融云服务平台的信用、认证、接口等公共服务。

2. 鼓励金融机构利用互联网拓宽服务覆盖面。鼓励各金融机构利用云计算、移动互联网、大数据等技术手段,加快金融产品和服务创新,在更广泛地区提供便利的存贷款、支付结算、信用中介平台等金融服务,拓宽普惠金融服务范围,为实体经济发展提供有效支撑。支持金融机构和互联网企业依法合规开展网络借贷、网络证券、网络保险、互联网基金销售等业务。扩大专业互联网保险公司试点,充分发挥保险业在防范互联网金融风险中的作用。推动金融集成电路卡(IC卡)全面应用,提升电子现金的使用率和便捷性。发挥移动金融安全可信公共服务平台(MTPS)的作用,积极推动商业银行开展移动金融创新应用,促进移动金融在电子商务、公共服务等领域的规模应用。支持银行业金融机构借助互联网技术发展消费信贷业务,支持金融租赁公司利用互联网技术开展金融租赁业务。

3.积极拓展互联网金融服务创新的深度和广度。鼓励互联网企业依法合规提供创新金融产品和服务,更好满足中小微企业、创新型企业和个人的投融资需求。规范发展网络借贷和互联网消费信贷业务,探索互联网金融服务创新。积极引导风险投资基金、私募股权投资基金和产业投资基金投资于互联网金融企业。利用大数据发展市场化个人征信业务,加快网络征信和信用评价体系建设。加强互联网金融消费权益保护和投资者保护,建立多元化金融消费纠纷解决机制。改进和完善互联网金融监管,提高金融服务安全性,有效防范互联网金融风险及其外溢效应。

(六)"互联网+"益民服务。

充分发挥互联网的高效、便捷优势,提高资源利用效率,降低服务消费成本。大力发展以互联网为载体、线上线下互动的新兴消费,加快发展基于互联网的医疗、健康、养老、教育、旅游、社会保障等新兴服务,创新政府服务模式,提升政府科学决策能力和管理水平。(发展改革委、教育部、工业和信息化部、民政部、人力资源社会保障部、商务部、卫生计生委、质检总局、食品药品监管总局、林业局、旅游局、网信办、信访局等负责)

1.创新政府网络化管理和服务。加快互联网与政府公共服务体系的深度融合,推动公共数据资源开放,促进公共服务创新供给和服务资源整合,构建面向公众的一体化在线公共服务体系。积极探索公众参与的网络化社会管理服务新模式,充分利用互联网、移动互联网应用平台等,加快推进政务新媒体发展建设,加强政府与公众的沟通交流,提高政府公共管理、公共服务和公共政策制定的响应速度,提升政府科学决策能力和社会治理水平,促进政府职能转变和简政放权。深入推进网上信访,提高信访工作质量、效率和公信力。鼓励政府和互联网企业合作建立信用信息共享平台,探索开展一批社会治理互联网应用试点,打通政府部门、企事业单位之间的数据壁垒,利用大数据分析手段,提升各级政府的社会治理能力。加强对"互联网+"行动的宣传,提高公众参与度。

2. 发展便民服务新业态。发展体验经济,支持实体零售商综合利用网上商店、移动支付、智能试衣等新技术,打造体验式购物模式。发展社区经济,在餐饮、娱乐、家政等领域培育线上线下结合的社区服务新模式。发展共享经济,规范发展网络约租车,积极推广在线租房等新业态,着力破除准入门槛高、服务规范难、个人征信缺失等瓶颈制约。发展基于互联网的文化、媒体和旅游等服务,培育形式多样的新型业态。积极推广基于移动互联网入口的城市服务,开展网上社保办理、个人社保权益查询、跨地区医保结算等互联网应用,让老百姓足不出户享受便捷高效的服务。

3. 推广在线医疗卫生新模式。发展基于互联网的医疗卫生服务,支持第三方机构构建医学影像、健康档案、检验报告、电子病历等医疗信息共享服务平台,逐步建立跨医院的医疗数据共享交换标准体系。积极利用移动互联网提供在线预约诊疗、候诊提醒、划价缴费、诊疗报告查询、药品配送等便捷服务。引导医疗机构面向中小城市和农村地区开展基层检查、上级诊断等远程医疗服务。鼓励互联网企业与医疗机构合作建立医疗网络信息平台,加强区域医疗卫生服务资源整合,充分利用互联网、大数据等手段,提高重大疾病和突发公共卫生事件防控能力。积极探索互联网延伸医嘱、电子处方等网络医疗健康服务应用。鼓励有资质的医学检验机构、医疗服务机构联合互联网企业,发展基因检测、疾病预防等健康服务模式。

4. 促进智慧健康养老产业发展。支持智能健康产品创新和应用,推广全面量化健康生活新方式。鼓励健康服务机构利用云计算、大数据等技术搭建公共信息平台,提供长期跟踪、预测预警的个性化健康管理服务。发展第三方在线健康市场调查、咨询评价、预防管理等应用服务,提升规范化和专业化运营水平。依托现有互联网资源和社会力量,以社区为基础,搭建养老信息服务网络平台,提供护理看护、健康管理、康复照料等居家养老服务。鼓励养老服务机构应用基于移动互联网的便携式体检、紧急呼叫监控等设备,提高养老服务水平。

5. 探索新型教育服务供给方式。鼓励互联网企业与社会教育机构根据市场需求开发数字教育资源,提供网络化教育服务。鼓励学校利用数字教育资源及教育服务平台,逐步探索网络化教育新模式,扩大优质教育资源覆盖面,促进教育公平。鼓励学校通过与互联网企业合作等方式,对接线上线下教育资源,探索基础教育、职业教育等教育公共服务提供新方式。推动开展学历教育在线课程资源共享,推广大规模在线开放课程等网络学习模式,探索建立网络学习学分认定与学分转换等制度,加快推动高等教育服务模式变革。

(七)"互联网+"高效物流。

加快建设跨行业、跨区域的物流信息服务平台,提高物流供需信息对接和使用效率。鼓励大数据、云计算在物流领域的应用,建设智能仓储体系,优化物流运作流程,提升物流仓储的自动化、智能化水平和运转效率,降低物流成本。(发展改革委、商务部、交通运输部、网信办等负责)

1. 构建物流信息共享互通体系。发挥互联网信息集聚优势,聚合各类物流信息资源,鼓励骨干物流企业和第三方机构搭建面向社会的物流信息服务平台,整合仓储、运输和配送信息,开展物流全程监测、预警,提高物流安全、环保和诚信水平,统筹优化社会物流资源配置。构建互通省际、下达市县、兼顾乡村的物流信息互联网络,建立各类可开放数据的对接机制,加快完善物流信息交换开放标准体系,在更广范围促进物流信息充分共享与互联互通。

2. 建设深度感知智能仓储系统。在各级仓储单元积极推广应用二维码、无线射频识别等物联网感知技术和大数据技术,实现仓储设施与货物的实时跟踪、网络化管理以及库存信息的高度共享,提高货物调度效率。鼓励应用智能化物流装备提升仓储、运输、分拣、包装等作业效率,提高各类复杂订单的出货处理能力,缓解货物囤积停滞瓶颈制约,提升仓储运管水平和效率。

3. 完善智能物流配送调配体系。加快推进货运车联网与物流园区、仓储设施、配送网点等信息互联,促进人员、货源、车源等信息高效匹配,有效降低货车空驶率,提高配送效率。鼓励发展社区自提柜、冷链储藏柜、代收服务点等新型社区化配送模式,结合构建物流信息互联网络,加快推进县到村的物流配送网络和村级配送网点建设,解决物流配送"最后一公里"问题。

(八)"互联网+"电子商务。

巩固和增强我国电子商务发展领先优势,大力发展农村电商、行业电商和跨境电商,进一步扩大电子商务发展空间。电子商务与其他产业的融合不断深化,网络化生产、流通、消费更加普及,标准规范、公共服务等支撑环境基本完善。(发展改革委、商务部、工业和信息化部、交通运输部、农业部、海关总署、税务总局、质检总局、网信办等负责)

1. 积极发展农村电子商务。开展电子商务进农村综合示范,支持新型农业经营主体和农产品、农资批发市场对接电商平台,积极发展以销定产模式。完善农村电子商务配送及综合服务网络,着力解决农副产品标准化、物流标准化、冷链仓储建设等关键问题,发展农产品个性化定制服务。开展生鲜农产品和农业生产资料电子商务试点,促进农业大宗商品电子商务发展。

2. 大力发展行业电子商务。鼓励能源、化工、钢铁、电子、轻纺、医药等行业企业,积极利用电子商务平台优化采购、分销体系,提升企业经营效率。推动各类专业市场线上转型,引导传统商贸流通企业与电子商务企业整合资源,积极向供应链协同平台转型。鼓励生产制造企业面向个性化、定制化消费需求深化电子商务应用,支持设备制造企业利用电子商务平台开展融资租赁服务,鼓励中小微企业扩大电子商务应用。按照市场化、专业化方向,大力推广电子招标投标。

3. 推动电子商务应用创新。鼓励企业利用电子商务平台的大数据资源,提升企业精准营销能力,激发市场消费需求。建立电子商务产品质量追溯机制,建设电子商务售后服务质量检测云平台,完善互联网质量信息公共服务体系,解决消费者维权难、退货难、产品责任追溯难等问题。加强互联网食品药品市场监测监管体系建设,积极探索处方药电子商务销售和监管模式创新。鼓励企业利用移动社交、新媒体等新渠道,发展社交电商、"粉丝"经济等网络营销新模式。

4. 加强电子商务国际合作。鼓励各类跨境电子商务服务商发展,完善跨境物流体系,拓展全球经贸合作。推进跨境电子商务通关、检验检疫、结汇等关键环节单一窗口综合服务体系建设。创新跨境权益保障机制,利用合格评定手段,推进国际互认。创新跨境电子商务管理,促进信息网络畅通、跨境物流便捷、支付及结汇无障碍、税收规范便利、市场及贸易规则互认互通。

(九)"互联网+"便捷交通。

加快互联网与交通运输领域的深度融合,通过基础设施、运输工具、运行信息等互联网化,推进基于互联网平台的便捷化交通运输服务发展,显著提高交通运输资源利用效率和管理精细化水平,全面提升交通运输行业服务品质和科学治理能力。(发展改革委、交通运输部共同牵头)

1. 提升交通运输服务品质。推动交通运输主管部门和企业将服务性数据资源向社会开放,鼓励互联网平台为社会公众提供实时交通运行状态查询、出行路线规划、网上购票、智能停车等服务,推进基于互联网平台的多种出行方式信息服务对接和一站式服务。加快完善汽车健康档案、维修诊断和服务质量信息服务平台建设。

2. 推进交通运输资源在线集成。利用物联网、移动互联网等技术,进一步加强对公路、铁路、民航、港口等交通运输网络关键设施运行状态与通行信息的采集。推动跨地域、跨类型交通运输信息互联互通,推广船联网、车联网等智能化技术应用,形成更加完善的交通运输感知体系,提高基础设施、运输工具、运行信息等要素资源的在线化水平,全面支撑故障预警、运行维护以及调度智能化。

3. 增强交通运输科学治理能力。强化交通运输信息共享,利用大数据平台挖掘分析人口迁徙规律、公众出行需求、枢纽客流规模、车辆船舶行驶特征等,为优化交通运输设施规划与建设、安全运行控制、交通运输管理决策提供支撑。利用互联网加强对交通运输违章违规行为的智能化监管,不断提高交通运输治理能力。

(十)"互联网+"绿色生态。

推动互联网与生态文明建设深度融合,完善污染物监测及信息发布系统,形成覆盖主要生态要素的资源环境承载能力动态监测网络,实现生态环境数据互联互通和开放共享。充分发挥互联网在逆向物流回收体系中的平台作用,促进再生资源交易利用便捷化、互动化、透明化,促进生产生活方式绿色化。(发展改革委、环境保护部、商务部、林业局等负责)

1. 加强资源环境动态监测。针对能源、矿产资源、水、大气、森林、草原、湿地、海洋等各类生态要素,充分利用多维地理信息系统、智慧地图等技术,结合互联网大数据分析,优化监测站点布局,扩大动态监控范围,构建资源环境承载能力立体监控系统。依托现有互联网、云计算平台,逐步实现各级政府资源环境动态监测信息互联共享。加强重点用能单位能耗在线监测和大数据分析。

2. 大力发展智慧环保。利用智能监测设备和移动互联网,完善污染物排放在线监测系统,增加监测污染物种类,扩大监测范围,形成全天候、多层次的智能多源感知体系。建立环境信息数据共享机制,统一数据交换标准,推进区域污染物排放、空气环境质量、水环境质量等信息公开,通过互联网实现面向公众的在线查询和定制推送。加强对企业环保信用数据的采集整理,将企业环保信用记录纳入全国统一的信用信息共享交换平台。完善环境预警和风险监测信息网络,提升重金属、危险废物、危险化学品等重点风险防范水平和应急处理能力。

3.完善废旧资源回收利用体系。利用物联网、大数据开展信息采集、数据分析、流向监测,优化逆向物流网点布局。支持利用电子标签、二维码等物联网技术跟踪电子废物流向,鼓励互联网企业参与搭建城市废弃物回收平台,创新再生资源回收模式。加快推进汽车保险信息系统、"以旧换再"管理系统和报废车管理系统的标准化、规范化和互联互通,加强废旧汽车及零部件的回收利用信息管理,为互联网企业开展业务创新和便民服务提供数据支撑。

4.建立废弃物在线交易系统。鼓励互联网企业积极参与各类产业园区废弃物信息平台建设,推动现有骨干再生资源交易市场向线上线下结合转型升级,逐步形成行业性、区域性、全国性的产业废弃物和再生资源在线交易系统,完善线上信用评价和供应链融资体系,开展在线竞价,发布价格交易指数,提高稳定供给能力,增强主要再生资源品种的定价权。

(十一)"互联网+"人工智能。

依托互联网平台提供人工智能公共创新服务,加快人工智能核心技术突破,促进人工智能在智能家居、智能终端、智能汽车、机器人等领域的推广应用,培育若干引领全球人工智能发展的骨干企业和创新团队,形成创新活跃、开放合作、协同发展的产业生态。(发展改革委、科技部、工业和信息化部、网信办等负责)

1.培育发展人工智能新兴产业。建设支撑超大规模深度学习的新型计算集群,构建包括语音、图像、视频、地图等数据的海量训练资源库,加强人工智能基础资源和公共服务等创新平台建设。进一步推进计算机视觉、智能语音处理、生物特征识别、自然语言理解、智能决策控制以及新型人机交互等关键技术的研发和产业化,推动人工智能在智能产品、工业制造等领域规模商用,为产业智能化升级夯实基础。

2. 推进重点领域智能产品创新。鼓励传统家居企业与互联网企业开展集成创新,不断提升家居产品的智能化水平和服务能力,创造新的消费市场空间。推动汽车企业与互联网企业设立跨界交叉的创新平台,加快智能辅助驾驶、复杂环境感知、车载智能设备等技术产品的研发与应用。支持安防企业与互联网企业开展合作,发展和推广图像精准识别等大数据分析技术,提升安防产品的智能化服务水平。

3. 提升终端产品智能化水平。着力做大高端移动智能终端产品和服务的市场规模,提高移动智能终端核心技术研发及产业化能力。鼓励企业积极开展差异化细分市场需求分析,大力丰富可穿戴设备的应用服务,提升用户体验。推动互联网技术以及智能感知、模式识别、智能分析、智能控制等智能技术在机器人领域的深入应用,大力提升机器人产品在传感、交互、控制等方面的性能和智能化水平,提高核心竞争力。

三、保障支撑

(一)夯实发展基础。

1. 巩固网络基础。加快实施"宽带中国"战略,组织实施国家新一代信息基础设施建设工程,推进宽带网络光纤化改造,加快提升移动通信网络服务能力,促进网间互联互通,大幅提高网络访问速率,有效降低网络资费,完善电信普遍服务补偿机制,支持农村及偏远地区宽带建设和运行维护,使互联网下沉为各行业、各领域、各区域都能使用,人、机、物泛在互联的基础设施。增强北斗卫星全球服务能力,构建天地一体化互联网络。加快下一代互联网商用部署,加强互联网协议第6版(IPv6)地址管理、标识管理与解析,构建未来网络创新试验平台。研究工业互联网网络架构体系,构建开放式国家创新试验验证平台。(发展改革委、工业和信息化

部、财政部、国资委、网信办等负责)

2.强化应用基础。适应重点行业融合创新发展需求,完善无线传感网、行业云及大数据平台等新型应用基础设施。实施云计算工程,大力提升公共云服务能力,引导行业信息化应用向云计算平台迁移,加快内容分发网络建设,优化数据中心布局。加强物联网网络架构研究,组织开展国家物联网重大应用示范,鼓励具备条件的企业建设跨行业物联网运营和支撑平台。(发展改革委、工业和信息化部等负责)

3.做实产业基础。着力突破核心芯片、高端服务器、高端存储设备、数据库和中间件等产业薄弱环节的技术瓶颈,加快推进云操作系统、工业控制实时操作系统、智能终端操作系统的研发和应用。大力发展云计算、大数据等解决方案以及高端传感器、工控系统、人机交互等软硬件基础产品。运用互联网理念,构建以骨干企业为核心、产学研用高效整合的技术产业集群,打造国际先进、自主可控的产业体系。(工业和信息化部、发展改革委、科技部、网信办等负责)

4.保障安全基础。制定国家信息领域核心技术设备发展时间表和路线图,提升互联网安全管理、态势感知和风险防范能力,加强信息网络基础设施安全防护和用户个人信息保护。实施国家信息安全专项,开展网络安全应用示范,提高"互联网+"安全核心技术和产品水平。按照信息安全等级保护等制度和网络安全国家标准的要求,加强"互联网+"关键领域重要信息系统的安全保障。建设完善网络安全监测评估、监督管理、标准认证和创新能力体系。重视融合带来的安全风险,完善网络数据共享、利用等的安全管理和技术措施,探索建立以行政评议和第三方评估为基础的数据安全流动认证体系,完善数据跨境流动管理制度,确保数据安全。(网信办、发展改革委、科技部、工业和信息化部、公安部、安全部、质检总局等负责)

(二)强化创新驱动。

1.加强创新能力建设。鼓励构建以企业为主导、产学研用合作的

"互联网+"产业创新网络或产业技术创新联盟。支持以龙头企业为主体,建设跨界交叉领域的创新平台,并逐步形成创新网络。鼓励国家创新平台向企业特别是中小企业在线开放,加大国家重大科研基础设施和大型科研仪器等网络化开放力度。(发展改革委、科技部、工业和信息化部、网信办等负责)

2.加快制定融合标准。按照共性先立、急用先行的原则,引导工业互联网、智能电网、智慧城市等领域基础共性标准、关键技术标准的研制及推广。加快与互联网融合应用的工控系统、智能专用装备、智能仪表、智能家居、车联网等细分领域的标准化工作。不断完善"互联网+"融合标准体系,同步推进国际国内标准化工作,增强在国际标准化组织(ISO)、国际电工委员会(IEC)和国际电信联盟(ITU)等国际组织中的话语权。(质检总局、工业和信息化部、网信办、能源局等负责)

3.强化知识产权战略。加强融合领域关键环节专利导航,引导企业加强知识产权战略储备与布局。加快推进专利基础信息资源开放共享,支持在线知识产权服务平台建设,鼓励服务模式创新,提升知识产权服务附加值,支持中小微企业知识产权创造和运用。加强网络知识产权和专利执法维权工作,严厉打击各种网络侵权假冒行为。增强全社会对网络知识产权的保护意识,推动建立"互联网+"知识产权保护联盟,加大对新业态、新模式等创新成果的保护力度。(知识产权局牵头)

4.大力发展开源社区。鼓励企业自主研发和国家科技计划(专项、基金等)支持形成的软件成果通过互联网向社会开源。引导教育机构、社会团体、企业或个人发起开源项目,积极参加国际开源项目,支持组建开源社区和开源基金会。鼓励企业依托互联网开源模式构建新型生态,促进互联网开源社区与标准规范、知识产权等机构的对接与合作。(科技部、工业和信息化部、质检总局、知识产权局等负责)

(三)营造宽松环境。

1.构建开放包容环境。贯彻落实《中共中央国务院关于深化体制机制改革加快实施创新驱动发展战略的若干意见》,放宽融合性产品和服务的市场准入限制,制定实施各行业互联网准入负面清单,允许各类主体依法平等进入未纳入负面清单管理的领域。破除行业壁垒,推动各行业、各领域在技术、标准、监管等方面充分对接,最大限度减少事前准入限制,加强事中事后监管。继续深化电信体制改革,有序开放电信市场,加快民营资本进入基础电信业务。加快深化商事制度改革,推进投资贸易便利化。(发展改革委、网信办、教育部、科技部、工业和信息化部、民政部、商务部、卫生计生委、工商总局、质检总局等负责)

2. 完善信用支撑体系。加快社会征信体系建设,推进各类信用信息平台无缝对接,打破信息孤岛。加强信用记录、风险预警、违法失信行为等信息资源在线披露和共享,为经营者提供信用信息查询、企业网上身份认证等服务。充分利用互联网积累的信用数据,对现有征信体系和评测体系进行补充和完善,为经济调节、市场监管、社会管理和公共服务提供有力支撑。(发展改革委、人民银行、工商总局、质检总局、网信办等负责)

3. 推动数据资源开放。研究出台国家大数据战略,显著提升国家大数据掌控能力。建立国家政府信息开放统一平台和基础数据资源库,开展公共数据开放利用改革试点,出台政府机构数据开放管理规定。按照重要性和敏感程度分级分类,推进政府和公共信息资源开放共享,支持公众和小微企业充分挖掘信息资源的商业价值,促进互联网应用创新。(发展改革委、工业和信息化部、国务院办公厅、网信办等负责)

4. 加强法律法规建设。针对互联网与各行业融合发展的新特点,加快"互联网+"相关立法工作,研究调整完善不适应"互联网+"发展和管理的现行法规及政策规定。落实加强网络信息保护和信息公开有关规定,加快推动制定网络安全、电子商务、个人信息保护、互联网信息服务管理等法律法规。完善反垄断法配套规则,进一步加大反垄断法执行力度,严格查处信息领域企业垄断行为,营造互联网公平竞争环境。(法制办、

网信办、发展改革委、工业和信息化部、公安部、安全部、商务部、工商总局等负责）

（四）拓展海外合作。

1. 鼓励企业抱团出海。结合"一带一路"等国家重大战略，支持和鼓励具有竞争优势的互联网企业联合制造、金融、信息通信等领域企业率先走出去，通过海外并购、联合经营、设立分支机构等方式，相互借力，共同开拓国际市场，推进国际产能合作，构建跨境产业链体系，增强全球竞争力。（发展改革委、外交部、工业和信息化部、商务部、网信办等负责）

2. 发展全球市场应用。鼓励"互联网+"企业整合国内外资源，面向全球提供工业云、供应链管理、大数据分析等网络服务，培育具有全球影响力的"互联网+"应用平台。鼓励互联网企业积极拓展海外用户，推出适合不同市场文化的产品和服务。（商务部、发展改革委、工业和信息化部、网信办等负责）

3. 增强走出去服务能力。充分发挥政府、产业联盟、行业协会及相关中介机构作用，形成支持"互联网+"企业走出去的合力。鼓励中介机构为企业拓展海外市场提供信息咨询、法律援助、税务中介等服务。支持行业协会、产业联盟与企业共同推广中国技术和中国标准，以技术标准走出去带动产品和服务在海外推广应用。（商务部、外交部、发展改革委、工业和信息化部、税务总局、质检总局、网信办等负责）

（五）加强智力建设。

1. 加强应用能力培训。鼓励地方各级政府采用购买服务的方式，向社会提供互联网知识技能培训，支持相关研究机构和专家开展"互联网+"基础知识和应用培训。鼓励传统企业与互联网企业建立信息咨询、人才交流等合作机制，促进双方深入交流合作。加强制造业、农业等领域人才特别是企业高层管理人员的互联网技能培训，鼓励互联网人才与传统行业人才双向流动。（科技部、工业和信息化部、人力资源社会保障部、网信办等负责）

2.加快复合型人才培养。面向"互联网+"融合发展需求,鼓励高校根据发展需要和学校办学能力设置相关专业,注重将国内外前沿研究成果尽快引入相关专业教学中。鼓励各类学校聘请互联网领域高级人才作为兼职教师,加强"互联网+"领域实验教学。(教育部、发展改革委、科技部、工业和信息化部、人力资源社会保障部、网信办等负责)

3.鼓励联合培养培训。实施产学合作专业综合改革项目,鼓励校企、院企合作办学,推进"互联网+"专业技术人才培训。深化互联网领域产教融合,依托高校、科研机构、企业的智力资源和研究平台,建立一批联合实训基地。建立企业技术中心和院校对接机制,鼓励企业在院校建立"互联网+"研发机构和实验中心。(教育部、发展改革委、科技部、工业和信息化部、人力资源社会保障部、网信办等负责)

4.利用全球智力资源。充分利用现有人才引进计划和鼓励企业设立海外研发中心等多种方式,引进和培养一批"互联网+"领域高端人才。完善移民、签证等制度,形成有利于吸引人才的分配、激励和保障机制,为引进海外人才提供有利条件。支持通过任务外包、产业合作、学术交流等方式,充分利用全球互联网人才资源。吸引互联网领域领军人才、特殊人才、紧缺人才在我国创业创新和从事教学科研等活动。(人力资源社会保障部、发展改革委、教育部、科技部、网信办等负责)

(六)加强引导支持。

1.实施重大工程包。选择重点领域,加大中央预算内资金投入力度,引导更多社会资本进入,分步骤组织实施"互联网+"重大工程,重点促进以移动互联网、云计算、大数据、物联网为代表的新一代信息技术与制造、能源、服务、农业等领域的融合创新,发展壮大新兴业态,打造新的产业增长点。(发展改革委牵头)

2.加大财税支持。充分发挥国家科技计划作用,积极投向符合条件的"互联网+"融合创新关键技术研发及应用示范。统筹利用现有财政专项资金,支持"互联网+"相关平台建设和应用示范等。加大政府部门采购云计算服务的力度,探索基于云计算的政务信息化建设运营新机制。鼓励地方政府创新风险补偿机制,探索"互联网+"发展的新模式。(财政部、税务总局、发展改革委、科技部、网信办等负责)

3.完善融资服务。积极发挥天使投资、风险投资基金等对"互联网+"的投资引领作用。开展股权众筹等互联网金融创新试点,支持小微企业发展。支持国家出资设立的有关基金投向"互联网+",鼓励社会资本加大对相关创新型企业的投资。积极发展知识产权质押融资、信用保险保单融资增信等服务,鼓励通过债券融资方式支持"互联网+"发展,支持符合条件的"互联网+"企业发行公司债券。开展产融结合创新试点,探索股权和债权相结合的融资服务。降低创新型、成长型互联网企业的上市准入门槛,结合证券法修订和股票发行注册制改革,支持处于特定成长阶段、发展前景好但尚未盈利的互联网企业在创业板上市。推动银行业金融机构创新信贷产品与金融服务,加大贷款投放力度。鼓励开发性金融机构为"互联网+"重点项目建设提供有效融资支持。(人民银行、发展改革委、银监会、证监会、保监会、网信办、开发银行等负责)

(七)做好组织实施。

1.加强组织领导。建立"互联网+"行动实施部际联席会议制度,统筹协调解决重大问题,切实推动行动的贯彻落实。联席会议设办公室,负责具体工作的组织推进。建立跨领域、跨行业的"互联网+"行动专家咨询委员会,为政府决策提供重要支撑。(发展改革委牵头)

2.开展试点示范。鼓励开展"互联网+"试点示范,推进"互联网+"区域化、链条化发展。支持全面创新改革试验区、中关村等国家自主创新示范区、国家现代农业示范区先行先试,积极开展"互联网+"创新政策试点,破除新兴产业行业准入、数据开放、市场监管等方面政策障碍,研究适应新兴业态特点的税收、保险政策,打造"互联网+"生态体系。(各部门、各地方政府负责)

3.有序推进实施。各地区、各部门要主动作为,完善服务,加强引导,以动态发展的眼光看待"互联网+",在实践中大胆探索拓展,相互借鉴"互联网+"融合应用成功经验,促进"互联网+"新业态、新经济发展。有关部门要加强统筹规划,提高服务和管理能力。各地区要结合实际,研究制定适合本地的"互联网+"行动落实方案,因地制宜,合理定位,科学组织实施,杜绝盲目建设和重复投资,务实有序推进"互联网+"行动。(各部门、各地方政府负责)

国务院关于加快构建大众创业
万众创新支撑平台的指导意见

（2015 年 9 月 23 日）

各省、自治区、直辖市人民政府，国务院各部委、各直属机构：

当前，全球分享经济快速增长，基于互联网等方式的创业创新蓬勃兴起，众创、众包、众扶、众筹（以下统称四众）等大众创业万众创新支撑平台快速发展，新模式、新业态不断涌现，线上线下加快融合，对生产方式、生活方式、治理方式产生广泛而深刻的影响，动力强劲，潜力巨大。同时，在四众发展过程中也面临行业准入、信用环境、监管机制等方面的问题。为落实党中央、国务院关于大力推进大众创业万众创新和推动实施"互联网+"行动的有关部署，现就加快构建大众创业万众创新支撑平台、推进四众持续健康发展提出以下意见。

一、把握发展机遇，汇聚经济社会发展新动能

四众有效拓展了创业创新与市场资源、社会需求的对接通道，搭建了多方参与的高效协同机制，丰富了创业创新组织形态，优化了劳动、信息、知识、技术、管理、资本等资源的配置方式，为社会大众广泛平等参与创业创新、共同分享改革红利和发展成果提供了更多元的途径和更广阔的空间。

众创，汇众智搞创新，通过创业创新服务平台聚集全社会各类创新资

源,大幅降低创业创新成本,使每一个具有科学思维和创新能力的人都可参与创新,形成大众创造、释放众智的新局面。

众包,汇众力增就业,借助互联网等手段,将传统由特定企业和机构完成的任务向自愿参与的所有企业和个人进行分工,最大限度利用大众力量,以更高的效率、更低的成本满足生产及生活服务需求,促进生产方式变革,开拓集智创新、便捷创业、灵活就业的新途径。

众扶,汇众能助创业,通过政府和公益机构支持、企业帮扶援助、个人互助互扶等多种方式,共助小微企业和创业者成长,构建创业创新发展的良好生态。

众筹,汇众资促发展,通过互联网平台向社会募集资金,更灵活高效满足产品开发、企业成长和个人创业的融资需求,有效增加传统金融体系服务小微企业和创业者的新功能,拓展创业创新投融资新渠道。

当前我国正处于发展动力转换的关键时期,加快发展四众具有极为重要的现实意义和战略意义,有利于激发蕴藏在人民群众之中的无穷智慧和创造力,将我国的人力资源优势迅速转化为人力资本优势,促进科技创新,拓展就业空间,汇聚发展新动能;有利于加快网络经济和实体经济融合,充分利用国内国际创新资源,提高生产效率,助推"中国制造2025",加快转型升级,壮大分享经济,培育新的经济增长点;有利于促进政府加快完善与新经济形态相适应的体制机制,创新管理方式,提升服务能力,释放改革红利;有利于实现机会公平、权利公平、人人参与又人人受益的包容性增长,探索一条中国特色的众人创富、劳动致富之路。

二、创新发展理念,着力打造创业创新新格局

全面贯彻党的十八大和十八届二中、三中、四中全会精神,按照党中央、国务院决策部署,加快实施创新驱动发展战略,不断深化改革,顺应"互联网+"时代大融合、大变革趋势,充分发挥我国互联网应用创新的综

合优势,充分激发广大人民群众和市场主体的创业创新活力,推动线上与线下相结合、传统与新兴相结合、引导与规范相结合,按照"坚持市场主导、包容创业创新、公平有序发展、优化治理方式、深化开放合作"的基本原则,营造四众发展的良好环境,推动各类要素资源集聚、开放、共享,提高资源配置效率,加快四众广泛应用,在更大范围、更高层次、更深程度上推进大众创业、万众创新,打造新引擎,壮大新经济。

——坚持市场主导。充分发挥市场在资源配置中的决定性作用,强化企业和劳动者的主体地位,尊重市场选择,积极发展有利于提高资源利用效率、激发大众智慧、满足人民群众需求、创造经济增长新动力的新模式、新业态。

——包容创业创新。以更包容的态度、更积极的政策营造四众发展的宽松环境,激发人民群众的创业创新热情,鼓励各类主体充分利用互联网带来的新机遇,积极探索四众的新平台、新形式、新应用,开拓创业创新发展新空间。

——公平有序发展。坚持公平进入、公平竞争、公平监管,破除限制新模式新业态发展的不合理约束和制度瓶颈,营造传统与新兴、线上与线下主体之间公平发展的良好环境,维护各类主体合法权益,引导各方规范有序发展。

——优化治理方式。转变政府职能,进一步简政放权,强化事中事后监管,优化提升公共服务,加强协同,创新手段,发挥四众平台企业内部治理和第三方治理作用,健全政府、行业、企业、社会共同参与的治理机制,推动四众持续健康发展。

——深化开放合作。"引进来"与"走出去"相结合,充分利用四众平台,优化配置国际创新资源,借鉴国际管理经验,积极融入全球创新网络。鼓励采用四众模式搭建对外开放新平台,面向国际市场拓展服务领域,深化创业创新国际合作。

三、全面推进众创，释放创业创新能量

（一）大力发展专业空间众创。鼓励各类科技园、孵化器、创业基地、农民工返乡创业园等加快与互联网融合创新，打造线上线下相结合的大众创业万众创新载体。鼓励各类线上虚拟众创空间发展，为创业创新者提供跨行业、跨学科、跨地域的线上交流和资源链接服务。鼓励创客空间、创业咖啡、创新工场等新型众创空间发展，推动基于"互联网+"的创业创新活动加速发展。

（二）鼓励推进网络平台众创。鼓励大型互联网企业、行业领军企业通过网络平台向各类创业创新主体开放技术、开发、营销、推广等资源，鼓励各类电子商务平台为小微企业和创业者提供支撑，降低创业门槛，加强创业创新资源共享与合作，促进创新成果及时转化，构建开放式创业创新体系。

（三）培育壮大企业内部众创。通过企业内部资源平台化，积极培育内部创客文化，激发员工创造力；鼓励大中型企业通过投资员工创业开拓新的业务领域、开发创新产品，提升市场适应能力和创新能力；鼓励企业建立健全股权激励机制，突破成长中的管理瓶颈，形成持续的创新动力。

四、积极推广众包，激发创业创新活力

（四）广泛应用研发创意众包。鼓励企业与研发机构等通过网络平台将部分设计、研发任务分发和交付，促进成本降低和提质增效，推动产品技术的跨学科融合创新。鼓励企业通过网络社区等形式广泛征集用户创意，促进产品规划与市场需求无缝对接，实现万众创新与企业发展相互促动。鼓励中国服务外包示范城市、技术先进型服务企业和服务外包重点联系企业积极应用众包模式。

（五）大力实施制造运维众包。支持有能力的大中型制造企业通过互联网众包平台聚集跨区域标准化产能,满足大规模标准化产品订单的制造需求。结合深化国有企业改革,鼓励采用众包模式促进生产方式变革。鼓励中小制造企业通过众包模式构筑产品服务运维体系,提升用户体验,降低运维成本。

（六）加快推广知识内容众包。支持百科、视频等开放式平台积极通过众包实现知识内容的创造、更新和汇集,引导有能力、有条件的个人和企业积极参与,形成大众智慧集聚共享新模式。

（七）鼓励发展生活服务众包。推动交通出行、无车承运物流、快件投递、旅游、医疗、教育等领域生活服务众包,利用互联网技术高效对接供需信息,优化传统生活服务行业的组织运营模式。推动整合利用分散闲置社会资源的分享经济新型服务模式,打造人民群众广泛参与、互助互利的服务生态圈。发展以社区生活服务业为核心的电子商务服务平台,拓展服务性网络消费领域。

五、立体实施众扶,集聚创业创新合力

（八）积极推动社会公共众扶。加快公共科技资源和信息资源开放共享,提高各类公益事业机构、创新平台和基地的服务能力,推动高校和科研院所向小微企业和创业者开放科研设施,降低大众创业、万众创新的成本。鼓励行业协会、产业联盟等行业组织和第三方服务机构加强对小微企业和创业者的支持。

（九）鼓励倡导企业分享众扶。鼓励大中型企业通过生产协作、开放平台、共享资源、开放标准等方式,带动上下游小微企业和创业者发展。鼓励有条件的企业依法合规发起或参与设立公益性创业基金,开展创业培训和指导,履行企业社会责任。鼓励技术领先企业向标准化组织、产业联盟等贡献基础性专利或技术资源,推动产业链协同创新。

（十）大力支持公众互助众扶。支持开源社区、开发者社群、资源共享平台、捐赠平台、创业沙龙等各类互助平台发展。鼓励成功企业家以天使投资、慈善、指导帮扶等方式支持创业者创业。鼓励通过网络平台、线下社区、公益组织等途径扶助大众创业就业，促进互助互扶，营造深入人心、氛围浓厚的众扶文化。

六、稳健发展众筹，拓展创业创新融资

（十一）积极开展实物众筹。鼓励消费电子、智能家居、健康设备、特色农产品等创新产品开展实物众筹，支持艺术、出版、影视等创意项目在加强内容管理的同时，依法开展实物众筹。积极发挥实物众筹的资金筹集、创意展示、价值发现、市场接受度检验等功能，帮助将创新创意付诸实践，提供快速、便捷、普惠化服务。

（十二）稳步推进股权众筹。充分发挥股权众筹作为传统股权融资方式有益补充的作用，增强金融服务小微企业和创业创新者的能力。稳步推进股权众筹融资试点，鼓励小微企业和创业者通过股权众筹融资方式募集早期股本。对投资者实行分类管理，切实保护投资者合法权益，防范金融风险。

（十三）规范发展网络借贷。鼓励互联网企业依法合规设立网络借贷平台，为投融资双方提供借贷信息交互、撮合、资信评估等服务。积极运用互联网技术优势构建风险控制体系，缓解信息不对称，防范风险。

七、推进放管结合，营造宽松发展空间

（十四）完善市场准入制度。积极探索交通出行、无车承运物流、快递、金融、医疗、教育等领域的准入制度创新，通过分类管理、试点示范等方式，依法为众包、众筹等新模式新业态的发展营造政策环境。针对众包

资产轻、平台化、受众广、跨地域等特点,放宽市场准入条件,降低行业准入门槛。(交通运输部、邮政局、人民银行、证监会、银监会、卫生计生委、教育部等负责)

(十五)建立健全监管制度。适应新业态发展要求,建立健全行业标准规范和规章制度,明确四众平台企业在质量管理、信息内容管理、知识产权、申报纳税、社会保障、网络安全等方面的责任、权利和义务。(质检总局、新闻出版广电总局、知识产权局、税务总局、人力资源社会保障部、网信办、工业和信息化部等负责)因业施策,加快研究制定重点领域促进四众发展的相关意见。(交通运输部、邮政局、人民银行、证监会、银监会、卫生计生委、教育部等负责)

(十六)创新行业监管方式。建立以信用为核心的新型市场监管机制,加强跨部门、跨地区协同监管。建立健全事中事后监管体系,充分发挥全国统一的信用信息共享交换平台、企业信用信息公示系统等的作用,利用大数据、随机抽查、信用评价等手段加强监督检查和对违法违规行为的处置。(发展改革委、工业和信息化部、工商总局、相关行业主管部门负责)

(十七)优化提升公共服务。加快商事制度改革,支持各地结合实际放宽新注册企业场所登记条件限制,推动"一址多照"、集群注册等住所登记改革,为创业创新提供便利的工商登记服务。简化和完善注销流程,开展个体工商户、未开业企业、无债权债务企业简易注销登记试点。推进全程电子化登记和电子营业执照应用,简化行政审批程序,为企业发展提供便利。加强行业监管、企业登记等相关部门与四众平台企业的信息互联共享,推进公共数据资源开放,加快推行电子签名、电子认证,推动电子签名国际互认,为四众发展提供支撑。进一步清理和取消职业资格许可认定,研究建立国家职业资格目录清单管理制度,加强对新设职业资格的管理。(工商总局、发展改革委、科技部、工业和信息化部、人力资源社会保障部、相关行业主管部门负责)

（十八）促进开放合作发展。有序引导外资参与四众发展，培育一批国际化四众平台企业。鼓励四众平台企业利用全球创新资源，面向国际市场拓展服务。加强国际合作，鼓励小微企业和创业者承接国际业务。（商务部、发展改革委牵头负责）

八、完善市场环境，夯实健康发展基础

（十九）加快信用体系建设。引导四众平台企业建立实名认证制度和信用评价机制，健全相关主体信用记录，鼓励发展第三方信用评价服务。建立四众平台企业的信用评价机制，公开评价结果，保障用户的知情权。建立完善信用标准化体系，制定四众发展信用环境相关的关键信用标准，规范信用信息采集、处理、评价、应用、交换、共享和服务。依法合理利用网络交易行为等在互联网上积累的信用数据，对现有征信体系和评测体系进行补充和完善。推进全国统一的信用信息共享交换平台、企业信用信息公示系统等与四众平台企业信用体系互联互通，实现资源共享。（发展改革委、人民银行、工商总局、质检总局牵头负责）

（二十）深化信用信息应用。鼓励发展信用咨询、信用评估、信用担保和信用保险等信用服务业。建立健全守信激励机制和失信联合惩戒机制，加大对守信行为的表彰和宣传力度，在市场监管和公共服务过程中，对诚实守信者实行优先办理、简化程序等"绿色通道"支持激励政策，对违法失信者依法予以限制或禁入。（发展改革委、人民银行牵头负责）

（二十一）完善知识产权环境。加大网络知识产权执法力度，促进在线创意、研发成果申请知识产权保护，研究制定四众领域的知识产权保护政策。运用技术手段加强在线创意、研发成果的知识产权执法，切实维护创业创新者权益。加强知识产权相关法律法规、典型案例的宣传和培训，增强中小微企业知识产权意识和管理能力。（知识产权局牵头负责）

九、强化内部治理，塑造自律发展机制

（二十二）提升平台治理能力。鼓励四众平台企业结合自身商业模式，积极利用信息化手段加强内部制度建设和管理规范，提高风险防控能力、信息内容管理能力和网络安全水平。引导四众平台企业履行管理责任，建立用户权益保障机制。（网信办、工业和信息化部、工商总局等负责）

（二十三）加强行业自律规范。强化行业自律，规范四众从业机构市场行为，保护行业合法权益。推动行业组织制定各类产品和服务标准，促进企业之间的业务交流和信息共享。完善行业纠纷协调和解决机制，鼓励第三方以及用户参与平台治理。构建在线争议解决、现场接待受理、监管部门受理投诉、第三方调解以及仲裁、诉讼等多元化纠纷解决机制。（相关行业主管部门、行政执法部门负责）

（二十四）保障网络信息安全。四众平台企业应当切实提升技术安全水平，及时发现和有效应对各类网络安全事件，确保网络平台安全稳定运行。妥善保管各类用户资料和交易信息，不得买卖、泄露用户信息，保障信息安全。强化守法、诚信、自律意识，营造诚信规范发展的良好氛围。（网信办、工业和信息化部牵头负责）

十、优化政策扶持，构建持续发展环境

（二十五）落实财政支持政策。创新财政科技专项资金支持方式，支持符合条件的企业通过众创、众包等方式开展相关科技活动。充分发挥国家新兴产业创业投资引导基金、国家中小企业发展基金等政策性基金作用，引导社会资源支持四众加快发展。降低对实体营业场所、固定资产投入等硬性指标要求，将对线下实体众创空间的财政扶持政策惠及网络

众创空间。加大中小企业专项资金对小微企业创业基地建设的支持力度。大力推进小微企业公共服务平台和创业基地建设,加大政府购买服务力度,为采用四众模式的小微企业免费提供管理指导、技能培训、市场开拓、标准咨询、检验检测认证等服务。(财政部、发展改革委、工业和信息化部、科技部、商务部、质检总局等负责)

(二十六)实行适用税收政策。加快推广使用电子发票,支持四众平台企业和采用众包模式的中小微企业及个体经营者按规定开具电子发票,并允许将电子发票作为报销凭证。对于业务规模较小、处于初创期的从业机构符合现行小微企业税收优惠政策条件的,可按规定享受税收优惠政策。(财政部、税务总局牵头负责)

(二十七)创新金融服务模式。引导天使投资、创业投资基金等支持四众平台企业发展,支持符合条件的企业在创业板、新三板等上市挂牌。鼓励金融机构在风险可控和商业可持续的前提下,基于四众特点开展金融产品和服务创新,积极发展知识产权质押融资。大力发展政府支持的融资担保机构,加强政府引导和银担合作,综合运用资本投入、代偿补偿等方式,加大财政支持力度,引导和促进融资担保机构和银行业金融机构为符合条件的四众平台企业提供快捷、低成本的融资服务。(人民银行、证监会、银监会、保监会、发展改革委、工业和信息化部、财政部、科技部、商务部、人力资源社会保障部、知识产权局、质检总局等负责)

(二十八)深化科技体制改革。全面落实下放科技成果使用、处置和收益权,鼓励科研人员双向流动等改革部署,激励更多科研人员投身创业创新。加大科研基础设施、大型科研仪器向社会开放的力度,为更多小微企业和创业者提供支撑。(科技部牵头负责)

(二十九)繁荣创业创新文化。设立"全国大众创业万众创新活动周",加强政策宣传,展示创业成果,促进投资对接和互动交流,为创业创新提供展示平台。继续办好中国创新创业大赛、中国农业科技创新创业大赛等赛事活动。引导各类媒体加大对四众的宣传力度,普及四众知识,发掘典型案例,推广成功经验,培育尊重知识、崇尚创造、追求卓越的创新文化。(发展改革委、科技部、工业和信息化部、中央宣传部、中国科协等负责)

(三十)鼓励地方探索先行。充分尊重和发挥基层首创精神,因地制宜,突出特色。支持各地探索适应新模式新业态发展特点的管理模式,及时总结形成可复制、可推广的经验。支持全面创新改革试验区、自由贸易试验区、国家自主创新示范区、战略性新兴产业集聚区、国家级经济技术开发区、跨境电子商务综合试验区等加大改革力度,强化对创业创新公共服务平台的扶持,充分发挥四众发展的示范带动作用。(发展改革委、科技部、商务部、相关地方省级人民政府等负责)

各地区、各部门应加大对众创、众包、众扶、众筹等创业创新活动的引导和支持力度,加强统筹协调,探索制度创新,完善政府服务,科学组织实施,鼓励先行先试,不断开创大众创业、万众创新的新局面。

国务院办公厅关于做好 2014 年全国普通高等学校毕业生就业创业工作的通知

（2014 年 5 月 9 日）

各省、自治区、直辖市人民政府，国务院各部委、各直属机构：

为进一步做好 2014 年全国普通高等学校毕业生（以下简称高校毕业生）就业创业工作，经国务院同意，现就有关问题通知如下：

一、高度重视高校毕业生就业创业工作

高校毕业生是国家宝贵的人才资源。做好高校毕业生就业创业工作，对于保持就业形势稳定，促进经济社会健康发展具有重要意义。近年来，各地区、各有关部门认真贯彻落实党中央、国务院的决策部署，高校毕业生就业创业工作取得积极进展。2014 年，全国高校毕业生数量继续增加，就业工作任务十分艰巨。对此，党中央、国务院高度重视。党的十八届三中全会、中央经济工作会议对做好当前和今后一段时期高校毕业生就业创业工作提出明确要求，国务院对做好今年高校毕业生就业创业工作作出新的部署。各地区、各部门要切实将思想和行动统一到党中央、国务院的决策部署上来，充分认识做好高校毕业生就业创业工作的重要性和紧迫性，聚焦重点难点，继续把高校毕业生就业创业摆在就业工作的首要位置和整个经济社会发展的重要位置。要多方位拓宽就业渠道，结合产业转型升级开发更多适合高校毕业生的就业岗位，尤其要加快发展就

业吸纳能力强的服务业,着力发展研发设计、现代物流、融资租赁、检验检测等对高校毕业生需求比较集中的生产性服务业,同时加快发展各类生活性服务业,拓展新领域,发展新业态,不断提高服务业从业人员比重。要充分发挥市场配置人力资源的决定性作用,着力改革创新,完善政策措施,强化就业创业服务,改善就业创业环境,引导高校毕业生转变就业观念,力争实现高校毕业生就业和创业比例都有所提高,确保高校毕业生就业形势稳定。

二、鼓励高校毕业生到城乡基层就业

各地区要结合城镇化进程和公共服务均等化要求,充分挖掘教育、劳动就业、社会保障、医疗卫生、住房保障、社会工作、文化体育及残疾人服务、农技推广等基层公共管理和服务领域的就业潜力,吸纳高校毕业生就业。要结合推进农业科技创新、健全农业社会化服务体系等,引导更多高校毕业生投身现代农业。全面落实高校毕业生到中西部地区和艰苦边远地区县以下基层单位就业的学费补偿和助学贷款代偿政策,尚未制定学费补偿和助学贷款代偿办法的地区,要在年内出台。高校毕业生在中西部地区和艰苦边远地区县以下基层单位从事专业技术工作,申报相应职称时,可不参加职称外语考试或放宽外语成绩要求。充分挖掘社会组织吸纳高校毕业生就业潜力,对到省会及省会以下城市的社会团体、基金会、民办非企业单位就业的高校毕业生,所在地的公共就业人才服务机构要协助办理落户手续,在专业技术职称评定方面享受与国有企事业单位同类人员同等待遇。继续统筹实施好大学生村官、"三支一扶"等各类基层服务项目,健全鼓励高校毕业生到基层工作的服务保障机制。各地要为高校毕业生参加实习、见习、志愿服务等活动创造条件,并将参加实习、见习、志愿服务等活动作为高校毕业生求职的实践经历。要加大工作力度,健全体制机制,鼓励支持更多高校毕业生参军入伍。

三、鼓励小型微型企业吸纳高校毕业生就业

各地区、各有关部门要认真落实《国务院关于进一步支持小型微型企业健康发展的意见》(国发〔2012〕14 号),为小型微型企业发展创造良好环境,推动小型微型企业在转型升级过程中创造更多岗位吸纳高校毕业生就业。对小型微型企业新招用毕业年度高校毕业生,签订 1 年以上劳动合同并按时足额缴纳社会保险费的,给予 1 年的社会保险补贴,政策执行期限截至 2015 年年底。科技型小型微型企业招收毕业年度高校毕业生达到一定比例的,可申请最高不超过 200 万元的小额担保贷款,并享受财政贴息。对小型微型企业新招用高校毕业生按规定开展岗前培训的,各地要根据当地物价水平,适当提高培训费补贴标准。

四、实施大学生创业引领计划

2014 年至 2017 年,在全国范围内实施大学生创业引领计划。通过提供创业服务,落实创业扶持政策,提升创业能力,帮助和扶持更多高校毕业生自主创业,逐步提高高校毕业生创业比例。各地要采取措施,确保符合条件的高校毕业生都能得到创业指导、创业培训、工商登记、融资服务、税收优惠、场地扶持等各项服务和政策优惠。各高校要广泛开展创新创业教育,将创业教育课程纳入学分管理,有关部门要研发适合高校毕业生特点的创业培训课程,根据需求开展创业培训,提升高校毕业生创业意识和创业能力。各地公共就业人才服务机构要为自主创业的高校毕业生做好人事代理、档案保管、社会保险办理和接续、职称评定、权益保障等服务。

各地区、各有关部门要进一步落实和完善工商登记、场地支持、税费减免等各项创业扶持政策。拓宽高校毕业生创办企业出资方式,简化工

商注册登记手续。鼓励各地充分利用现有资源建设大学生创业园、创业孵化基地和小企业创业基地,为高校毕业生提供创业经营场所支持。对高校毕业生创办的小型微型企业,按规定落实好减半征收企业所得税、月销售额不超过2万元的暂免征收增值税和营业税等税收优惠政策。对从事个体经营的高校毕业生和毕业年度内的高校毕业生,按规定享受相关税收优惠政策。留学回国的高校毕业生自主创业,符合条件的,可享受现行高校毕业生创业扶持政策。

各银行业金融机构要积极探索和创新符合高校毕业生创业实际需求特点的金融产品和服务方式,本着风险可控和方便高校毕业生享受政策的原则,降低贷款门槛,优化贷款审批流程,提升贷款审批效率。要通过进一步完善抵押、质押、联保、保证和信用贷款等多种方式,多途径为高校毕业生解决反担保难问题,切实落实银行贷款和财政贴息。在电子商务网络平台开办"网店"的高校毕业生,可享受小额担保贷款和贴息政策。充分发挥中小企业发展专项资金的积极作用,推动改善创业环境。鼓励企业、行业协会、群团组织、天使投资人等以多种方式向自主创业大学生提供资金支持,设立重点面向扶持高校毕业生创业的天使投资和创业投资基金。对支持创业早期企业的投资,符合条件的,可享受创业投资企业相关企业所得税优惠政策。

五、深入实施离校未就业高校毕业生就业促进计划

各地区要将离校未就业高校毕业生全部纳入公共就业人才服务范围,采取有效措施,力争使每一名有就业意愿的未就业高校毕业生在毕业半年内都能实现就业或参加到就业准备活动中。各有关部门、各高校要密切协作,做好未就业高校毕业生离校前后信息衔接和服务接续,切实保证服务不断线。教育部门要将有就业意愿的离校未就业高校毕业生的实名信息及时提供给人力资源社会保障部门。人力资源社会保障部门要建

立离校未就业高校毕业生实名信息数据库,全面实行实名制就业服务。各级公共就业人才服务机构和基层就业服务平台要及时主动与实名登记的未就业高校毕业生联系,摸清就业需求,提供有针对性的就业服务。教育部门和高校要加强对离校未就业高校毕业生的跟踪服务,为有就业意愿的高校毕业生持续提供岗位信息和求职指导。

各地区要结合本地产业发展需要和高校毕业生就业见习意愿及需求,扩大就业见习规模,提升就业见习质量,确保凡有见习需求的高校毕业生都能得到见习机会。根据当地物价水平,适当提高见习人员见习期间基本生活补助标准。高校毕业生见习期间参加职业培训的,按现行政策享受职业培训补贴。

各地区要继续推动离校未就业高校毕业生技能就业专项行动,结合当地产业发展和高校毕业生需求,创新职业培训课程,提高职业培训的针对性和实效性。在高校毕业生集中的城市,要提升改造一批适应高校毕业生特点的职业技能公共实训基地。国家级重点技工院校和培训实力雄厚的职业培训机构,要选择一批适合高校毕业生的培训项目,及时向社会公布。

六、加强就业指导、就业服务和就业援助

各地区、各有关部门、各高校要根据高校毕业生特点和求职需求,创新服务方式,改进服务措施,提高服务质量,促进更多的高校毕业生通过市场实现就业。加强网络信息服务,建立健全全国公共就业信息服务平台,加快招聘信息全国联网,更多开展网络招聘,为用人单位招聘和高校毕业生求职提供高效便捷的就业信息服务。积极开展公共就业人才服务进校园活动,为高校毕业生送政策、送指导、送信息,特别是要让高校毕业生知晓获取就业政策和岗位信息的渠道。精心组织民营企业招聘周、高校毕业生就业服务月、就业服务周、部分大中城市联合招聘高校毕业生专

场活动和每季度的全国高校毕业生网络招聘月等专项服务活动,搭建供需信息平台,积极促进对接。高校要加强就业指导课程和学科建设,积极聘请专家学者、企业人力资源经理、优秀校友担任就业导师。

各地区、各高校要将零就业家庭、优抚对象家庭、农村贫困户、城乡低保家庭以及残疾等就业困难的高校毕业生列为重点对象实施重点帮扶。享受城乡居民最低生活保障家庭的毕业年度内高校毕业生的求职补贴要在离校前全部发放到位,求职补贴标准较低的要适当调高标准。各地可结合本地实际将残疾高校毕业生纳入享受求职补贴对象范围。党政机关、事业单位、国有企业要带头招录残疾高校毕业生。离校未就业高校毕业生实现灵活就业的,在公共就业人才服务机构办理实名登记并按规定缴纳社会保险费的,给予一定数额的社会保险补贴,补贴数额原则上不超过其实际缴费的 2/3,最长不超过 2 年,所需资金从就业专项资金中列支。

七、进一步创造公平的就业环境

各地区、各有关部门要积极采取措施,促进就业公平。用人单位招聘不得设置民族、种族、性别、宗教信仰等歧视性条件,不得将院校作为限制性条件。省会及以下城市用人单位招聘应届毕业生不得将户籍作为限制性条件。国有企业招聘应届高校毕业生,除涉密等特殊岗位外,要实行公开招聘,招聘应届高校毕业生信息要在政府网站公开发布,报名时间不少于 7 天;对拟聘人员应进行公示,明确监督渠道,公示期不少于 7 天。各地区、各有关部门要严厉打击非法中介和虚假招聘,依法纠正性别、民族等就业歧视现象。加大对企业用工行为的监督检查力度,对企业招用高校毕业生不签订劳动合同、不按时足额缴纳社会保险费、不按时支付工资等违法行为,及时予以查处,切实维护高校毕业生的合法权益。

各地区、各有关部门要消除高校毕业生在不同地区、不同类型单位之间流动就业的制度性障碍。省会及以下城市要放开对吸收高校毕业生落户的限制,简化有关手续,应届毕业生凭《普通高等学校毕业证书》、《全国普通高等学校毕业生就业报到证》、与用人单位签订的《就业协议书》或劳动(聘用)合同办理落户手续;非应届毕业生凭与用人单位签订的劳动(聘用)合同和《普通高等学校毕业证书》办理落户手续。高校毕业生到小型微型企业就业、自主创业的,其档案可由当地市、县一级的公共就业人才服务机构免费保管。办理高校毕业生档案转递手续,转正定级表、调整改派手续不再作为接收审核档案的必备材料。

八、推动创新高校人才培养机制

深化教育改革,积极调整教育结构,加快发展现代职业教育,深化校企合作、工学结合,培养生产、建设、服务、管理一线的应用型和技能型人才。高校要明确办学定位,突出办学特色,加强就业教育,提高人才培养质量。各高校自 2014 年起要发布高校毕业生就业质量年度报告,完善就业与招生计划、人才培养、经费拨款、院校设置的联动机制,充分听取行业主管部门、经济部门、就业部门以及有关行业组织的意见,促进人才培养更好地适应经济社会发展需要。有关部门要开展产业升级人才需求预测研究,健全岗位需求统计调查制度,适时向社会发布行业人才需求信息,引导高校优化学科专业结构,探索制定行业岗位标准,促进高校依据市场需求完善专业培养课程。

九、加大宣传工作力度

各地区、各有关部门、各高校要高度重视宣传工作。要大力宣传党和政府对高校毕业生就业创业工作的重视和采取的政策措施,大力宣传高校毕业生到基层和中小微企业就业创业的先进事迹和典型经验,以正确的舆论导向引导社会各方面全面客观地看待当前就业形势,共同关心高校毕业生就业创业工作。教育部门和高校要将就业创业政策宣传到每一名高校毕业生,引导高校毕业生转变就业观念,以积极向上的心态走向社会,先就业、再择业,在平凡的岗位上创造不平凡的业绩。人力资源社会保障部门要深入用人单位进行政策宣传,引导用人单位履行社会责任,挖掘就业岗位吸纳更多高校毕业生就业。要在充分利用报纸、广播、电视等传统媒体的基础上,积极探索使用微博、微信、手机客户端等新媒体,深入解读促进高校毕业生就业创业的各项优惠政策。同时,密切关注舆情动态,及时了解和回应社会关切,掌握舆论主导权。

十、加强对高校毕业生就业创业工作的组织领导

各地要将高校毕业生就业工作列入政府政绩考核内容,进一步健全政府促进就业责任制度,在制定经济社会发展规划、调整产业结构和产业布局时,把高校毕业生就业作为重要目标予以考虑。要切实加大就业专项资金的投入力度,确保各项促进高校毕业生就业创业政策落到实处。就业工作联席会议成员单位要切实履行职责,加强协作配合,共同做好高校毕业生就业创业工作。各地区、各有关部门要按照本通知精神,制定具体措施,切实抓好贯彻落实。

国务院办公厅关于促进国家级经济技术开发区转型升级创新发展的若干意见

（2014 年 10 月 30 日）

各省、自治区、直辖市人民政府，国务院各部委、各直属机构：

为适应新的形势和任务，进一步发挥国家级经济技术开发区（以下简称国家级经开区）作为改革试验田和开放排头兵的作用，促进国家级经开区转型升级、创新发展，经国务院同意，现提出如下意见。

一、明确新形势下的发展定位

（一）明确发展定位。以邓小平理论、"三个代表"重要思想、科学发展观为指导，贯彻落实党的十八大和十八届三中、四中全会精神，按照党中央、国务院有关决策部署，努力把国家级经开区建设成为带动地区经济发展和实施区域发展战略的重要载体，成为构建开放型经济新体制和培育吸引外资新优势的排头兵，成为科技创新驱动和绿色集约发展的示范区。

（二）转变发展方式。国家级经开区要在发展理念、兴办模式、管理方式等方面加快转型，努力实现由追求速度向追求质量转变，由政府主导向市场主导转变，由同质化竞争向差异化发展转变，由硬环境见长向软环境取胜转变。

（三）实施分类指导。东部地区国家级经开区要率先实现转型发展，继续提升开放水平,在更高层次参与国际经济合作和竞争,提高在全球价值链及国际分工中的地位。中西部地区国家级经开区要依托本地区比较优势,着力打造特色和优势主导产业,提高承接产业转移的能力,防止低水平重复建设,促进现代化产业集群健康发展。

(四)探索动态管理。各地区、各有关部门要加强指导和规范管理,进一步强化约束和倒逼机制,细化监督评估工作。支持经济综合实力强、产业特色明显、发展质量高等符合条件的省级开发区按程序升级为国家级经开区。对土地等资源利用效率低、环保不达标、发展长期滞后的国家级经开区,予以警告、通报、限期整改、退出等处罚,逐步做到既有升级也有退出的动态管理。

(五)完善考核体系。进一步完善《国家级经济技术开发区综合发展水平评价办法》,把创新能力、品牌建设、规划实施、生态环境、知识产权保护、投资环境、行政效能、新增债务、安全生产等作为考核的主要内容,引导国家级经开区走质量效益型发展之路。对申请升级的省级开发区实施与国家级经开区同样的综合评价标准。

二、推进体制机制创新

(六)坚持体制机制创新。各省、自治区、直辖市应根据新形势要求,因地制宜出台或修订本地区国家级经开区的地方性法规、规章,探索有条件的国家级经开区与行政区融合发展的体制机制,推动国家级经开区依法规范发展。鼓励国家级经开区创新行政管理体制,简政放权,科学设置职能机构。国家级经开区管理机构要提高行政效率和透明度,完善决策、执行和监督机制,加强事中事后监管,强化安全生产监管,健全财政管理制度,严控债务风险。

(七)推进行政管理体制改革。进一步下放审批权限,支持国家级经开区开展外商投资等管理体制改革试点,大力推进工商登记制度改革。

鼓励国家级经开区试行工商营业执照、组织机构代码证、税务登记证"三证合一"等模式。鼓励在符合条件的国家级经开区开展人民币资本项目可兑换、人民币跨境使用、外汇管理改革等方面试点。

三、促进开放型经济发展

（八）提高投资质量和水平。稳步推进部分服务业领域开放，提升产业国际化水平。推动国家级经开区"走出去"参与境外经贸合作区建设，引导有条件的区内企业"走出去"。国家级经开区要充分利用外资的技术溢出和综合带动效应，积极吸引先进制造业投资，努力培育战略性新兴产业，大力发展生产性服务业。

（九）带动区域协调发展。鼓励国家级经开区按照国家区域和产业发展战略共建跨区域合作园区或合作联盟。建立国家级经开区产业发展信息平台，引导企业向中西部地区有序转移。研究支持中西部地区国家级经开区承接产业转移的金融、土地、人才政策，继续对中西部地区国家级经开区基础设施建设项目贷款予以贴息。支持符合条件的国家级经开区按程序申报设立海关特殊监管区域。

四、推动产业转型升级

（十）优化产业结构和布局。国家级经开区要按照新型工业化的要求，以提质增效升级为核心，协调发展先进制造业和现代服务业。大力推进科技研发、物流、服务外包、金融保险等服务业发展，增强产业集聚效应。在培育战略性新兴产业的同时，要因地制宜确定重点领域，避免同质竞争。

（十一）增强科技创新驱动能力。国家级经开区要坚持经济与技术并重，把保护知识产权和提高创新能力摆在更加突出的位置。鼓励条件成熟的国家级经开区建设各种形式的协同创新平台,形成产业创新集群。支持国家级经开区创建知识产权试点示范园区,推动建立严格有效的知识产权运用和保护机制。探索建立国际合作创新园,不断深化经贸领域科技创新国际合作。

(十二)加快人才体系建设。加快发展现代职业教育,提升发展保障水平,深化产教融合、校企合作,鼓励中外合作培养技术技能型人才。支持国家级经开区通过设立创业投资引导基金、创业投资贴息资金、知识产权作价入股等方式,搭建科技人才与产业对接平台。鼓励国家级经开区加大高端人才引进力度,形成有利于人才创新创业的分配、激励和保障机制。

(十三)创新投融资体制。继续鼓励政策性银行和开发性金融机构对符合条件的国家级经开区基础设施项目、公用事业项目及产业转型升级发展等方面给予信贷支持。允许符合条件的国家级经开区开发、运营企业依照国家有关规定上市和发行中期票据、短期融资券等债券产品筹集资金。支持国家级经开区同投资机构、保险公司、担保机构及商业银行合作,探索建立投保贷序时融资安排模式。鼓励有条件的国家级经开区探索同社会资本共办"区中园"。

(十四)提高信息化水平。支持国家级经开区发展软件和信息服务、物联网、云计算等产业,吸引和培育信息技术重点领域领军企业,利用信息科技手段拓展传统产业链、提升产业增值水平。积极推进国家级经开区统计信息系统应用拓展和功能提升。国家级经开区要保证信息基础设施和其他基础设施同步规划、同步建设。

五、坚持绿色集约发展

(十五)鼓励绿色低碳循环发展。支持国家级经开区创建生态工业示范园区、循环化改造示范试点园区等绿色园区,开展经贸领域节能环保国际合作,制订和完善工作指南和指标体系,加快推进国际合作生态园建设。国家级经开区要严格资源节约和环境准入门槛,大力发展节能环保产业,提高能源资源利用效率,减少污染物排放,防控环境风险。

(十六)坚持规划引领。制订国家级经开区中长期发展规划、重点产业投资促进规划。严格依据土地利用总体规划和城市总体规划开发建设,坚持科学、高效、有序开发,严禁擅自调整规划。国家级经开区内控制性详细规划应经依法批准并实现全覆盖,重点地区可开展城市设计并纳入控制性详细规划。应依法开展规划的环境影响评价。

(十七)强化土地节约集约利用。国家级经开区必须严格土地管理,严控增量,盘活存量,坚持合理、节约、集约、高效开发利用土地。加强土地开发利用动态监管,加大对闲置、低效用地的处置力度,探索存量建设用地二次开发机制。省级人民政府要建立健全土地集约利用评价、考核与奖惩制度,可在本级建设用地指标中对国家级经开区予以单列。允许符合条件且确有必要的国家级经开区按程序申报扩区或调整区位。

六、优化营商环境

(十八)规范招商引资。国家级经开区要节俭务实开展招商引资活动,提倡以产业规划为指导的专业化招商、产业链招商。加强出国(境)招商引资团组管理,加大对违规招商的巡查和处罚力度。严格执行国家财税政策和土地政策,禁止侵占被拆迁居民和被征地农民的合法利益。不得违法下放农用地转用、土地征收和供地审批权,不得以任何形式违规减免或返还土地出让金。

(十九)完善综合投资环境。国家级经开区要健全政企沟通机制,以投资者满意度为中心,完善基础设施建设,着力打造法治化、国际化的营商环境。鼓励国家级经开区依法依规开办各种要素市场,促进商品和要素自由流动、平等交换。国务院商务主管部门要发布国家级经开区投资环境建设指南,建立国家级经开区投资环境评价体系。

　　各地区、各有关部门要进一步深化对促进国家级经开区转型升级、创新发展工作重要意义的认识,切实加强组织领导和协调配合,明确任务分工,落实工作责任,尽快制定具体实施方案和配套政策措施,确保工作取得实效。

国务院办公厅关于发展众创空间
推进大众创新创业的指导意见

（2015 年 3 月 2 日）

各省、自治区、直辖市人民政府，国务院各部委、各直属机构：

为加快实施创新驱动发展战略，适应和引领经济发展新常态，顺应网络时代大众创业、万众创新的新趋势，加快发展众创空间等新型创业服务平台，营造良好的创新创业生态环境，激发亿万群众创造活力，打造经济发展新引擎，经国务院同意，现提出以下意见。

一、总体要求

（一）指导思想。全面落实党的十八大和十八届二中、三中、四中全会精神，按照党中央、国务院决策部署，以营造良好创新创业生态环境为目标，以激发全社会创新创业活力为主线，以构建众创空间等创业服务平台为载体，有效整合资源，集成落实政策，完善服务模式，培育创新文化，加快形成大众创业、万众创新的生动局面。

（二）基本原则。坚持市场导向。充分发挥市场配置资源的决定性作用，以社会力量为主构建市场化的众创空间，以满足个性化多样化消费需求和用户体验为出发点，促进创新创意与市场需求和社会资本有效对接。

加强政策集成。进一步加大简政放权力度，优化市场竞争环境。完善创新创业政策体系,加大政策落实力度,降低创新创业成本,壮大创新创业群体。完善股权激励和利益分配机制,保障创新创业者的合法权益。

强化开放共享。充分运用互联网和开源技术,构建开放创新创业平台,促进更多创业者加入和集聚。加强跨区域、跨国技术转移,整合利用全球创新资源。推动产学研协同创新,促进科技资源开放共享。

创新服务模式。通过市场化机制、专业化服务和资本化途径,有效集成创业服务资源,提供全链条增值服务。强化创业辅导,培育企业家精神,发挥资本推力作用,提高创新创业效率。

(三)发展目标。到2020年,形成一批有效满足大众创新创业需求、具有较强专业化服务能力的众创空间等新型创业服务平台;培育一批天使投资人和创业投资机构,投融资渠道更加畅通;孵化培育一大批创新型小微企业,并从中成长出能够引领未来经济发展的骨干企业,形成新的产业业态和经济增长点;创业群体高度活跃,以创业促进就业,提供更多高质量就业岗位;创新创业政策体系更加健全,服务体系更加完善,全社会创新创业文化氛围更加浓厚。

二、重点任务

(一)加快构建众创空间。总结推广创客空间、创业咖啡、创新工场等新型孵化模式,充分利用国家自主创新示范区、国家高新技术产业开发区、科技企业孵化器、小企业创业基地、大学科技园和高校、科研院所的有利条件,发挥行业领军企业、创业投资机构、社会组织等社会力量的主力军作用,构建一批低成本、便利化、全要素、开放式的众创空间。发挥政策集成和协同效应,实现创新与创业相结合、线上与线下相结合、孵化与投资相结合,为广大创新创业者提供良好的工作空间、网络空间、社交空间和资源共享空间。

(二)降低创新创业门槛。深化商事制度改革,针对众创空间等新型孵化机构集中办公等特点,鼓励各地结合实际,简化住所登记手续,采取一站式窗口、网上申报、多证联办等措施为创业企业工商注册提供便利。有条件的地方政府可对众创空间等新型孵化机构的房租、宽带接入费用和用于创业服务的公共软件、开发工具给予适当财政补贴,鼓励众创空间为创业者提供免费高带宽互联网接入服务。

(三)鼓励科技人员和大学生创业。加快推进中央级事业单位科技成果使用、处置和收益管理改革试点,完善科技人员创业股权激励机制。推进实施大学生创业引领计划,鼓励高校开发开设创新创业教育课程,建立健全大学生创业指导服务专门机构,加强大学生创业培训,整合发展国家和省级高校毕业生就业创业基金,为大学生创业提供场所、公共服务和资金支持,以创业带动就业。

(四)支持创新创业公共服务。综合运用政府购买服务、无偿资助、业务奖励等方式,支持中小企业公共服务平台和服务机构建设,为中小企业提供全方位专业化优质服务,支持服务机构为初创企业提供法律、知识产权、财务、咨询、检验检测认证和技术转移等服务,促进科技基础条件平台开放共享。加强电子商务基础建设,为创新创业搭建高效便利的服务平台,提高小微企业市场竞争力。完善专利审查快速通道,对小微企业亟需获得授权的核心专利申请予以优先审查。

(五)加强财政资金引导。通过中小企业发展专项资金,运用阶段参股、风险补助和投资保障等方式,引导创业投资机构投资于初创期科技型中小企业。发挥国家新兴产业创业投资引导基金对社会资本的带动作用,重点支持战略性新兴产业和高技术产业早中期、初创期创新型企业发展。发挥国家科技成果转化引导基金作用,综合运用设立创业投资子基金、贷款风险补偿、绩效奖励等方式,促进科技成果转移转化。发挥财政资金杠杆作用,通过市场机制引导社会资金和金融资本支持创业活动。发挥财税政策作用支持天使投资、创业投资发展,培育发展天使投资群体,推动大众创新创业。

（六）完善创业投融资机制。发挥多层次资本市场作用,为创新型企业提供综合金融服务。开展互联网股权众筹融资试点,增强众筹对大众创新创业的服务能力。规范和发展服务小微企业的区域性股权市场,促进科技初创企业融资,完善创业投资、天使投资退出和流转机制。鼓励银行业金融机构新设或改造部分分(支)行,作为从事科技型中小企业金融服务的专业或特色分(支)行,提供科技融资担保、知识产权质押、股权质押等方式的金融服务。

（七）丰富创新创业活动。鼓励社会力量围绕大众创业、万众创新组织开展各类公益活动。继续办好中国创新创业大赛、中国农业科技创新创业大赛等赛事活动,积极支持参与国际创新创业大赛,为投资机构与创新创业者提供对接平台。建立健全创业辅导制度,培育一批专业创业辅导师,鼓励拥有丰富经验和创业资源的企业家、天使投资人和专家学者担任创业导师或组成辅导团队。鼓励大企业建立服务大众创业的开放创新平台,支持社会力量举办创业沙龙、创业大讲堂、创业训练营等创业培训活动。

（八）营造创新创业文化氛围。积极倡导敢为人先、宽容失败的创新文化,树立崇尚创新、创业致富的价值导向,大力培育企业家精神和创客文化,将奇思妙想、创新创意转化为实实在在的创业活动。加强各类媒体对大众创新创业的新闻宣传和舆论引导,报道一批创新创业先进事迹,树立一批创新创业典型人物;让大众创业、万众创新在全社会蔚然成风。

三、组织实施

（一）加强组织领导。各地区、各部门要高度重视推进大众创新创业工作,切实抓紧抓好。各有关部门要按照职能分工,积极落实促进创新创业的各项政策措施。各地要加强对创新创业工作的组织领导,结合地方实际制定具体实施方案,明确工作部署,切实加大资金投入、政策支持和条件保障力度。

（二）加强示范引导。在国家自主创新示范区、国家高新技术产业开发区、小企业创业基地、大学科技园和其他有条件的地区开展创业示范工程。鼓励各地积极探索推进大众创新创业的新机制、新政策，不断完善创新创业服务体系，营造良好的创新创业环境。

（三）加强协调推进。科技部要加强与相关部门的工作协调，研究完善推进大众创新创业的政策措施，加强对发展众创空间的指导和支持。各地要做好大众创新创业政策落实情况调研、发展情况统计汇总等工作，及时报告有关进展情况。

国务院办公厅关于创新投资管理方式
建立协同监管机制的若干意见

（2015 年 3 月 10 日）

各省、自治区、直辖市人民政府，国务院各部委、各直属机构：

党中央、国务院高度重视行政审批制度改革和政府职能转变工作。新一届政府组成以来，已取消和下放一大批投资项目核准事项，以行政审批制度改革为突破口的简政放权等工作取得重要阶段性成果。各地区、各部门认真贯彻落实党中央、国务院部署，按照放管结合的要求，积极探索加强事中事后监管的措施，取得了一定成效。随着简政放权的深入推进，对投资项目接住管好和协同监管亟待加强，迫切需要加快建立投资项目纵横联动协同监管机制，着力解决部门放权不同步、基层承接能力不足、监管机制不健全、监管手段不完善等突出问题。为加强投资项目事中事后监管，规范投资行为和市场秩序，经国务院同意，现就建立投资项目纵横联动协同监管机制提出以下意见。

一、总体要求

全面贯彻党的十八大和十八届二中、三中、四中全会精神，按照党中央、国务院的决策部署，坚持依法行政、简政放权、放管并重，进一步转变政府投资管理职能，创新投资管理方式。依托互联网和大数据技术，建设信息共享、覆盖全国的在线审批监管平台，建立透明、规范、高效的投资项目纵横联动协同监管机制,实现"制度+技术"的有效监管,确保既放权到位、接住管好,又服务到位、监管有效,促进市场秩序更加规范,市场活力充分释放。

二、基本原则

为做好创新投资管理方式、建立协同监管机制有关工作,需把握以下原则:

(一)同步放权,接住管好。有关部门要同步下放审批权限,便于项目单位就近办理和地方政府贴近服务,使简政放权的政策效应得到充分发挥。各省级政府要坚持权力下放与基层承接能力相匹配,合理确定下放层级,进一步提升基层政府能力素质,确保顺利承接。实行限时办结制度,切实提高工作效率。

(二)各负其责,依法监管。各地区、各部门要依法履行职责,坚持放管结合,切实加强对项目建设全过程特别是开工建设和竣工投产环节的监管,依法纠正和查处违法违规建设行为。

(三)纵横联动,协同监管。建立部门之间协同配合、有关部门和地方各级政府上下联动的监管机制,注重发挥地方政府就近就便监管的作用和有关行业管理部门的专业优势,形成整体监管合力。

(四)依托平台,高效监管。加快建设"横向到边"联通发展改革、国土(海洋)资源、城乡规划、环境保护、安全监管、金融监管、审计及行业管理等部门,"纵向到底"联通有关部门到地方各级政府的投资项目在线审批监管平台,依托平台实现监管信息互联互通,做到全透明、可核查,提高监管效率和水平。

(五)立足服务,信用监管。推行网上受理、办理、监管"一条龙"服务,将监管工作的落脚点放到为项目单位做好服务上,寓监管于服务,不断提高服务意识和质量。充分发挥项目信息和信用记录在监管工作中的重要作用,完善守信激励、失信惩戒机制,促进形成健康有序的市场秩序。

三、切实接住管好

通过合理划分管理权限、部门主动协同放权和进一步提升地方政府特别是基层政府承接能力,切实做到接得住管得好。

(一)合理划分管理权限。各省级政府要根据本地实际情况,具体划分地方各级政府管理权限,要将基层政府承接能力作为重要考虑因素,不宜简单地"一放到底"。对于涉及本地区重大规划布局、重要资源开发配置的项目,应充分发挥省级部门在政策把握、技术力量等方面的优势。

(二)部门主动协同放权。投资项目审批、核准事项取消或下放后,有关部门要相应调整用地(用海)预审、规划选址、环评(海洋环评)审批、节能审查等审批权限,尽快做到同步下放。暂时不能同步下放的,相关部门要采取委托与核准机关同级的审批部门审批,或者建立同级受理机制等方式,切实提高工作效率。

(三)提升基层承接能力。有关部门要通过汇编指南、集中培训、研讨交流等多种形式,加强业务指导与培训,提高地方政府特别是基层政府的业务水平和综合服务管理能力。

(四)实行限时办结制度。有关部门要按照职责分工,尽快公布权力清单和责任清单,根据投资项目不同类别,明确项目审批、核准、备案以及规划许可、环评(海洋环评)审批、用地(用海)审批、取水许可、施工许可等的具体办理流程和时限,合理缩短办理时间,提高工作效率。

四、突出监管重点

各级项目审批、核准、备案机关和国土(海洋)资源、城乡规划、环境保护、安全监管、建设、审计及行业管理等有关部门,要重点围绕开工建设环节和竣工投产环节,加强项目建设全过程监管,实现项目合法开工、建设过程合规有序。

(一)开工建设环节。在项目开工前,要按照项目审批、核准、备案基本程序和规定,依托投资项目在线审批监管平台,指导并服务项目单位及时办理项目开工前的各项手续,保证程序合法、手续齐全、限时办结,提高行政效能。

(二)竣工投产环节。在项目开工后到竣工投产前,要强化对项目建设过程的监督检查,确保项目按照相关规定建设实施,保障项目建设规范有序。项目竣工后有关部门要依法及时进行验收,验收通过后方能投入使用。

五、落实监管责任

进一步明确有关部门、地方政府的监管职责,加强监管能力建设,把监管责任落到实处。

(一)落实部门监管责任。项目审批、核准、备案机关要根据法律法规和发展规划、产业政策、总量控制目标、技术政策、准入标准等,对投资项目进行监管。国土(海洋)资源、城乡规划、环境保护、安全监管、行业管理等部门,要严格履行法律法规赋予的监管职责,加强后续监管。金融监管部门要加强指导和监督,引导金融机构依据法律法规并按照商业原则独立审贷,不得违规发放贷款或仅以项目审批、核准、备案机关的层级较低为由否决企业贷款申请。审计部门要加强对政府投资项目、国有企业投资项目以及以政府和社会资本合作等方式建设的其他公共工程项目的审计监督,持续组织对贯彻落实国家重大政策措施,特别是重大项目落地、重点资金保障等情况进行跟踪审计。各有关部门要建立年度监管报告发布制度,并加强对下级机关的指导和监督,及时总结、推广地方先进经验。

（二）明确地方监管责任。在下放行政审批事项同时，地方各级政府及其有关部门，要按照"权力与责任同步下放"、"谁承接、谁监管"的要求，强化权力下放后的监管意识，积极探索创新监管方式方法，切实承担起监管责任。各省级政府要加强指导监督，逐级明确承接方的监管责任及监管措施。

（三）加强监管能力建设。有关部门要进一步完善相关规章制度、发展规划、产业政策、总量控制目标、区域污染物行业排放总量、技术政策、准入标准等，将其作为监管的依据和重要内容。有关部门要加强监管能力建设，并通过开展监管标准化、规范化工作，加强培训和经验交流，强化对基层监管部门的指导和规范。地方各级政府要进一步整合基层监管力量，加强基层监管队伍建设，保障监管经费，提高监管技术水平和能力。

六、创新监管方式

运用互联网和大数据技术，依托在线审批监管平台，实现"制度+技术"的有效监管。

（一）加快建设投资项目在线审批监管平台。依托国家电子政务外网，在平台上建设项目申报、在线办理、监督管理、电子监察等四类应用系统，实现有关部门的横向联通，以及有关部门到地方各级政府的纵向贯通，逐步实现非涉密投资项目"平台受理、在线办理、限时办结、依法监管、全程监察"。

（二）建立项目统一代码制度。对申请办理审批、核准、备案相关手续的投资项目，由在线审批监管平台受理，即时生成作为该项目整个建设周期身份标识的唯一项目代码，有关部门办理相关手续的信息、监管（处罚）信息，以及工程实施过程中的重要信息，统一汇集至项目代码，并与社会信用体系对接，作为后续监管的基础条件。

（三）建立监管联动机制。有关部门要通过在线审批监管平台实时交换项目信息,实现部门间网络联通和信息共享。有关部门要主动加强服务,指导项目单位在项目开工前依法依规完成项目审批、核准、备案以及规划许可、环评(海洋环评)审批、用地(用海)审批、取水许可等手续。对于违法违规建设的项目,在线审批监管平台要及时提醒项目单位和相关监管部门。在线审批监管平台应与审计、统计等部门做好对接,实现平台信息与统计信息相互衔接和共享。

(四)建立投资项目信息在线备案制度。项目开工前,项目单位登录在线审批监管平台,通过项目代码报备项目开工基本信息。项目开工后,项目单位按年度在线报备项目建设动态进度基本信息。项目竣工验收后,项目单位在线报备项目竣工基本信息。发展改革部门要制定项目开工、建设动态进度、竣工验收等基本信息的内容指引和通用格式,便于项目单位在线报备。有关部门要依据项目单位在线报备的项目信息,主动提供相关政策支持和大数据信息等服务。对于未及时报备信息的,在线审批监管平台要以适当方式提醒项目单位和有关部门。

七、健全约束惩戒机制

利用多种渠道和手段,及时发现违法违规行为,充分发挥信用记录在监管中的作用,健全守信激励和失信惩戒机制。

(一)强化监督执法和信息公开。项目审批、核准、备案机关和国土(海洋)资源、城乡规划、环境保护、安全监管、建设、审计及行业管理等有关部门,要强化在线监测、项目稽察、执法检查等执法手段,充分利用企业信息公示系统,鼓励公众和新闻媒体等社会力量以投诉、举报、曝光等方式参与监督,不断扩大发现违法违规行为的有效渠道,并将监管信息和处罚结果通过在线审批监管平台共享,便于其他部门及时跟进监管。做好项目信息公开工作,除涉密信息外,相关部门的审批信息、监管信息、处罚结果等要及时向社会公开,方便公众查询和社会监督。

（二）建立异常信用记录制度。对违反法律法规擅自开工建设的、不按照经批准的内容组织实施的、未通过竣工验收擅自投入生产运营的，以及其他违法违规行为，要列入在线审批监管平台项目异常信用记录，并根据违法违规行为的严重程度将异常信用记录分为一般异常信用记录和重大异常信用记录。在线审批监管平台要对发生异常信用记录的项目单位及时予以提醒或警告。

（三）建立"黑名单"制度。项目单位出现多次一般异常信用记录或一次重大异常信用记录且未按规定整改的，在线审批监管平台要将项目单位纳入"黑名单"并向社会公布。项目异常信用记录和"黑名单"信息纳入国家统一的信用信息平台，供有关方面查询使用。有关部门对守信项目单位要建立项目服务快速通道，形成守信激励机制；对失信项目单位要采取联合惩戒措施，形成"一处失信，处处受制"的失信惩戒长效机制。

八、加强组织实施

各地区、各部门要高度重视创新投资管理方式、建立投资项目纵横联动协同监管机制相关工作，做好组织实施。

（一）强化组织领导。发展改革委要会同有关部门和地方政府加快建设全国统一的投资项目在线审批监管平台，制定标准和规范，加强对各地区开展投资项目纵横联动协同监管工作的指导。各省级政府要加强对本地区相关工作的统筹指导，抓紧制定细化可操作的工作方案和配套措施。各级项目审批、核准、备案机关要及时掌握和研究改革过程中出现的新情况、新问题，加强协调指导和督促检查。国土（海洋）资源、城乡规划、环境保护、安全监管、金融监管、建设、审计及行业管理等有关部门要各司其职、各负其责，密切配合，共同推动相关工作。

（二）保障监管平稳过渡。在投资项目在线审批监管平台正式运行前，有关方面要建立能够有效运转的线下联动机制以及项目台账、信息即时相互抄告等制度,对审批、核准、备案的项目进行全程跟踪管理,相关部门的审批信息、监管信息、处罚结果等要及时相互抄告,并抄送同级审计部门。发展改革、国土(海洋)资源、城乡规划、环境保护、安全监管、金融监管、建设和行业管理等有关部门可依托现有本系统信息平台,先行构建"纵向贯通"的监管系统和机制。地方各级政府要根据实际情况开展工作,有条件的可率先与投资项目在线审批监管平台进行对接,暂时不具备条件的要加快信息化建设,为下一步工作奠定基础。过渡期内,项目单位要按照要求报备项目开工、建设动态进度、竣工验收的基本信息。在线审批监管平台要为企业报备相关信息、有关部门和地方政府实现纵横联动协同监管以及联网审计预留接口,各项信息的内容和格式要提前做好衔接。

(三)加强舆论宣传。各地区、各部门要采取多种形式,加大宣传力度,让社会公众特别是广大企业全面准确了解简政放权、放管结合的相关要求,引导和督促相关单位增强自律意识和法制意识,自觉规范自身行为,共同维护良好的市场秩序。

国务院办公厅关于深化高等学校
创新创业教育改革的实施意见

（2015 年 5 月 4 日）

各省、自治区、直辖市人民政府，国务院各部委、各直属机构：

深化高等学校创新创业教育改革，是国家实施创新驱动发展战略、促进经济提质增效升级的迫切需要，是推进高等教育综合改革、促进高校毕业生更高质量创业就业的重要举措。党的十八大对创新创业人才培养作出重要部署，国务院对加强创新创业教育提出明确要求。近年来，高校创新创业教育不断加强，取得了积极进展，对提高高等教育质量、促进学生全面发展、推动毕业生创业就业、服务国家现代化建设发挥了重要作用。但也存在一些不容忽视的突出问题，主要是一些地方和高校重视不够，创新创业教育理念滞后，与专业教育结合不紧，与实践脱节；教师开展创新创业教育的意识和能力欠缺，教学方式方法单一，针对性实效性不强；实践平台短缺，指导帮扶不到位，创新创业教育体系亟待健全。为了进一步推动大众创业、万众创新，经国务院同意，现就深化高校创新创业教育改革提出如下实施意见。

一、总体要求

（一）指导思想。

全面贯彻党的教育方针，落实立德树人根本任务，坚持创新引领创业、创业带动就业,主动适应经济发展新常态,以推进素质教育为主题,以提高人才培养质量为核心,以创新人才培养机制为重点,以完善条件和政策保障为支撑,促进高等教育与科技、经济、社会紧密结合,加快培养规模宏大、富有创新精神、勇于投身实践的创新创业人才队伍,不断提高高等教育对稳增长促改革调结构惠民生的贡献度,为建设创新型国家、实现"两个一百年"奋斗目标和中华民族伟大复兴的中国梦提供强大的人才智力支撑。

(二)基本原则。

坚持育人为本,提高培养质量。把深化高校创新创业教育改革作为推进高等教育综合改革的突破口,树立先进的创新创业教育理念,面向全体、分类施教、结合专业、强化实践,促进学生全面发展,提升人力资本素质,努力造就大众创业、万众创新的生力军。

坚持问题导向,补齐培养短板。把解决高校创新创业教育存在的突出问题作为深化高校创新创业教育改革的着力点,融入人才培养体系,丰富课程、创新教法、强化师资、改进帮扶,推进教学、科研、实践紧密结合,突破人才培养薄弱环节,增强学生的创新精神、创业意识和创新创业能力。

坚持协同推进,汇聚培养合力。把完善高校创新创业教育体制机制作为深化高校创新创业教育改革的支撑点,集聚创新创业教育要素与资源,统一领导、齐抓共管、开放合作、全员参与,形成全社会关心支持创新创业教育和学生创新创业的良好生态环境。

(三)总体目标。

2015 年起全面深化高校创新创业教育改革。2017 年取得重要进展,形成科学先进、广泛认同、具有中国特色的创新创业教育理念,形成一批可复制可推广的制度成果,普及创新创业教育,实现新一轮大学生创业引领计划预期目标。到 2020 年建立健全课堂教学、自主学习、结合实践、指导帮扶、文化引领融为一体的高校创新创业教育体系,人才培养质量显著提升,学生的创新精神、创业意识和创新创业能力明显增强,投身创业实践的学生显著增加。

二、主要任务和措施

(一)完善人才培养质量标准。

制订实施本科专业类教学质量国家标准,修订实施高职高专专业教学标准和博士、硕士学位基本要求,明确本科、高职高专、研究生创新创业教育目标要求,使创新精神、创业意识和创新创业能力成为评价人才培养质量的重要指标。相关部门、科研院所、行业企业要制修订专业人才评价标准,细化创新创业素质能力要求。不同层次、类型、区域高校要结合办学定位、服务面向和创新创业教育目标要求,制订专业教学质量标准,修订人才培养方案。

(二)创新人才培养机制。

实施高校毕业生就业和重点产业人才供需年度报告制度,完善学科专业预警、退出管理办法,探索建立需求导向的学科专业结构和创业就业导向的人才培养类型结构调整新机制,促进人才培养与经济社会发展、创业就业需求紧密对接。深入实施系列"卓越计划"、科教结合协同育人行动计划等,多形式举办创新创业教育实验班,探索建立校校、校企、校地、校所以及国际合作的协同育人新机制,积极吸引社会资源和国外优质教育资源投入创新创业人才培养。高校要打通一级学科或专业类下相近学科专业的基础课程,开设跨学科专业的交叉课程,探索建立跨院系、跨学科、跨专业交叉培养创新创业人才的新机制,促进人才培养由学科专业单一型向多学科融合型转变。

(三)健全创新创业教育课程体系。

各高校要根据人才培养定位和创新创业教育目标要求,促进专业教育与创新创业教育有机融合,调整专业课程设置,挖掘和充实各类专业课程的创新创业教育资源,在传授专业知识过程中加强创新创业教育。面向全体学生开发开设研究方法、学科前沿、创业基础、就业创业指导等方面的必修课和选修课,纳入学分管理,建设依次递进、有机衔接、科学合理的创新创业教育专门课程群。各地区、各高校要加快创新创业教育优质课程信息化建设,推出一批资源共享的慕课、视频公开课等在线开放课程。建立在线开放课程学习认证和学分认定制度。组织学科带头人、行业企业优秀人才,联合编写具有科学性、先进性、适用性的创新创业教育重点教材。

(四)改革教学方法和考核方式。

各高校要广泛开展启发式、讨论式、参与式教学,扩大小班化教学覆盖面,推动教师把国际前沿学术发展、最新研究成果和实践经验融入课堂教学,注重培养学生的批判性和创造性思维,激发创新创业灵感。运用大数据技术,掌握不同学生学习需求和规律,为学生自主学习提供更加丰富多样的教育资源。改革考试考核内容和方式,注重考查学生运用知识分析、解决问题的能力,探索非标准答案考试,破除"高分低能"积弊。

(五)强化创新创业实践。

各高校要加强专业实验室、虚拟仿真实验室、创业实验室和训练中心建设,促进实验教学平台共享。各地区、各高校科技创新资源原则上向全体在校学生开放,开放情况纳入各类研究基地、重点实验室、科技园评估标准。鼓励各地区、各高校充分利用各种资源建设大学科技园、大学生创业园、创业孵化基地和小微企业创业基地,作为创业教育实践平台,建好一批大学生校外实践教育基地、创业示范基地、科技创业实习基地和职业院校实训基地。完善国家、地方、高校三级创新创业实训教学体系,深入实施大学生创新创业训练计划,扩大覆盖面,促进项目落地转化。举办全国大学生创新创业大赛,办好全国职业院校技能大赛,支持举办各类科技创新、创意设计、创业计划等专题竞赛。支持高校学生成立创新创业协会、创业俱乐部等社团,举办创新创业讲座论坛,开展创新创业实践。

（六）改革教学和学籍管理制度。

各高校要设置合理的创新创业学分,建立创新创业学分积累与转换制度,探索将学生开展创新实验、发表论文、获得专利和自主创业等情况折算为学分,将学生参与课题研究、项目实验等活动认定为课堂学习。为有意愿有潜质的学生制定创新创业能力培养计划,建立创新创业档案和成绩单,客观记录并量化评价学生开展创新创业活动情况。优先支持参与创新创业的学生转入相关专业学习。实施弹性学制,放宽学生修业年限,允许调整学业进程、保留学籍休学创新创业。设立创新创业奖学金,并在现有相关评优评先项目中拿出一定比例用于表彰优秀创新创业的学生。

（七）加强教师创新创业教育教学能力建设。

各地区、各高校要明确全体教师创新创业教育责任,完善专业技术职务评聘和绩效考核标准,加强创新创业教育的考核评价。配齐配强创新创业教育与创业就业指导专职教师队伍,并建立定期考核、淘汰制度。聘请知名科学家、创业成功者、企业家、风险投资人等各行各业优秀人才,担任专业课、创新创业课授课或指导教师,并制定兼职教师管理规范,形成全国万名优秀创新创业导师人才库。将提高高校教师创新创业教育的意识和能力作为岗前培训、课程轮训、骨干研修的重要内容,建立相关专业教师、创新创业教育专职教师到行业企业挂职锻炼制度。加快完善高校科技成果处置和收益分配机制,支持教师以对外转让、合作转化、作价入股、自主创业等形式将科技成果产业化,并鼓励带领学生创新创业。

（八）改进学生创业指导服务。

各地区、各高校要建立健全学生创业指导服务专门机构,做到“机构、人员、场地、经费”四到位,对自主创业学生实行持续帮扶、全程指导、一站式服务。健全持续化信息服务制度,完善全国大学生创业服务网功能,建立地方、高校两级信息服务平台,为学生实时提供国家政策、市场动向等信息,并做好创业项目对接、知识产权交易等服务。各地区、各有关部门要积极落实高校学生创业培训政策,研发适合学生特点的创业培训课程,建设网络培训平台。鼓励高校自主编制专项培训计划,或与有条件的教育培训机构、行业协会、群团组织、企业联合开发创业培训项目。各地区和具备条件的行业协会要针对区域需求、行业发展,发布创业项目指南,引导高校学生识别创业机会、捕捉创业商机。

(九)完善创新创业资金支持和政策保障体系。

各地区、各有关部门要整合发展财政和社会资金,支持高校学生创新创业活动。各高校要优化经费支出结构,多渠道统筹安排资金,支持创新创业教育教学,资助学生创新创业项目。部委属高校应按规定使用中央高校基本科研业务费,积极支持品学兼优且具有较强科研潜质的在校学生开展创新科研工作。中国教育发展基金会设立大学生创新创业教育奖励基金,用于奖励对创新创业教育作出贡献的单位。鼓励社会组织、公益团体、企事业单位和个人设立大学生创业风险基金,以多种形式向自主创业大学生提供资金支持,提高扶持资金使用效益。深入实施新一轮大学生创业引领计划,落实各项扶持政策和服务措施,重点支持大学生到新兴产业创业。有关部门要加快制定有利于互联网创业的扶持政策。

三、加强组织领导

(一)健全体制机制。

各地区、各高校要把深化高校创新创业教育改革作为"培养什么人,怎样培养人"的重要任务摆在突出位置,加强指导管理与监督评价,统筹推进本地本校创新创业教育工作。各地区要成立创新创业教育专家指导委员会,开展高校创新创业教育的研究、咨询、指导和服务。各高校要落实创新创业教育主体责任,把创新创业教育纳入改革发展重要议事日程,成立由校长任组长、分管校领导任副组长、有关部门负责人参加的创新创业教育工作领导小组,建立教务部门牵头,学生工作、团委等部门齐抓共管的创新创业教育工作机制。

（二）细化实施方案。

各地区、各高校要结合实际制定深化本地本校创新创业教育改革的实施方案，明确责任分工。教育部属高校需将实施方案报教育部备案，其他高校需报学校所在地省级教育部门和主管部门备案，备案后向社会公布。

（三）强化督导落实。

教育部门要把创新创业教育质量作为衡量办学水平、考核领导班子的重要指标，纳入高校教育教学评估指标体系和学科评估指标体系，引入第三方评估。把创新创业教育相关情况列入本科、高职高专、研究生教学质量年度报告和毕业生就业质量年度报告重点内容，接受社会监督。

（四）加强宣传引导。

各地区、各有关部门以及各高校要大力宣传加强高校创新创业教育的必要性、紧迫性、重要性，使创新创业成为管理者办学、教师教学、学生求学的理性认知与行动自觉。及时总结推广各地各高校的好经验好做法，选树学生创新创业成功典型，丰富宣传形式，培育创客文化，努力营造敢为人先、敢冒风险、宽容失败的氛围环境。

国务院办公厅关于支持
农民工等人员返乡创业的意见

（2015 年 6 月 17 日）

各省、自治区、直辖市人民政府，国务院各部委、各直属机构：

支持农民工、大学生和退役士兵等人员返乡创业，通过大众创业、万众创新使广袤乡镇百业兴旺，可以促就业、增收入，打开新型工业化和农业现代化、城镇化和新农村建设协同发展新局面。根据《中共中央国务院关于加大改革创新力度加快农业现代化建设的若干意见》和《国务院关于进一步做好新形势下就业创业工作的意见》（国发〔2015〕23 号）要求，为进一步做好农民工等人员返乡创业工作，经国务院同意，现提出如下意见：

一、总体要求

（一）指导思想。全面贯彻落实党的十八大和十八届二中、三中、四中全会精神，按照党中央、国务院决策部署，加强统筹谋划，健全体制机制，整合创业资源，完善扶持政策，优化创业环境，以人力资本、社会资本的提升、扩散、共享为纽带，加快建立多层次多样化的返乡创业格局，全面激发农民工等人员返乡创业热情，创造更多就地就近就业机会，加快输出地新型工业化、城镇化进程，全面汇入大众创业、万众创新热潮，加快培育经济社会发展新动力，催生民生改善、经济结构调整和社会和谐稳定新动能。

（二）基本原则。

——坚持普惠性与扶持性政策相结合。既要保证返乡创业人员平等享受普惠性政策，又要根据其抗风险能力弱等特点，落实完善差别化的扶持性政策，努力促进他们成功创业。

——坚持盘活存量与创造增量并举。要用好用活已有园区、项目、资金等存量资源全面支持返乡创业，同时积极探索公共创业服务新方法、新路径，开发增量资源，加大对返乡创业的支持力度。

——坚持政府引导与市场主导协同。要加强政府引导，按照绿色、集约、实用的原则，创造良好的创业环境，更要充分发挥市场的决定性作用，支持返乡创业企业与龙头企业、市场中介服务机构等共同打造充满活力的创业生态系统。

——坚持输入地与输出地发展联动。要推进创新创业资源跨地区整合，促进输入地与输出地在政策、服务、市场等方面的联动对接，扩大返乡创业市场空间，延长返乡创业产业链条。

二、主要任务

（三）促进产业转移带动返乡创业。鼓励输入地在产业升级过程中对口帮扶输出地建设承接产业园区，引导劳动密集型产业转移，大力发展相关配套产业，带动农民工等人员返乡创业。鼓励已经成功创业的农民工等人员，顺应产业转移的趋势和潮流，充分挖掘和利用输出地资源和要素方面的比较优势，把适合的产业转移到家乡再创业、再发展。

（四）推动输出地产业升级带动返乡创业。鼓励积累了一定资金、技术和管理经验的农民工等人员，学习借鉴发达地区的产业组织形式、经营管理方式，顺应输出地消费结构、产业结构升级的市场需求，抓住机遇创业兴业，把小门面、小作坊升级为特色店、连锁店、品牌店。

（五）鼓励输出地资源嫁接输入地市场带动返乡创业。鼓励农民工等人员发挥既熟悉输入地市场又熟悉输出地资源的优势，借力"互联网+"信息技术发展现代商业，通过对少数民族传统手工艺品、绿色农产品等输出地特色产品的挖掘、升级、品牌化，实现输出地产品与输入地市场的嫁接。

（六）引导一二三产业融合发展带动返乡创业。统筹发展县域经济，引导返乡农民工等人员融入区域专业市场、示范带和块状经济，打造具有区域特色的优势产业集群。鼓励创业基础好、创业能力强的返乡人员，充分开发乡村、乡土、乡韵潜在价值，发展休闲农业、林下经济和乡村旅游，促进农村一二三产业融合发展，拓展创业空间。以少数民族特色村镇为平台和载体，大力发展民族风情旅游业，带动民族地区创业。

（七）支持新型农业经营主体发展带动返乡创业。鼓励返乡人员共创农民合作社、家庭农场、农业产业化龙头企业、林场等新型农业经营主体，围绕规模种养、农产品加工、农村服务业以及农技推广、林下经济、贸易营销、农资配送、信息咨询等合作建立营销渠道，合作打造特色品牌，合作分散市场风险。

三、健全基础设施和创业服务体系

（八）加强基层服务平台和互联网创业线上线下基础设施建设。切实加大人力财力投入，进一步推进县乡基层就业和社会保障服务平台、中小企业公共服务平台、农村基层综合公共服务平台、农村社区公共服务综合信息平台的建设，使其成为加强和优化农村基层公共服务的重要基础设施。支持电信企业加大互联网和移动互联网建设投入，改善县乡互联网服务，加快提速降费，建设高速畅通、覆盖城乡、质优价廉、服务便捷的宽带网络基础设施和服务体系。继续深化和扩大电子商务进农村综合示范县工作，推动信息入户，引导和鼓励电子商务交易平台渠道下沉，带动返乡人员依托其平台和经营网络创业。加大交通物流等基础设施投入，支持乡镇政府、农村集体经济组织与社会资本合作共建智能电商物流仓储基地，健全县、乡、村三级农村物流基础设施网络，鼓励物流企业完善物流下乡体系，提升冷链物流配送能力，畅通农产品进城与工业品下乡的双向流通渠道。

（九）依托存量资源整合发展农民工返乡创业园。各地要在调查分析农民工等人员返乡创业总体状况和基本需求基础上，结合推进新型工业化、信息化、城镇化、农业现代化和绿色化同步发展的实际需要，对农民工返乡创业园布局作出安排。依托现有各类合规开发园区、农业产业园，盘活闲置厂房等存量资源，支持和引导地方整合发展一批重点面向初创期"种子培育"的返乡创业孵化基地、引导早中期创业企业集群发展的返乡创业园区，聚集创业要素，降低创业成本。挖掘现有物业设施利用潜力，整合利用零散空地等存量资源，并注意与城乡基础设施建设、发展电子商务和完善物流基础设施等统筹结合。属于非农业态的农民工返乡创业园，应按照城乡规划要求，结合老城或镇村改造、农村集体经营性建设用地或农村宅基地盘整进行开发建设。属于农林牧渔业态的农民工返乡创业园，在不改变农地、集体林地、草场、水面权属和用途前提下，允许建设方通过与权属方签订合约的方式整合资源开发建设。

（十）强化返乡农民工等人员创业培训工作。紧密结合返乡农民工等人员创业特点、需求和地域经济特色，编制实施专项培训计划，整合现有培训资源，开发有针对性的培训项目，加强创业师资队伍建设，采取培训机构面授、远程网络互动等方式有效开展创业培训，扩大培训覆盖范围，提高培训的可获得性，并按规定给予创业培训补贴。建立健全创业辅导制度，加强创业导师队伍建设，从有经验和行业资源的成功企业家、职业经理人、电商辅导员、天使投资人、返乡创业带头人当中选拔一批创业导师，为返乡创业农民工等人员提供创业辅导。支持返乡创业培训实习基地建设，动员知名乡镇企业、农产品加工企业、休闲农业企业和专业市场等为返乡创业人员提供创业见习、实习和实训服务,加强输出地与东部地区对口协作,组织返乡创业农民工等人员定期到东部企业实习,为其学习和增强管理经验提供支持。发挥好驻贫困村"第一书记"和驻村工作队作用,帮助开展返乡农民工教育培训,做好贫困乡村创业致富带头人培训。

(十一)完善农民工等人员返乡创业公共服务。各地应本着"政府提供平台、平台集聚资源、资源服务创业"的思路,依托基层公共平台集聚政府公共资源和社会其他各方资源,组织开展专项活动,为农民工等人员返乡创业提供服务。统筹考虑社保、住房、教育、医疗等公共服务制度改革,及时将返乡创业农民工等人员纳入公共服务范围。依托基层就业和社会保障服务平台,做好返乡人员创业服务、社保关系转移接续等工作,确保其各项社保关系顺畅转移接入。及时将电子商务等新兴业态创业人员纳入社保覆盖范围。探索完善返乡创业人员社会兜底保障机制,降低创业风险。深化农村社区建设试点,提升农村社区支持返乡创业和吸纳就业的能力,逐步建立城乡社区农民工服务衔接机制。

(十二)改善返乡创业市场中介服务。运用政府向社会力量购买服务的机制,调动教育培训机构、创业服务企业、电子商务平台、行业协会、群团组织等社会各方参与积极性,帮助返乡创业农民工等人员解决企业开办、经营、发展过程中遇到的能力不足、经验不足、资源不足等难题。培育和壮大专业化市场中介服务机构,提供市场分析、管理辅导等深度服务,帮助返乡创业人员改善管理、开拓市场。鼓励大型市场中介服务机构跨区域拓展,推动输出地形成专业化、社会化、网络化的市场中介服务体系。

(十三)引导返乡创业与万众创新对接。引导和支持龙头企业建立市场化的创新创业促进机制,加速资金、技术和服务扩散,带动和支持返乡创业人员依托其相关产业链创业发展。鼓励大型科研院所建立开放式创新创业服务平台,吸引返乡创业农民工等各类创业者围绕其创新成果创业,加速科技成果资本化、产业化步伐。鼓励社会资本特别是龙头企业加大投入,结合其自身发展壮大需要,建设发展市场化、专业化的众创空间,促进创新创意与企业发展、市场需求和社会资本有效对接。鼓励发达地区众创空间加速向输出地扩展、复制,不断输出新的创业理念,集聚创业活力,帮助返乡农民工等人员解决创业难题。推行科技特派员制度,建设一批"星创天地",为农民工等人员返乡创业提供科技服务,实现返乡创业与万众创新有序对接、联动发展。

四、政策措施

(十四)降低返乡创业门槛。深化商事制度改革,落实注册资本登记制度改革,优化返乡创业登记方式,简化创业住所(经营场所)登记手续,推动"一址多照"、集群注册等住所登记制度改革。放宽经营范围,鼓励返乡农民工等人员投资农村基础设施和在农村兴办各类事业。对政府主导、财政支持的农村公益性工程和项目,可采取购买服务、政府与社会资本合作等方式,引导农民工等人员创设的企业和社会组织参与建设、管护和运营。对能够商业化运营的农村服务业,向社会资本全面开放。制定鼓励社会资本参与农村建设目录,探索建立乡镇政府职能转移目录,鼓励返乡创业人员参与建设或承担公共服务项目,支持返乡人员创设的企业参加政府采购。将农民工等人员返乡创业纳入社会信用体系,建立健全返乡创业市场交易规则和服务监管机制,促进公共管理水平提升和交易成本下降。取消和下放涉及返乡创业的行政许可审批事项,全面清理并切实取消非行政许可审批事项,减少返乡创业投资项目前置审批。

(十五)落实定向减税和普遍性降费政策。农民工等人员返乡创业,符合政策规定条件的,可适用财政部、国家税务总局《关于小型微利企业所得税优惠政策的通知》(财税〔2015〕34号)、《关于进一步支持小微企业增值税和营业税政策的通知》(财税〔2014〕71号)、《关于对小微企业免征有关政府性基金的通知》（财税〔2014〕122号）和《人力资源社会保障部财政部关于调整失业保险费率有关问题的通知》（人社部发〔2015〕24号）的政策规定，享受减征企业所得税、免征增值税、营业税、教育费附加、地方教育附加、水利建设基金、文化事业建设费、残疾人就业保障金等税费减免和降低失业保险费率政策。各级财政、税务、人力资源社会保障部门要密切配合，严格按照上述政策规定和《国务院关于税收等优惠政策相关事项的通知》（国发〔2015〕25号）要求，切实抓好工作落实，确保优惠政策落地并落实到位。

（十六）加大财政支持力度。充分发挥财政资金的杠杆引导作用，加大对返乡创业的财政支持力度。对返乡农民工等人员创办的新型农业经营主体，符合农业补贴政策支持条件的，可按规定同等享受相应的政策支持。对农民工等人员返乡创办的企业，招用就业困难人员、毕业年度高校毕业生的，按规定给予社会保险补贴。对符合就业困难人员条件，从事灵活就业的，给予一定的社会保险补贴。对具备各项支农惠农资金、小微企业发展资金等其他扶持政策规定条件的，要及时纳入扶持范围，便捷申请程序，简化审批流程，建立健全政策受益人信息联网查验机制。经工商登记注册的网络商户从业人员，同等享受各项就业创业扶持政策；未经工商登记注册的网络商户从业人员，可认定为灵活就业人员，同等享受灵活就业人员扶持政策。

（十七）强化返乡创业金融服务。加强政府引导，运用创业投资类基金，吸引社会资本加大对农民工等人员返乡创业初创期、早中期的支持力度。在返乡创业较为集中、产业特色突出的地区，探索发行专项中小微企业集合债券、公司债券，开展股权众筹融资试点，扩大直接融资规模。进一步提高返乡创业的金融可获得性，加快发展村镇银行、农村信用社等中小金融机构和小额贷款公司等机构，完善返乡创业信用评价机制，扩大抵押物范围，鼓励银行业金融机构开发符合农民工等人员返乡创业需求特点的金融产品和金融服务，加大对返乡创业的信贷支持和服务力度。大力发展农村普惠金融,引导加大涉农资金投放,运用金融服务"三农"发展的相关政策措施,支持农民工等人员返乡创业。落实创业担保贷款政策,优化贷款审批流程,对符合条件的返乡创业人员,可按规定给予创业担保贷款,财政部门按规定安排贷款贴息所需资金。

(十八)完善返乡创业园支持政策。农民工返乡创业园的建设资金由建设方自筹;以土地租赁方式进行农民工返乡创业园建设的,形成的固定资产归建设方所有;物业经营收益按相关各方合约分配。对整合发展农民工返乡创业园,地方政府可在不增加财政预算支出总规模、不改变专项资金用途前提下,合理调整支出结构,安排相应的财政引导资金,以投资补助、贷款贴息等恰当方式给予政策支持。鼓励银行业金融机构在有效防范风险的基础上,积极创新金融产品和服务方式,加大对农民工返乡创业园区基础设施建设和产业集群发展等方面的金融支持。有关方面可安排相应项目给予对口支持,帮助返乡创业园完善水、电、交通、物流、通信、宽带网络等基础设施。适当放宽返乡创业园用电用水用地标准,吸引更多返乡人员入园创业。

五、组织实施

(十九)加强组织协调。各地区、各部门要高度重视农民工等人员返乡创业工作,健全工作机制,明确任务分工,细化配套措施,跟踪工作进展,及时总结推广经验,研究解决工作中出现的问题。支持农民工等人员返乡创业,关键在地方。各地特别是中西部地区,要结合产业转移和推进新型城镇化的实际需要,制定更加优惠的政策措施,加大对农民工等人员返乡创业的支持力度。有关部门要密切配合,抓好《鼓励农民工等人员返乡创业三年行动计划纲要(2015—2017 年)》的落实,明确时间进度,制定实施细则,确保工作实效。

(二十)强化示范带动。结合国家新型城镇化综合试点城市和中小城市综合改革试点城市组织开展试点工作,探索优化鼓励创业创新的体制机制环境,打造良好创业生态系统。打造一批民族传统产业创业示范基地、一批县级互联网创业示范基地,发挥示范带动作用。

(二十一)抓好宣传引导。坚持正确导向,以返乡创业人员喜闻乐见的形式加强宣传解读,充分利用微信等移动互联社交平台搭建返乡创业交流平台,使之发挥凝聚返乡创业人员和交流创业信息、分享创业经验、展示创业项目、传播创业商机的作用。大力宣传优秀返乡创业典型事迹,充分调动社会各方面支持、促进农民工等人员返乡创业的积极性、主动性,大力营造创业、兴业、乐业的良好环境。

国务院办公厅关于加快推进
"三证合一"登记制度改革的意见

（2015 年 6 月 23 日）

各省、自治区、直辖市人民政府，国务院各部委、各直属机构：

为加快推进"三证合一"登记制度改革，经国务院同意，现提出如下意见。

一、充分认识推行"三证合一"登记制度改革的重要意义

"三证合一"登记制度是指将企业登记时依次申请，分别由工商行政管理部门核发工商营业执照、质量技术监督部门核发组织机构代码证、税务部门核发税务登记证，改为一次申请、由工商行政管理部门核发一个营业执照的登记制度。全面推行"三证合一"登记制度改革，是贯彻党的十八大和十八届二中、三中、四中全会精神，落实国务院决策部署，深化商事登记制度改革的重要举措。加快推进这一改革，可以进一步便利企业注册，持续推动形成大众创业、万众创新热潮。这是维护交易安全、消除监管盲区的有效途径，是推进简政放权、建设服务型政府的必然选择，对于提高国家治理体系和治理能力现代化水平，使市场在资源配置中起决定性作用和更好发挥政府作用，具有十分重要的意义。各地区、各部门要站在全局高度充分认识这一改革的重要意义，提高思想认识，加强协调配合，确保这一利国利民的改革举措顺利实施。

172

二、改革目标和基本原则

（一）改革目标。

通过"一窗受理、互联互通、信息共享"，将由工商行政管理、质量技术监督、税务三个部门分别核发不同证照，改为由工商行政管理部门核发一个加载法人和其他组织统一社会信用代码的营业执照，即"一照一码"登记模式。

（二）基本原则。

1.便捷高效。要按照程序简便、办照高效的要求，优化审批流程，创新服务方式，提高登记效率，方便企业准入。

2.规范统一。要按照优化、整合、一体化的原则，科学制定"三证合一"登记流程，实行统一的"三证合一"登记程序和登记要求，规范登记条件、登记材料。

3.统筹推进。大力推行一窗受理、一站式服务工作机制，将"三证合一"登记制度改革与全程电子化登记管理、企业法人国家信息资源库建设、企业信用信息公示系统建设、政务信息共享平台建设、统一社会信用代码制度建设等工作统筹考虑、协同推进。

三、改革步骤和基本要求

（一）改革步骤。

现阶段，已试行"一窗受理、并联审批、三证统发"登记模式改革和"一窗受理、并联审批、核发一照、一照三号"登记模式改革的省、自治区、直辖市可继续试点；支持上海、广东、天津、福建自贸试验区率先推行"一照一码"登记模式改革试点。各地区要积极推进"三证合一"登记制度改革各项工作，做好实施"一照一码"登记模式改革各项准备工作，待统一社会信用代码实施后,2015 年底前在全国全面推行"一照一码"登记模式。

(二)基本要求。

1. 统一申请条件和文书规范。要以方便企业办事、简化登记手续、降低行政成本为出发点,按照企业不重复填报登记申请文书内容和不重复提交登记材料的原则,依法梳理申请事项,统一明确申请条件,整合简化文书规范,实行"一套材料"和"一表登记"申请,并在"一窗受理"窗口公示申请条件和示范文本。

2. 规范申请登记审批流程。按照"三证合一"登记制度改革的新要求,整合优化申请、受理、审查、核准、公示、发照等程序,缩短登记审批时限。"一个窗口"统一受理企业申请并审核后,申请材料和审核信息在部门间共享,实现数据交换、档案互认。电子登记档案与纸质登记档案具有同等法律效力。各地区要结合本地区实际,制定简明易懂的"三证合一"登记办事指南,明确企业设立(开业)登记、变更登记、注销登记等各个环节的操作流程。

3. 优化登记管理服务方式。适应实行"三证合一"登记制度改革的需要,加快推进"一个窗口"对外统一受理模式,方便申请人办理。要坚持公开办理、限时办理、透明办理,坚持条件公开、流程公开、结果公开。除涉及国家秘密、商业秘密或个人隐私外,要及时公开登记企业的基础信息。各相关部门要切实履行对申请人的告知义务,及时提供咨询服务,强化内部督查和社会监督,提高登记审批效率。

4. 建立跨部门信息传递与数据共享的保障机制。要加大信息化投入,按照统一规范和标准,改造升级各相关业务信息管理系统,实现互联互通、信息共享。充分利用统一的信用信息共享交换平台,推动企业基础信息和相关信用信息在政府部门间广泛共享和有效应用。积极推进"三证合一"申请、受理、审查、核准、公示、发照等全程电子化登记管理,最终实现"三证合一"网上办理。

5.实现改革成果共享应用。实行"三证合一"登记制度改革后,企业的组织机构代码证和税务登记证不再发放。企业原需要使用组织机构代码证、税务登记证办理相关事务的,一律改为使用"三证合一"后的营业执照办理。实行更多证照合一的,只要与本意见的原则和要求相一致,都可以先行先试。各地区、各部门、各单位都要予以认可和应用。

四、保障措施

(一)加强组织领导。

县级以上地方各级人民政府要建立"三证合一"登记制度改革领导机制,切实加强组织领导和协调,落实工作责任,为顺利实施"三证合一"登记制度改革提供必要的人员、场所、设施和经费保障。要加强对"三证合一"登记制度改革的跟踪了解和检查指导,加大统筹和督查力度,及时协调解决改革中出现的重大问题。

(二)加强协同推进。

"三证合一"登记制度改革涉及工商行政管理、质量技术监督、税务及其他相关职能部门,各地区、各部门要建立协同推进工作机制,加强信息化保障,形成工作合力。有序做好已登记企业(包括已试点"三证合一"登记制度改革的企业)原发证照换发工作,与统一社会信用代码的过渡期相衔接,变更换证不能收费。过渡期内,原发证照(包括各地探索试点的"一照三号"营业执照、"一照一号"营业执照)继续有效,过渡期结束后一律使用加载统一社会信用代码的营业执照,原发证照不再有效。强化法制保障,认真梳理"三证合一"登记制度改革涉及营业执照、组织机构代码证、税务登记证的法律、法规、规章及规范性文件,及时进行修订和完善,努力使"三证合一"涉及的各个环节衔接顺畅,保证"三证合一"登记制度改革顺利实施。

（三）加强宣传引导。

要充分利用各种新闻媒介，加大对"三证合一"登记制度改革的宣传解读力度，及时解答和回应社会关注的热点问题，在全社会形成关心改革、支持改革、参与改革的良好氛围。

国务院办公厅关于推进线上线下互动加快商贸流通创新发展转型升级的意见

（2015 年 9 月 18 日）

各省、自治区、直辖市人民政府，国务院各部委、各直属机构：

近年来，移动互联网等新一代信息技术加速发展，技术驱动下的商业模式创新层出不穷，线上线下互动成为最具活力的经济形态之一，成为促进消费的新途径和商贸流通创新发展的新亮点。大力发展线上线下互动，对推动实体店转型，促进商业模式创新，增强经济发展新动力，服务大众创业、万众创新具有重要意义。为落实国务院决策部署，推进线上线下互动，加快商贸流通创新发展和转型升级，经国务院同意，现提出以下意见：

一、鼓励线上线下互动创新

（一）支持商业模式创新。包容和鼓励商业模式创新，释放商贸流通市场活力。支持实体店通过互联网展示、销售商品和服务，提升线下体验、配送和售后等服务，加强线上线下互动，促进线上线下融合，不断优化消费路径、打破场景限制、提高服务水平。鼓励实体店通过互联网与消费者建立全渠道、全天候互动，增强体验功能，发展体验消费。鼓励消费者通过互联网建立直接联系，开展合作消费，提高闲置资源配置和使用效率。鼓励实体商贸流通企业通过互联网强化各行业内、行业间分工合作，

提升社会化协作水平。(商务部、网信办、发展改革委、工业和信息化部、地方各级人民政府)

(二)鼓励技术应用创新。加快移动互联网、大数据、物联网、云计算、北斗导航、地理位置服务、生物识别等现代信息技术在认证、交易、支付、物流等商务环节的应用推广。鼓励建设商务公共服务云平台,为中小微企业提供商业基础技术应用服务。鼓励开展商品流通全流程追溯和查询服务。支持大数据技术在商务领域深入应用,利用商务大数据开展事中事后监管和服务方式创新。支持商业网络信息系统提高安全防范技术水平,将用户个人信息保护纳入网络安全防护体系。(商务部、工业和信息化部、发展改革委、地方各级人民政府)

(三)促进产品服务创新。鼓励企业利用互联网逆向整合各类生产要素资源,按照消费需求打造个性化产品。深度开发线上线下互动的可穿戴、智能化商品市场。鼓励第三方电子商务平台与制造企业合作,利用电子商务优化供应链和服务链体系,发展基于互联网的装备远程监控、运行维护、技术支持等服务市场。支持发展面向企业和创业者的平台开发、网店建设、代运营、网络推广、信息处理、数据分析、信用认证、管理咨询、在线培训等第三方服务,为线上线下互动创新发展提供专业化的支撑保障。鼓励企业通过虚拟社区等多种途径获取、转化和培育稳定的客户群体。(商务部、工业和信息化部、网信办、地方各级人民政府)

二、激发实体商业发展活力

(四)推进零售业改革发展。鼓励零售企业转变经营方式,支持受线上模式冲击的实体店调整重组,提高自营商品比例,加大自主品牌、定制化商品比重,深入发展连锁经营。鼓励零售企业利用互联网技术推进实体店铺数字化改造,增强店面场景化、立体化、智能化展示功能,开展全渠道营销。鼓励大型实体店不断丰富消费体验,向智能化、多样化商业服务综合体转型,增加餐饮、休闲、娱乐、文化等设施,由商品销售为主转向"商品+服务"并重。鼓励中小实体店发挥靠近消费者优势,完善便利服务体系,增加快餐、缴费、网订店取、社区配送等附加便民服务功能。鼓励互联网企业加强与实体店合作,推动线上交流互动、引客聚客、精准营销等优势和线下真实体验、品牌信誉、物流配送等优势相融合,促进组织管理扁平化、设施设备智能化、商业主体在线化、商业客体数据化和服务作业标准化。(商务部、发展改革委)支持新型农业经营主体对接电子商务平台,有效衔接产需信息,推动农产品线上营销与线下流通融合发展。鼓励农业生产资料经销企业发展电子商务,促进农业生产资料网络营销。(农业部、发展改革委)支持零售企业线上线下结合,开拓国际市场,发展跨境网络零售。(商务部)

(五)加快批发业转型升级。鼓励传统商品交易市场利用互联网做强交易撮合、商品集散、价格发现和信息交互等传统功能,增强物流配送、质量标准、金融服务、研发设计、展览展示、咨询服务等新型功能。鼓励传统批发企业应用互联网技术建设供应链协同平台,向生产、零售环节延伸,实现由商品批发向供应链管理服务的转变。支持发展品牌联盟或建设品牌联合采购平台,集聚品牌资源,降低采购成本。深化电子商务应用,引导商品交易市场向电子商务园区、物流园区转型。以电子商务和现代物流为核心,推动大宗商品交易市场优化资源配置、提高流通效率。鼓励线上行业信息服务平台向综合交易服务平台转型,围绕客户需求组织线下展示会、洽谈会、交易会,为行业发展提供全方位垂直纵深服务。(商务部、工业和信息化部、发展改革委)

(六)转变物流业发展方式。运用互联网技术大力推进物流标准化,重点推进快递包裹、托盘、技术接口、运输车辆标准化,推进信息共享和互联互通,促进多式联运发展。大力发展智慧物流,运用北斗导航、大数据、物联网等技术,构建智能化物流通道网络,建设智能化仓储体系、配送系统。发挥互联网平台实时、高效、精准的优势,对线下运输车辆、仓储等资源进行合理调配、整合利用,提高物流资源使用效率,实现运输工具和货物的实时跟踪和在线化、可视化管理,鼓励依托互联网平台的"无车承运人"发展。推广城市共同配送模式,支持物流综合信息服务平台建设。鼓励企业在出口重点国家建设海外仓,推进跨境电子商务发展。(发展改革委、商务部、交通运输部、邮政局、国家标准委)

(七)推进生活服务业便利化。大力推动吃住行及旅游、娱乐等生活服务业在线化,促进线上交易和线下服务相结合,提供个性化、便利化服务。鼓励餐饮企业发展在线订餐、团购、外卖配送等服务。支持住宿企业开展在线订房服务。鼓励交通客运企业、旅游景点及文化演艺单位开展在线订票、在线订座、门票配送等服务。支持家政、洗染、维修、美发等行业开展网上预约、上门服务等业务。鼓励互联网平台企业汇聚线下实体的闲置资源,发展民宿、代购、合乘出行等合作消费服务。(商务部、旅游局、文化部、交通运输部)

(八)加快商务服务业创新发展。鼓励展览企业建设网上展示交易平台,鼓励线上企业服务实体展会,打造常态化交流对接平台,提高会展服务智能化、精细化水平。支持举办中国国际电子商务博览会,发现创新、引导创新、推广创新。提升商务咨询服务网络化水平。(商务部)提升知识产权维权服务水平。(知识产权局)积极探索基于互联网的新型服务贸易发展方式,培育服务新业态,推动服务贸易便利化,提升商务服务业国际化水平。(商务部)

三、健全现代市场体系

(九)推进城市商业智能化。深入推进智慧城市建设,鼓励具备条件的城市探索构建线上线下互动的体验式智慧商圈,支持商圈无线网络基础设施建设,完善智能交通引导、客流疏导、信息推送、移动支付、消费互动、物流配送等功能,健全商圈消费体验评价、信息安全保护、商家诚信积累和消费者权益保障体系。实施特色商业街区示范建设工程,鼓励各地基于互联网技术培育一批具有产业特色、经营特色、文化特色的多功能、多业态商业街区。(商务部、发展改革委、科技部、工业和信息化部、人民银行、工商总局、地方各级人民政府)

(十)推进农村市场现代化。开展电子商务进农村综合示范,推动电子商务企业开拓农村市场,构建农产品进城、工业品下乡的双向流通体系。(商务部、财政部)引导电子商务企业与农村邮政、快递、供销、"万村千乡市场工程"、交通运输等既有网络和优势资源对接合作,对农村传统商业网点升级改造,健全县、乡、村三级农村物流服务网络。加快全国农产品商务信息服务公共平台建设。(商务部、交通运输部、邮政局、供销合作总社、发展改革委)大力发展农产品电子商务,引导特色农产品主产区县市在第三方电子商务平台开设地方特色馆。(商务部、地方各级人民政府)推进农产品"生产基地+社区直配"示范,带动订单农业发展,提高农产品标准化水平。加快信息进村入户步伐,加强村级信息服务站建设,强化线下体验功能,提高新型农业经营主体电子商务应用能力。(农业部)

(十一)推进国内外市场一体化。鼓励应用互联网技术实现国内国外两个市场无缝对接,推进国内资本、技术、设备、产能与国际资源、需求合理适配,重点围绕"一带一路"战略及开展国际产能和装备制造合作,构建国内外一体化市场。(商务部、发展改革委、网信办)深化京津冀、长江经济带、"一带一路"、东北地区和泛珠三角四省区(福建、广东、广西、海南)区域通关一体化改革,推进全国一体化通关管理。(海关总署)建立健全适应跨境电子商务的监管服务体系,提高贸易便利化水平。(商务部、海关总署、财政部、税务总局、质检总局、外汇局)

四、完善政策措施

(十二)推进简政放权。除法律、行政法规和国务院决定外,各地方、各部门一律不得增设线上线下互动企业市场准入行政审批事项。根据线上线下互动特点,调整完善市场准入资质条件,加快公共服务领域资源开放和信息共享。(有关部门按职能分工分别负责)简化市场主体住所(经营场所)登记手续,推进一照多址、一址多照、集群注册等住所登记制度改革,为连锁企业、网络零售企业和快递企业提供便利的登记注册服务。(工商总局)

(十三)创新管理服务。坚持促进发展、规范秩序和保护权益并举,坚持在发展中逐步规范、在规范中更好发展。注意规范方式,防止措施失当导致新兴业态丧失发展环境。创新管理理念、管理体制和管理方式,建立与电子商务发展需要相适应的管理体制和服务机制,促进线上线下互动,充分发挥流通在经济发展中的基础性和先导性作用。开展商务大数据建设和应用,服务监管创新,支持电子商务产品品牌推广。(商务部、工商总局、质检总局)在不改变用地主体、规划条件的前提下,各类市场主体利用存量房产、土地资源发展线上线下互动业务的,可在5年内保持土地原用途、权利类型不变,5年期满后确需办理变更手续的,按有关规定办理。(国土资源部)

(十四)加大财税支持力度。充分发挥市场在资源配置中的决定性作用,突出社会资本推动线上线下融合发展的主体地位。同时发挥财政资金的引导作用,促进电子商务进农村。(财政部、商务部)营造线上线下企业公平竞争的税收环境。(财政部、税务总局)线上线下互动发展企业符合高新技术企业或技术先进型服务企业认定条件的,可按现行税收政策规定享受有关税收优惠。(财政部、科技部、税务总局)积极推广网上办税服务和电子发票应用。(税务总局、财政部、发展改革委、商务部)

(十五)加大金融支持力度。支持线上线下互动企业引入天使投资、创业投资、私募股权投资,发行企业债券、公司债券、资产支持证券,支持不同发展阶段和特点的线上线下互动企业上市融资。支持金融机构和互联网企业依法合规创新金融产品和服务,加快发展互联网支付、移动支付、跨境支付、股权众筹融资、供应链金融等互联网金融业务。完善支付服务市场法律制度,建立非银行支付机构常态化退出机制,促进优胜劣汰和资源整合。健全互联网金融征信体系。(人民银行、发展改革委、银监会、证监会)

(十六)规范市场秩序。创建公平竞争的创业创新环境和规范诚信的市场环境,加强知识产权和消费者权益保护,防止不正当竞争和排除、限制竞争的垄断行为。推进社会诚信体系建设,强化经营主体信息公开披露,推动行政许可、行政处罚信息7个工作日内上网公开。建立健全电子商务信用记录,纳入"信用中国"网站和统一的信用信息共享交换平台,完善电子商务信用管理和信息共享机制。切实加强线上线下一体化监管和事中事后监管,健全部门联动防范机制,严厉打击网络领域制售假冒伪劣商品、侵犯知识产权、传销、诈骗等违法犯罪行为。(商务部、发展改革委、工业和信息化部、公安部、工商总局、质检总局、食品药品监管总局、知识产权局)

(十七)加强人才培养。鼓励各类企业、培训机构、大专院校、行业协会培养综合掌握商业经营管理和信息化应用知识的高端紧缺人才。支持有条件的地区建设电子商务人才继续教育基地,开展实用型电子商务人才培训。支持开展线上线下互动创新相关培训,引进高端复合型电子商务人才,为线上线下互动企业创新发展提供服务。(商务部、人力资源社会保障部、地方各级人民政府)

(十八)培育行业组织。支持行业协会组织根据本领域行业特点和发展需求制订行业服务标准和服务规范,倡导建立良性商业规则,促进行业自律发展。发挥第三方检验检测认证机构作用,保障商品和服务质量,监督企业遵守服务承诺,维护消费者、企业及个体创业者的正当权益。(商务部、工商总局、质检总局)

各地区、各部门要加强组织领导和统筹协调,结合本地区、本部门实际制订具体实施方案,明确工作分工,落实工作责任。商务部要会同有关部门做好业务指导和督促检查工作,重大情况及时报告国务院。

国务院相关部门出台的
"双创"配套实施政策

关于加强小微企业融资服务
支持小微企业发展的指导意见

（发展改革委,2013 年 7 月 23 日）

各省、自治区、直辖市及计划单列市、副省级省会城市发展改革委,北京市
金融工作局、福建省经贸委、深圳市金融办:

为贯彻《国务院办公厅关于金融支持经济结构调整和转型升级的指
导意见》(国办发〔2013〕67 号),落实全国小微企业金融服务经验交流电
视电话会议精神和工作部署,拓宽小微企业(系指《中小企业划型标准规
定》(工信部联企业〔2011〕300 号)中的小型、微型企业)融资渠道,缓解
小微企业融资困难,加大对小微企业的支持力度,现提出以下意见:

一、各省级、副省级创业投资企业备案管理部门(以下简称各省级备
案管理部门)应依据《关于促进创业投资企业发展有关税收政策的通知》
(财税〔2007〕31 号),与属地财税部门建立顺畅的工作机制,确保符合条
件的创业投资企业及时足额享受税收优惠政策。

二、各省级备案管理部门应依据《国务院办公厅转发发展改革委等
部门关于创业投资引导基金规范设立与运作指导意见的通知》(国办发
〔2008〕116 号),加快设立小微企业创业投资引导基金,吸引社会资本设
立创业投资企业,主要投资于小微企业。已设立的创业投资引导基金应
加快研究出台鼓励所投资创业投资企业支持小微企业的激励制度,可采
取对参股创投企业设置投资小微企业的最低股比要求、支持参股创业投
资企业加大对孵化器类企业投资,对投资小微企业的项目进行跟进投资

187

等措施,支持小微企业发展。

三、支持符合条件的创业投资企业、股权投资企业、产业投资基金发行企业债券,专项用于投资小微企业;支持符合条件的创业投资企业、股权投资企业、产业投资基金的股东或有限合伙人发行企业债券,扩大创业投资企业、股权投资企业、产业投资基金资本规模。

四、继续加大国家新兴产业创投计划实施力度。按照"政府引导、规范管理、市场运作、鼓励创新"的原则,鼓励新兴产业创投计划参股创业投资企业进一步加大对战略性新兴产业和高技术产业领域小微企业的投资力度,在科技创新、战略规划、资源整合、市场融资、营销管理等方面,全面提升对创新型小微企业的增值服务水平,促进创新型小微企业加快发展。各省级备案管理部门要做好新兴产业创投计划参股创业投资企业的备案管理工作。

五、各省级发展改革部门应会同有关部门抓紧制定鼓励财政出资的股权投资企业、产业投资基金支持小微企业的政策措施,完善国有股权投资企业、产业投资基金绩效考核制度。各省级备案管理部门应积极协调属地国资部门,完善国有创业投资企业绩效考核政策,鼓励其加大对小微企业的投资。

六、鼓励各省级备案管理部门积极开展创业投资企业、股权投资企业与小微企业的项目对接活动,促进创业投资、股权投资资本的投资需求与小微企业融资需求的有机结合。

七、进一步完善"统一组织,统一担保,捆绑发债,分别负债"的中小企业集合债券相关制度设计,简化审核程序,提高审核效率,逐步扩大中小企业集合债券发行规模。对于集合债券发行主体中募集资金规模小于1亿元的,可以全部用于补充公司营运资金。各地发展改革部门应根据本地实际,优先做好中小企业集合债券发行申请材料的转报工作,提高工作效率。

八、扩大小微企业增信集合债券试点规模。贯彻国务院国发〔2012〕

14 号文件关于"搭建方便快捷的融资平台,支持符合条件的小企业上市融资、发行债券"的精神,在完善风险防范机制的基础上,继续支持符合条件的国有企业和地方政府投融资平台试点发行"小微企业增信集合债券",募集资金在有效监管下,通过商业银行转贷管理,扩大支持小微企业的覆盖面。鼓励地方政府出台财政配套措施,采取政府风险缓释基金、债券贴息等方式支持"小微企业增信集合债券",稳步扩大试点规模。

九、鼓励发行企业债券募集资金投向有利于小微企业发展的领域。鼓励地方政府投融资平台公司发债用于经济技术开发区、高新技术开发区以及工业园区等各类园区内小企业创业基地、科技孵化器、标准厂房等的建设;用于完善产业集聚区技术、电子商务、物流、信息等服务平台建设;用于中小企业公共服务平台网络工程建设等,鼓励发债用于为小微企业提供设备融资租赁业务。支持中小型企业发行企业债券用于企业技术改造,包括开发和应用新技术、新工艺、新材料、新装备,提高自主创新能力、促进节能减排、提高产品和服务质量、改善安全生产与经营条件等。

十、贯彻《关于坚决遏制产能严重过剩行业盲目扩张的通知》(发改产业〔2013〕892 号)精神,支持创业投资企业、产业投资基金、企业债券满足产能过剩行业的小微企业转型转产、产品结构调整的融资需求。严格限制创业投资引导基金和财政出资的股权投资企业、产业投资基金间接或直接投向产能严重过剩行业新增产能项目、违规在建项目。

十一、清理规范涉及企业的基本银行服务费用,完善银行收费定价机制。加强对商业银行收费的监管,把规范银行收费行为作为清理治乱减负的重要内容,重点查处商业银行审核发放贷款过程中强制收费、捆绑收费、只收费不服务少服务行为,以及明令取消的项目继续收费、自立项目收费等行为。彻查违规行为,整肃经营环境,切实降低小微企业实际融资成本。

关于金融支持高技术服务业
发展的指导意见

（发展改革委、进出口银行,2013 年 8 月 16 日）

各省、自治区、直辖市及计划单列市、新疆生产建设兵团发展改革委,进出口银行各部室、各分行:

为贯彻落实《国民经济和社会发展第十二个五年规划纲要》和《国务院办公厅关于加快发展高技术服务业的指导意见》(国办发〔2011〕58 号),促进高技术服务业发展,加快转变外贸发展方式,培育一批具有国际竞争力的高技术服务企业,国家发展改革委、中国进出口银行(以下简称"进出口银行")就金融支持高技术服务业发展提出如下意见:

一、指导思想

以邓小平理论、"三个代表"重要思想、科学发展观为指导,以高技术服务业重点发展领域为优先支持方向,国家发展改革委与进出口银行共同搭建金融支持高技术服务业发展的合作平台,充分发挥金融促进高技术服务业发展的杠杆作用,加快高技术服务业国际化发展步伐,扩大高技术服务重点行业服务进出口,推动我国高技术服务业做强做大。

二、支持重点

（一）贯彻落实国办发〔2011〕58号文，重点推进研发设计服务、知识产权服务、检验检测服务、科技成果转化服务、信息技术服务、数字内容服务、电子商务服务和生物技术服务等重点方向高技术服务企业创新发展。

（二）围绕战略性新兴产业发展需求，优先支持高技术服务业研发及产业化专项等重大工程项目实施单位，大力发展云计算、大数据分析、物联网、移动互联网、数字内容、电子商务、软件服务等信息技术服务，生物技术服务，研发设计服务，以及相关高技术服务业。

（三）大力推进高技术服务企业"走出去"，通过海外并购、联合经营、设立分支机构等方式积极开拓国际市场。鼓励重点企业在境外设立研发中心和营销中心，整合国际创新资源，帮助企业引进先进技术和关键设备，承接境外高端服务业转移。

（四）积极支持高技术服务业基地和园区等基础设施建设项目，培育以龙头企业为核心、中小（微）企业协同发展的高技术服务业集群，引导高技术服务企业集聚发展。

三、金融服务

（一）开发信贷产品。进出口银行本着独立审贷的原则，在积极利用已推出的高新技术产品（含软件产品）出口卖方信贷、外国政府转贷款、对外承包工程贷款、境外投资贷款、进口信贷、服务贸易建设项目贷款、国际物流运输服务贸易贷款、国际物流基础设施建设贷款、出口基地建设贷款、开放型产业整合贷款、支持吸引外商直接投资贷款、支持国内企业自主创新及重大技术装备国产化贷款等信贷产品基础上，根据高技术服务企业实际需求开发创新金融产品和服务，支持高技术服务企业发展。

（二）探索"投贷结合"。积极利用选择权贷款、并购贷款、投资基金等权益类融资方式，灵活运用银团贷款、融资担保、咨询顾问等业务模式满足高技术服务进出口企业不同阶段、各个环节的融资需求，有效运用进出口银行投资的创投引导基金、股权投资基金和融资担保机构等投融资平台，加大对高技术服务企业的支持力度。

（三）开拓中间业务。进出口银行积极为高技术服务企业提供包括国际结算、结售汇、贸易融资、债券承销等在内的中间业务服务，以及高技术服务跨境人民币结算和融资，并根据高技术服务企业"走出去"面临的各类风险，主动为企业提供国别风险管理、汇率风险规避等咨询服务，以实现企业资金安全有效配置。

（四）创新担保方式。在防范风险的前提下，进出口银行积极开展股权、股票、债券、存货、仓单、保单、出口退税、应收账款、知识产权质押，以及由专业担保机构提供第三方担保等组合担保方式，灵活运用小企业统借统还贷款、中小企业成长计划等方式搭建高技术服务企业特别是中小（微）高技术服务企业融资平台，提高高技术服务企业的融资担保能力。

四、保障措施

（一）建立工作机制。由国家发展改革委高技术产业司与进出口银行业务开发与创新部组成工作组，组织落实有关工作安排。各地发展改革委与进出口银行分行要加强沟通和协调，研究相关配套政策措施，通过政银互动、上下联动等方式集成各方优势资源，为高技术服务业发展营造良好的政策环境。

（二）安排资金支持。进出口银行每年安排不低于 100 亿元人民币的专项信贷额度支持高技术服务业发展。对高技术服务重大产业化专项项目，进出口银行将予以优先支持，并提供相应的优惠政策。对进出口银行已提供融资支持且具备良好经济社会效益的项目，国家发展改革委将积极研究给予相应支持。

（三）组织推荐项目。国家发展改革委与进出口银行建立高技术服务业研发及产业化项目执行情况沟通机制，由进出口银行独立审贷给予支持。各地发展改革委与各地进出口银行分行建立协调机制，共同支持一批经济效益和社会效益突出的项目，并将优秀项目按程序向国家发展改革委等部门推荐。

（四）加强信息共享。国家和地方发展改革委与进出口银行各经营单位在产业政策、发展规划、国别风险、国际市场信息、企业诚信情况和项目信息等方面加强交流与合作，研究开展企业项目信息收集、整理和统计工作，加强高技术服务企业和项目信息库建设，共同开展相关调研和课题研究等工作。

请各地发展改革委与进出口银行分行认真落实有关事宜，需要协调的事项及时与国家发展改革委高技术产业司、进出口银行业务开发与创新部联系。

关于进一步做好支持
创业投资企业发展相关工作的通知

（发展改革委办公厅，2014 年 5 月 13 日）

各省、自治区、直辖市及计划单列市、副省级省会城市发展改革委，北京市金融工作局，福建省经贸委，深圳市金融办，中国投资协会：

为加强对《创业投资企业管理暂行办法》（发展改革委等十部委令〔2005〕第 39 号）的贯彻实施，做好创业投资企业相关工作，促进创业投资行业健康发展，加大对小微企业创新创业的支持力度，现将相关事项通知如下：

一、进一步简政放权。国家发展改革委不再承担创业投资企业的具体备案年检工作，将在国家工商行政管理总局注册登记的创业投资企业的备案管理职能，移交至创业投资企业注册所在地省级备案管理部门。承接地管理部门要做好管理职能转移的衔接工作。

二、积极发挥创业投资引导基金作用。各省级备案管理部门应依据《国务院办公厅转发发展改革委等部门关于创业投资引导基金规范设立与运作指导意见的通知》（国办发〔2008〕116 号），加快设立和完善创业投资引导基金，吸引社会资本设立创业投资企业，促进小微企业发展和结构调整。

三、继续加大国家新兴产业创投计划实施力度。按照"市场运作、政府引导、规范管理、鼓励创新"的原则，鼓励新兴产业创投计划参股创业投资企业进一步加大对战略性新兴产业和高技术产业领域中小企业的投资力度。各省级备案管理部门要做好新兴产业创投计划参股创业投资企业的备案管理和服务工作。

四、支持符合条件的创业投资企业发行企业债券。加快审核专项用于投资小微企业的创业投资企业发债申请。支持符合条件的创业投资企业的股东或有限合伙人发行企业债券,用于投资创业投资企业。

五、推动支持创业投资发展政策有效落实。各省级备案管理部门应抓紧开展2014年度备案创业投资企业年检工作,并给予必要的经费保障支持。重点检查创业投资企业是否涉嫌二级市场投资等违规行为,在5月末以前完成对备案创业投资企业及其管理顾问机构的年度检查,并及时为年检合格创业投资企业出具证明文件,以确保其能够足额享受应纳税所得额抵扣、创业投资引导基金支持和豁免国有创业投资机构股权转持义务等优惠政策。

六、支持发展天使投资机构。鼓励符合条件的天使投资机构备案为创业投资企业,享受相应扶持政策。各地可结合实际情况研究制定促进天使投资发展的政策措施,积极发挥其在支持创新创业、扩大就业方面的积极作用。

七、进一步发挥行业协会作用。中国投资协会股权与创业投资专业委员会和各地创业投资协会要加强对创业投资企业的服务,各级备案管理部门应指导各级协会发挥好行业规范自律作用。

关于印发《双创孵化专项债券发行指引》的通知

（发展改革委办公厅，2015 年 11 月 9 日）

各省、自治区、直辖市及计划单列市、新疆生产建设兵团发展改革委：

为加大债券融资方式对"大众创业，万众创新"的支持力度，拉动重点领域投资和消费需求增长，现将我委制定的《双创孵化专项债券发行指引》印发你们，请在企业债券有关工作中认真贯彻执行。

双创孵化专项债券发行指引

为充分发挥各类创新主体的创造潜能，形成"大众创业、万众创新"的生动局面，加大企业债券融资方式对双创孵化项目的支持力度，引导和鼓励社会投入，制定本指引。

一、支持提供"双创孵化"服务的产业类企业或园区经营公司发行双创孵化专项债券，募集资金用于涉及双创孵化服务的新建基础设施、扩容改造、系统提升、建立分园、收购现有设施并改造等，包括但不限于纳入中央预算内资金引导范围的"双创"示范基地、国家级孵化园区、省级孵化园区以及经国务院科技和教育行政管理部门认定的大学科技园中的项目建设。

"双创孵化"服务是指为降低企业的创业风险和创业成本，提高企业的成活率和成功率，为入孵企业提供研发、中试生产、经营的场地和办公方面的共享设施以及提供政策、管理、法律、财务、融资、市场推广和培训等方面的服务。

二、在相关手续齐备、偿债措施完善的基础上,双创孵化专项债券比照我委"加快和简化审核类"债券审核程序,提高审核效率。

三、在偿债保障措施较为完善的基础上,企业申请发行双创孵化专项债券,可适当调整企业债券现行审核政策及《关于全面加强企业债券风险防范的若干意见》中规定的部分准入条件。

(一)允许上市公司子公司发行双创孵化专项债券。

(二)双创孵化专项债券发行主体不受发债指标限制。

(三)对企业尚未偿付的短期高利融资余额占总负债比例不进行限制,但发行人需承诺采取有效的风险隔离措施。

(四)不受"地方政府所属城投企业已发行未偿付的企业债券、中期票据余额与地方政府当年 GDP 的比值超过 12%的,其所属城投企业发债应严格控制"的限制。

四、支持运营情况较好的双创孵化园区经营公司,在偿债保障措施完善的条件下发行双创孵化专项债券用于优化公司债务结构。

五、地方政府应积极引导社会资本参与双创孵化项目建设,进一步完善双创产业发展规划,积极制定投资分担、使用付费、明晰产权等配套政策,为企业发行专项债券投资双创孵化项目创造收益稳定的政策环境。鼓励地方政府综合运用预算内资金和其他专项资金,通过投资补助、基金注资、担保补贴、债券贴息等多种方式,支持双创孵化专项债券发行。

六、优化双创孵化专项债券品种方案设计。一是可根据项目资金回流的具体情况科学设计债券发行方案,支持合理灵活设置债券期限、选择权及还本付息方式。二是允许发债企业在偿债保障措施较为完善的情况下,使用不超过 50%的募集资金用于偿还银行贷款和补充营运资金。三是积极探索预期收益质押担保方式。四是鼓励发债以委托经营或转让—经营—转让(TOT)等方式,收购已建成的双创孵化项目或配套设施统一经营管理。

七、鼓励双创孵化项目采取"债贷组合"增信方式,由商业银行进行债券和贷款统筹管理。"债贷组合"是按照"融资统一规划、债贷统一授信、动态长效监控、全程风险管理"的模式,由银行为企业制定系统性融资规划,根据项目建设融资需求,将企业债券和贷款统一纳入银行综合授信管理体系,对企业债务融资实施全程管理。

八、积极开展债券品种创新。对于具有稳定偿债资金来源的双创孵化项目,可按照融资—投资建设—回收资金封闭运行的模式,发行项目收益债券;项目回收期较长的,支持发行可续期或超长期债券。

九、支持符合条件的创业投资企业、股权投资企业、双创孵化投资基金发行双创孵化债券,专项用于投资双创孵化项目;支持符合条件的双创孵化投资基金的股东或有限合伙人发行双创孵化专项债券,扩大双创孵化投资基金资本规模。

关于做好 2015 年全国普通高等学校
毕业生就业创业工作的通知

（教育部，2014 年 11 月 28 日）

各省、自治区、直辖市教育厅（教委），有关省、自治区人力资源社会保障厅，部属各高等学校：

高校毕业生就业创业工作是教育领域重要的民生工程，党中央、国务院高度重视，明确要求强化就业创业服务体系建设，提升大学生就业创业比例。2015 年宏观就业形势面临多重压力，高校毕业生规模进一步加大，就业创业工作任务十分艰巨。为贯彻落实党的十八大和十八届三中、四中全会精神，全力做好 2015 年高校毕业生就业创业工作，现就有关事项通知如下：

一、全面推进创新创业教育和自主创业工作

各地各高校要把创新创业教育作为推进高等教育综合改革的重要抓手，将创新创业教育贯穿人才培养全过程，面向全体大学生开发开设创新创业教育专门课程，纳入学分管理，改进教学方法，增强实际效果。坚持理论与实践相结合，组织学生参加各类创新创业竞赛、创业模拟等实践活动，着力培养学生创新精神、创业意识和创新创业能力。高校要建立弹性学制，允许在校学生休学创业。高校要聘请创业成功者、企业家、投资人、专家学者等担任兼职导师，对创新创业学生进行一对一指导。

要加大对大学生自主创业资金支持力度,多渠道筹集资金,广泛吸引金融机构、社会组织、行业协会和企事业单位为大学生自主创业提供资金支持。建设一批大学生创业示范基地,继续推动大学科技园、创业园、创业孵化基地和实习实践基地建设,高校应开辟专门场地用于学生创新创业实践活动,教育部工程研究中心、各类实验室、教学仪器设备等原则上都要向学生开放。实施好新一轮大学生创业引领计划,落实创业培训、工商登记、融资服务、税收减免等各项优惠政策,鼓励扶持开设网店等多种创业形态。完善大学生创业服务网功能,提供项目对接、政策解读和在线咨询等服务。

二、大力引导高校毕业生到基层就业

各地各高校要进一步健全鼓励毕业生到基层就业的服务保障机制,落实和完善学费补偿和助学贷款代偿、后续升学和就业服务等政策。要会同有关部门继续组织实施好"农村教师特岗计划""西部计划""大学生村官""三支一扶"等各类基层服务项目,通过定期走访、跟踪培养等方式关心毕业生的工作、成长和发展。主动配合政法部门,研究制定健全从政法专业毕业生中招录人才的规范便捷机制的具体办法,促进政法专业毕业生就业。

积极会同有关部门加大政府购买力度,开发更多基层公共管理和社会服务岗位吸纳毕业生就业。推进高校与二三线城市战略性合作,持续开展二三线城市面向毕业生的专场招聘活动,努力为区域经济社会发展提供人才和智力支持。进一步创造条件,引导毕业生到城乡基层、中西部地区、艰苦边远地区和中小微企业就业,会同有关部门抓好吸纳毕业生就业的社保补贴、培训补贴、税费减免、毕业生落户、人事档案管理等政策的落实,支持更多毕业生到基层建功立业。

要继续做好大学生征兵工作,巩固近年来大学生征兵工作成果,完善大学生入伍政策体系和长效机制。与兵役部门密切配合,建立定期会商机制,提早部署 2015 年大学生征兵工作。创新宣传发动方式,办好"入伍政策网上咨询周"、"征兵宣传月"等活动,形成良好舆论氛围。开设大学生入伍绿色通道,在暑假前完成体检、政审和预定兵员工作。进一步完善和落实学费补偿贷款代偿学费减免、退役后复学升学、就业创业等政策,鼓励更多大学生投身军营、报效国家。

三、强化就业指导服务

各地各高校要建立健全职业发展和就业指导服务体系。加强就业指导课程和学科建设,要结合当前经济发展新业态和新常态,及时将学科专业动态和行业发展成果融入课堂教学,提高课堂教学的参与度和吸引力。深入开展个性化辅导与咨询,帮助毕业生合理确立职业目标,及时疏导毕业生求职过程中的焦虑、依赖等心理问题,增强其应对竞争及挫折的抗压能力。积极组织职业规划大赛、职业体验项目等课外活动,充分发挥就业实践活动的带动作用,进一步提高就业指导的覆盖面和实效性。

要充分发挥校园就业市场的主渠道和基础性作用,深入挖掘岗位,积极组织多种形式的校园招聘活动,确保招聘活动场次、岗位数量进一步增加,信息质量进一步提高。深入推进就业信息网建设,充分运用"全国大学生就业信息服务一体化系统",实现招聘活动联合联动、招聘信息有效共享。结合国家新推出的"一带一路""互联互通"和亚太自由贸易区等重大战略,探索毕业生就业创业的新渠道、新形态。进一步加强对招聘活动的规范管理和招聘信息审核,教育行政部门和高校组织的招聘活动要严格执行"三严禁",切实营造公平就业环境。充分利用"全国高校毕业生就业管理与监测系统",及时更新、按时报送高校毕业生就业信息,严禁任何形式的就业率造假。

要进一步加大对就业困难毕业生的帮扶力度,准确掌握家庭困难毕业生、少数民族毕业生、女性毕业生、残疾毕业生等各类困难群体的具体情况,指定专人负责,实行"一生一策"动态管理、精准帮扶。认真做好低保家庭毕业生的求职补贴发放工作,有条件的地方应将享受国家助学贷款毕业生纳入求职补贴对象范围。要针对困难毕业生的不同特点和需求,通过举办专场招聘活动、技能培训、岗位推荐等多种方式,帮助他们实现就业。对离校未就业毕业生持续提供就业信息和服务,会同有关部门实施好"离校未就业促进计划",切实做到"离校不离心、服务不断线"。

四、进一步加强思想教育和政策宣传

各地各高校要把思想教育作为促进就业创业的先导性工作,积极组织毕业生深入学习领会习近平总书记系列重要讲话和给毕业生的回信精神,着力培育和践行社会主义核心价值观,引导毕业生把个人梦想融入中国梦的伟大实践,主动到国家需要的地方建功立业。要结合青年学生特点,组织引导毕业生深入城乡基层和生产一线实习实践,促进他们知国情、接地气、转观念、长才干。要通过优秀校友讲体会、专家学者讲形势、创业典型讲经验等多种形式,帮助毕业生调整就业预期,规划职业生涯,积极主动就业创业。

要高度重视高校毕业生就业创业政策宣传,建立教育部门、高校、院系、班级四级联动的政策宣传网络,努力让每一位毕业生都知晓、用好政策。要充分利用微博、微信、手机报等新媒体,使用海报、图表等毕业生喜闻乐见的方式,及时宣传解读国家出台的促进就业创业的政策措施。要根据毕业生的就业意向和求职需求,分时段、分类别推送基层就业、自主创业、参军入伍、困难帮扶等政策措施,提高政策宣传的针对性和有效性。

五、推动高等教育更好适应经济社会发展需要

各地各高校要以提高质量为核心,结构调整为突破,加快推进高等教

育综合改革,进一步优化区域布局结构、培养层次结构和学科专业结构。引导一批普通本科高校向应用技术型高校转型发展,继续扩大专业学位研究生类型和规模。完善专业预警、退出和动态调整机制,及时调减就业率持续较低的专业招生计划,使学科专业结构与经济社会发展需要相适应、与就业对接。探索建立高校毕业生就业和重点产业人才供需协调机制,推进校地合作、校产联合、校企对接,构建高校与有关部门、科研院所、行业企业协同育人机制。推动大学生参加形式多样的实习实训、社会实践和志愿活动,增强就业创业能力。

要进一步健全高校毕业生就业质量年度报告制度,完善报告内容和发布方式,9 月份发布高校毕业生就业状况,12 月底面向社会发布高校毕业生就业质量年度报告。加强毕业生就业创业与职业发展状况跟踪调查,完善就业质量评价指标体系,把大学生创新创业能力、就业创业状况作为高校评估重要内容。建立和完善就业与招生计划、人才培养、经费拨款、院校设置、专业调整的联动机制,建立健全激励和约束机制,推动高校不断优化人才培养结构,提高培养质量,实现特色发展。

六、加强就业创业工作组织领导

各地各高校要继续把高校毕业生就业创业工作摆在突出重要位置,加强组织领导,健全责任制度,明确任务分工,统筹推进工作。要创新服务方式和手段,加强督促检查和分类指导,及时研究解决工作中出现的新情况、新问题。要结合本地本校实际,切实加大就业创业资金投入力度,制定出台更加有力的政策措施,确保完成就业工作目标任务。

各高校要深入实施就业创业工作“一把手”工程,主要负责同志亲自抓,分管负责同志具体抓,形成就业、招生、教学、学生工作等部门联动工作机制。要进一步加强就业创业工作保障,切实做到“机构、人员、场地、经费”四到位,重点建设一批示范性就业指导机构。要把就业指导教师专业技术职务评聘工作落到实处,进一步推进就业创业指导教师专业化、专家化。进一步优化就业服务流程,简化相关环节和手续,为毕业生就业创业提供高效便捷的服务,确保毕业生文明有序离校。

关于印发《国家科技成果转化引导基金设立创业投资子基金管理暂行办法》的通知

（科技部、财政部，2014 年 8 月 8 日）

各省、自治区、直辖市及计划单列市科技厅（委、局）、财政厅（局），新疆生产建设兵团科技局、财务局，科技部、财政部各有关司（中心），各有关单位：

根据《国家科技成果转化引导基金管理暂行办法》（财教〔2011〕289号），为规范国家科技成果转化引导基金设立创业投资子基金工作，科技部、财政部制定了《国家科技成果转化引导基金设立创业投资子基金管理暂行办法》。现予印发，请遵照执行。

国家科技成果转化引导基金设立创业投资子基金管理暂行办法

第一章 总 则

第一条 为规范国家科技成果转化引导基金（以下简称引导基金）设立创业投资子基金（以下简称子基金），加强资金管理，根据《国家科技成果转化引导基金管理暂行办法》，制定本办法。

第二条 引导基金按照政府引导、市场运作、不以营利为目的的原则设立子基金。设立方式包括与民间资本、地方政府资金以及其他投资者共同发起设立,或对已有创业投资基金增资设立等。

第三条 科技部按照《国家科技成果转化引导基金管理暂行办法》和本办法规定的条件和程序批准出资设立子基金。

第二章 子基金的设立

第四条 子基金应当在中国大陆境内注册,募集资金总额不低于10000万元人民币,且以货币形式出资,经营范围为创业投资业务,组织形式为公司制或有限合伙制。

第五条 引导基金对子基金的参股比例为子基金总额的 20%—30%,且始终不作为第一大股东或最大出资人;子基金的其余资金应依法募集,境外出资人应符合国家相关规定。

第六条 子基金存续期一般不超过 8 年。在子基金股权资产转让或变现受限等情况下,经子基金出资人协商一致,最多可延长 2 年。

第七条 在中国大陆境内注册的投资企业或创业投资管理企业(以下统称投资机构)可以作为申请者,向科技部、财政部申请设立子基金。多家投资机构拟共同发起子基金的,应推举一家机构作为申请者。

科技部、财政部委托引导基金的受托管理机构受理子基金的设立申请。

第八条 申请者为投资企业的,其注册资本或净资产应不低于 5000万元;申请者为创业投资管理企业的,其注册资本应不低于 500 万元。

第九条 申请者应当确定一家创业投资管理企业作为拟设立的子基金的管理机构。该管理机构应具备以下条件:

(一)在中国大陆境内注册,主要从事创业投资业务;

(二)具有完善的创业投资管理和风险控制流程,规范的项目遴选和投资决策机制,健全的内部财务管理制度,能够为所投资企业提供创业辅导、管理咨询等增值服务;

（三）至少有3名具备5年以上创业投资或相关业务经验的专职高级管理人员；在国家重点支持的高新技术领域内，至少有3个创业投资成功案例；

（四）应参股子基金或认缴子基金份额，且出资额不得低于子基金总额的5‰；

（五）企业及其高级管理人员无重大过失，无受行政主管机关或司法机关处罚的不良记录。

第十条　申请者向受托管理机构提交的申请应包括以下材料：

（一）子基金组建或增资方案；

（二）主要出资人的出资承诺书或出资证明；

（三）会计师事务所出具的投资机构近期的审计报告；

（四）子基金管理机构的有关材料；

（五）其他应当提交的资料。

第十一条　受托管理机构收到申请后，应对申请材料进行初审。对于不符合要求的，应及时通知申请者补充完善；对于符合要求的，应在规定时间内组织开展尽职调查，形成调查报告，并向引导基金理事会提交调查报告和子基金设立方案。

受托管理机构按照理事会要求委托专业化的社会中介机构开展尽职调查等工作。

第十二条　引导基金理事会依据《国家科技成果转化引导基金理事会规程》的相关规定，对调查报告和子基金设立方案进行审核，形成审核意见。

第十三条　科技部根据引导基金理事会的审核意见，对子基金设立方案进行合规性审查。对于符合设立条件的，科技部商财政部同意后向社会公示，公示期为10个工作日；公示无异议的，批准出资设立子基金，并向社会公告。

第三章 投资管理

第十四条 科技部、财政部委托受托管理机构向子基金派出代表,依据法律法规和子基金章程或合伙协议等行使出资人职责,参与重大决策,监督子基金的投资和运作,不参与日常管理。子基金管理机构做出投资决定后,应在实施投资前3个工作日告知受托管理机构代表。

第十五条 子基金管理机构在完成子基金70%的资金委托投资之前,不得募集其他基金。子基金的待投资金应存放托管银行或购买国债等风险低、流动性强的符合国家有关规定的金融产品。子基金管理费由子基金出资人与子基金管理机构协商确定。

第十六条 子基金投资于转化国家科技成果转化项目库中科技成果的企业的资金应不低于引导基金出资额的3倍,且不低于子基金总额的50%;其他投资方向应符合国家重点支持的高新技术领域;所投资企业应在中国大陆境内注册。

第十七条 子基金不得从事以下业务:

(一)投资于已上市企业(所投资企业上市后,子基金所持股份未转让及其配售部分除外);

(二)从事担保、抵押、委托贷款、房地产(包括购买自用房地产)等业务;

(三)投资于股票、期货、企业债券、信托产品、理财产品、保险计划及其他金融衍生品;

(四)进行承担无限连带责任的对外投资;

(五)吸收或变相吸收存款,以及发行信托或集合理财产品的形式募集资金;

(六)向任何第三方提供资金拆借、赞助、捐赠等;

(七)其他国家法律法规禁止从事的业务。

第十八条 引导基金以出资额为限对子基金债务承担责任。子基金清算出现亏损时,首先由子基金管理机构以其对子基金的出资额承担亏损,剩余部分由引导基金和其他出资人按出资比例承担。

第十九条 出现下列情况之一时,引导基金可选择退出,且无需经由其他出资人同意:

(一)子基金方案获得科技部批准后,未按规定程序完成设立手续超过一年的;

(二)引导基金向子基金账户拨付资金后,子基金未开展投资超过一年的;

(三)子基金投资项目不符合本办法规定的政策目标的;

(四)子基金未按照章程或合伙协议约定投资的;

(五)子基金管理机构发生实质性变化的。

第二十条 子基金存续期内,鼓励子基金的股东(出资人)或其他投资者购买引导基金所持子基金的股权或份额。同等条件下,子基金的股东(出资人)优先购买。

对于发起设立的子基金,注册之日起4年内(含4年)购买的,以引导基金原始出资额转让;4年至6年内(含6年)购买的,以引导基金原始出资额及从第5年起按照转让时中国人民银行公布的1年期贷款基准利率计算的利息之和转让;6年以上仍未退出的,将与其他出资人同股同权在存续期满后清算退出。

对于增资设立的子基金的,上述年限从子基金完成变更登记手续之日起计算。

第二十一条 子基金存续期结束时,子基金出资各方按照出资比例或相关协议约定获取投资收益。子基金的年平均收益率不低于子基金出资时中国人民银行公布的一年期贷款基准利率的,引导基金可将其不超过20%的收益奖励子基金管理机构。

第四章 托管银行

第二十二条 科技部、财政部通过招标等方式确定若干家银行作为子基金的托管银行,并向社会公布。托管银行应当符合以下条件:

(一)成立时间在 5 年以上的全国性股份制商业银行;

(二)具有专门的基金托管机构和创业投资基金托管经验;

(三)无重大过失以及受行政主管机关或司法机关处罚的不良记录。

第二十三条 子基金应在科技部、财政部公布的银行名单中选择托管银行,签订资产托管协议,开设托管账户。托管银行与子基金主要出资人、子基金管理机构之间不得有股权和亲属等关联及利害关系。

第二十四条 托管银行负责托管子基金资产,按照托管协议和投资指令负责子基金的资金往来,定期向受托管理机构报告资金情况。受托管理机构负责对托管银行履行职责情况进行考核。

第二十五条 子基金存续期内产生的股权转让、分红、清算等资金应进入托管账户,不得循环投资。

第五章 收入收缴

第二十六条 引导基金投资子基金的收入包括引导基金退出时应收回的原始投资及应取得的收益、子基金清算时引导基金应取得的剩余财产清偿收入等。

上述原始投资及应取得的收益,按照引导基金的实际出资额以及引导基金股权或份额转让协议等确定;应取得的剩余财产清偿收入根据有关法律程序确定。

第二十七条 引导基金投资子基金的所得收入上缴中央国库,纳入中央公共财政预算管理。收入收缴工作由受托管理机构负责,按照国库集中收缴有关规定执行。

第二十八条 引导基金投资子基金的收入按以下程序上缴:

（一）受托管理机构与子基金其他出资人等商议股权或份额退出、收益分配及清算等事宜，并对子基金实施情况的专项审计报告、受让子基金股权或份额申请以及确认收入所依据的相关资料等进行审核；

（二）受托管理机构根据商议及审核结果，提出引导基金退出及收入收缴实施方案，报科技部、财政部审定；

（三）受托管理机构根据科技部、财政部的审定意见，办理股权或份额转让、收入收缴等手续，向有关缴款单位发送缴款通知；

（四）缴款单位在收到缴款通知后的 30 日内，将应缴的引导基金投资子基金收入缴入引导基金在托管银行开设的指定账户。

第六章　管理与监督

第二十九条　受托管理机构应建立子基金管理信息系统，实施子基金设立及运作的过程管理，并采取投资告知、定期报告、专项审计等方式，加强对子基金的管理和监督。

第三十条　受托管理机构应向科技部、财政部定期提交子基金运作情况和引导基金投资子基金收入上缴情况，及时报告子基金法律文件变更、资本增减、违法违规事件、管理机构变动、清算与解散等重大事项。

第三十一条　科技部、财政部委托引导基金理事会对子基金运作情况定期开展绩效评价，对受托管理机构改进工作提出建议。

第三十二条　受托管理机构不能有效履行职责、发生重大过失或违规行为等造成恶劣影响的，科技部、财政部视情况给予约谈、批评、警告直至取消其受托管理资格的处理。处理结果可向社会公告。

第三十三条　任何单位和个人不得隐瞒、滞留、截留、挤占、挪用引导基金投资子基金的收入。一经发现和查实前述行为，除收回有关资金外，按照《财政违法行为处罚处分条例》（国务院令第 427 号）的规定处理。

第七章　附　则

第三十四条　本办法规定的相关事项应在子基金章程或合伙协议等文件中载明。

第三十五条　本办法由科技部、财政部负责解释。

第三十六条　本办法自发布之日起 30 日后施行。

关于进一步推动科技型中小企业
创新发展的若干意见

（科技部,2015 年 1 月 10 日）

各省、自治区、直辖市及计划单列市科技厅（委、局），新疆生产建设兵团
科技局:

为深入贯彻党的十八大、十八届三中全会精神,全面落实《中共中央
国务院关于深化科技体制改革加快国家创新体系建设的意见》（中发
〔2012〕6 号）,实施创新驱动发展战略,深化科技体制改革,充分发挥市场
在资源配置中的决定性作用和更好发挥政府作用,激发科技型中小企业
技术创新活力,促进科技型中小企业健康发展,现提出以下意见:

一、推动科技型中小企业创新发展的重要意义

科技型中小企业是指从事高新技术产品研发、生产和服务的中小企
业群体,在提升科技创新能力、支撑经济可持续发展、扩大社会就业等方
面发挥着重要作用。长期以来,在党中央国务院和各部门、各地方的大力
支持下,科技型中小企业取得了长足发展。但是,我国科技型中小企业仍
然面临创新能力有待加强、创业环境有待优化、服务体系有待完善、融资
渠道有待拓宽等问题。因此,需要进一步凝聚各方力量,培育壮大科技型
中小企业群体,带动科技型中小企业走创新发展道路,为经济社会发展提
供重要支撑。

二、鼓励科技创业

（一）支持创办科技型中小企业。鼓励科研院所、高等学校科研人员和企业科技人员创办科技型中小企业，建立健全股权、期权、分红权等有利于激励技术创业的收益分配机制。支持高校毕业生以创业的方式实现就业，对入驻科技企业孵化器或大学生创业基地的创业者给予房租优惠、创业辅导等支持。

（二）加快推进创业投资机构发展。鼓励各类社会资本设立天使投资、创业投资等股权投资基金，支持科技型中小企业创业活动。探索建立早期创投风险补偿机制，在投资损失确认后可按损失额的一定比例，对创业投资企业进行风险补偿。

（三）加强创新创业孵化生态体系建设。推动建立支持科技创业企业成长的持续推进机制和全程孵化体系，促进大学科技园、科技企业孵化器等创业载体功能提升和创新发展。加大中小企业专项资金等对创业载体建设的支持力度。

三、支持技术创新

（四）支持科技型中小企业建立研发机构。支持科技型中小企业建立企业实验室、企业技术中心、工程技术研究中心等研发机构，提升对技术创新的支撑与服务能力。对拥有自主知识产权并形成良好经济社会效益的科技型中小企业研发机构给予重点扶持。

（五）支持科技型中小企业开展技术改造。鼓励和引导中小企业加强技术改造与升级，支持其采用新技术、新工艺、新设备调整优化产业和产品结构，将技术改造项目纳入贷款贴息等优惠政策的支持范围。

（六）通过政府采购支持科技型中小企业技术创新。进一步完善和落实国家政府采购扶持中小企业发展的相关法规政策。各级机关、事业单位和社团组织的政府采购活动,在同等条件下,鼓励优先采购科技型中小企业的产品和服务。鼓励科技型中小企业组成联合体共同参加政府采购与首台(套)示范项目。

四、强化协同创新

(七)推动科技型中小企业开展协同创新。推动科技型中小企业与大型企业、高等学校、科研院所开展战略合作,探索产学研深度结合的有效模式和长效机制。鼓励高等学校、科研院所等形成的科技成果向科技型中小企业转移转化。深入开展科技人员服务企业行动,通过科技特派员等方式组织科技人员帮助科技型中小企业解决技术难题。

(八)鼓励高校院所和大型企业开放科技资源。引导和鼓励有条件的高等学校、科研院所、大型企业的重点实验室、国家工程(技术)研究中心、大型科学仪器中心、分析测试中心等科研基础设施和设备进一步向科技型中小企业开放,提供检验检测、标准制定、研发设计等科技服务。

(九)吸纳科技型中小企业参与构建产业技术创新战略联盟。以产业技术创新关键问题为导向、形成产业核心竞争力为目标,引导行业骨干企业牵头,广泛吸纳科技型中小企业参与,按市场机制积极构建产业技术创新战略联盟。

五、推动集聚化发展

(十)充分发挥国家高新区、产业化基地的集聚作用。以国家高新区、高新技术产业化基地、现代服务业产业化基地、火炬计划特色产业基地、创新型产业集群等为载体,引导科技型中小企业走布局集中、产业集聚、土地集约的发展模式,促进科技型中小企业集群式发展。

（十一）引导科技型中小企业走专业化发展道路,提升产品质量、塑造品牌。支持科技型中小企业聚焦"新技术、新业态、新模式",走专业化、精细化发展道路。鼓励科技型中小企业做强核心业务,推进精益制造,打造具有竞争力和影响力的精品和品牌。

六、完善服务体系

（十二）完善科技型中小企业技术创新服务体系。充分发挥地方在区域创新中的主导作用,通过政策引导和试点带动,整合资源,加快建设各具特色的科技型中小企业技术创新公共服务体系。鼓励通过政府购买服务的方式,为科技型中小企业提供管理指导、技能培训、市场开拓、标准咨询、检验检测认证等服务。

（十三）充分发挥专业中介机构和科技服务机构作用。开放并扩大中小企业中介服务机构的服务领域、规范中介服务市场,促进各类专业机构为科技型中小企业提供优质服务。充分发挥科技服务机构作用,推动各类科技服务机构面向科技型中小企业开展服务。

七、拓宽融资渠道

（十四）完善多层次资本市场,支持科技型中小企业做大做强。支持科技型中小企业通过多层次资本市场体系实现改制、挂牌、上市融资。支持利用各类产权交易市场开展科技型中小企业股权流转和融资服务,完善非上市科技公司股份转让途径。鼓励科技型中小企业利用债券市场融资,探索对发行企业债券、信托计划、中期票据、短期融资券等直接融资产品的科技型中小企业给予社会筹资利息补贴。

（十五）引导金融机构面向科技型中小企业开展服务创新,拓宽融资渠道。引导商业银行积极向科技型中小企业提供系统化金融服务。支持发展多种形式的抵质押类信贷业务及产品。鼓励融资租赁企业创新融资租赁经营模式,开展融资租赁与创业投资相结合、租赁债权与投资股权相结合的创投租赁业务。鼓励互联网金融发展和模式创新,支持网络小额贷款、第三方支付、网络金融超市、大数据金融等新兴业态发展。

(十六)完善科技型中小企业融资担保和科技保险体系。引导设立多层次、专业化的科技担保公司和再担保机构,逐步建立和完善科技型中小企业融资担保体系,鼓励为中小企业提供贷款担保的担保机构实行快捷担保审批程序,简化反担保措施。鼓励保险机构大力发展知识产权保险、首台(套)产品保险、产品研发责任险、关键研发设备险、成果转化险等科技保险产品。

八、优化政策环境

(十七)进一步加大对科技型中小企业的财政支持力度。充分发挥中央财政资金的引导作用,逐步提高中小企业发展专项资金和国家科技成果转化引导基金支持科技创新的力度,凝聚带动社会资源支持科技型中小企业发展。加大各类科技计划对科技型中小企业技术创新活动的支持力度。鼓励地方财政加大对科技型中小企业技术创新的支持,对于研发投入占企业总收入达到一定比例的科技型中小企业给予补贴。鼓励地方政府在科技型中小企业中筛选一批创新能力强、发展潜力大的企业进行重点扶持,培育形成一批具有竞争优势的创新型企业和上市后备企业。

(十八)进一步完善落实税收支持政策。进一步完善和落实小型微利企业、高新技术企业、技术先进型服务企业、技术转让、研究开发费用加计扣除、研究开发仪器设备折旧、科技企业孵化器、大学科技园等税收优惠政策,加强对科技型中小企业的政策培训和宣传。结合深化税收制度改革,加快推动营业税改征增值税试点,完善结构性减税政策。

(十九)实施有利于科技型中小企业吸引人才的政策。结合创新人才推进计划、海外高层次人才引进计划、青年英才开发计划和国家高技能人才振兴计划等各项国家人才重大工程的实施,支持科技型中小企业引进和培养创新创业人才,鼓励在财政补助、落户、社保、税收等方面给予政策扶持。鼓励科技型中小企业与高等学校、职业院校建立定向、订单式的人才培养机制,支持高校毕业生到科技型中小企业就业,并给予档案免费保管等扶持政策。鼓励科技型中小企业加大对员工的培训力度。

(二十)加强统计监测与信用评价体系建设。建立公平开放透明的市场规则,加大对市场中侵害科技型中小企业合法利益行为的打击力度。研究发布科技型中小企业标准,建立科技型中小企业资源库,健全科技型中小企业统计调查、监测分析和定期发布制度。加快科技型中小企业信用体系建设,开展对科技型中小企业的信用评价。

推动科技型中小企业创新发展既是一项事关创新型国家建设的长期战略任务,也是加快转变经济发展方式的迫切需求,更是进一步落实创新驱动发展战略的关键路径之一。各地方科技管理部门要高度重视科技型中小企业工作,加强与有关部门的沟通协调,结合各地情况,制定本意见的贯彻落实办法,采取有效政策措施,切实推动科技型中小企业创新发展。

关于印发《发展众创空间
工作指引》的通知

（科技部,2015 年 9 月 8 日）

各省、自治区、直辖市及计划单列市科技厅（委、局），新疆生产建设兵团
科技局,各国家高新技术产业开发区：

为深入实施创新驱动发展战略,加快推进大众创业、万众创新,指导
和推动各地众创空间健康可持续发展,科技部组织制订了《发展众创空
间工作指引》。现印发给你们,请结合本地实际认真贯彻落实。

发展众创空间工作指引

为深入贯彻落实《国务院办公厅关于发展众创空间推进大众创新创
业的指导意见》(国办发〔2015〕9 号)和《国务院关于大力推进大众创业
万众创新若干政策措施的意见》(国发〔2015〕32 号),进一步明确众创空
间的功能定位、建设原则、基本要求和发展方向,指导和推动众创空间科
学构建、健康发展,特制定本工作指引。

一、目的意义

众创空间是顺应新一轮科技革命和产业变革新趋势、有效满足网络
时代大众创新创业需求的新型创业服务平台。众创空间作为针对早期创
业的重要服务载体,为创业者提供低成本的工作空间、网络空间、社交空

间和资源共享空间,与科技企业孵化器、加速器、产业园区等共同组成创业孵化链条。众创空间的主要功能是通过创新与创业相结合、线上与线下相结合、孵化与投资相结合,以专业化服务推动创业者应用新技术、开发新产品、开拓新市场、培育新业态。

发展众创空间是推动大众创业、万众创新的有力抓手,是深入落实创新驱动发展战略、优化创新创业生态环境的重要举措,对于激发全社会创新创业活力、加速科技成果转移转化、培育经济发展新动能、以创业带动就业具有重大意义。

二、基本原则

众创空间作为新型创新创业服务平台,需要在实践中不断探索发展。在建设过程中要遵循创新创业的客观规律、尊重各类市场主体的首创精神,重点把握好以下原则。

政府支持,市场主导。有效发挥政府引导和服务创新创业的职能作用,不断优化创新创业生态环境,集成相关政策支持众创空间发展。充分发挥市场配置资源的决定性作用,以社会力量为主,采用市场化机制发展众创空间。

科技引领,资源集聚。加速科技成果转移转化和科技资源开放共享,加强与高校、科研院所和企业的有效互动,吸引社会资本等要素参与创新创业,以科技创新为核心推动全面创新,发挥科技型创业在大众创新创业中的骨干和引领作用。

强化服务,持续发展。积极利用"众包"、"众筹"、"众扶"等手段,重点强化众创空间的服务功能,通过市场化机制、专业化服务、资本化途径、网络化支撑、集成化应用和国际化链接,不断提高服务质量和水平,构建可持续的商业化发展模式。

因地制宜,分类指导。各地根据本地产业特点和自身优势,构建专业化、差异化、多元化的众创空间,努力形成特色和品牌。不断总结各种类型众创空间发展的新模式和新机制,制定和完善具有针对性的支持政策和措施。

三、主要特征

众创空间是创新创业孵化链条的重要组成部分,既具备创业孵化载体的一般特点,也具有鲜明的自身特征。

低成本服务。充分利用已有条件,盘活存量设施和场地,通过开放共享降低运营成本,向创新创业者提供低成本的创业场地、设备设施、宽带网络、开源软硬件、商务服务等基础条件和服务。

便利化条件。选择交通和生活便利、便于创业者集聚的区域构建众创空间,提供一站式、高效率的商事、商务、政务和科技等相关服务。

全要素融合。具备较强的资源整合能力,积极推进资本、技术、人才、市场等要素不断融合,为创新创业提供全方位的增值服务。

开放式平台。通过线上与线下相结合,面向大众创新创业者开放设备设施、信息资源和工作空间,提供交流、分享、互动的社交平台。

四、建设条件

各类社会组织和有志于服务大众创新创业的个人,都可以根据各自的发展目标和资源禀赋,创办各具特色的众创空间,一般应具备以下条件。

(一)众创空间的发起者和运营者,要具备运营管理和专业服务能力,可以是法人或其他社会组织,也可以是依托上述组织成立的相对独立的机构。

(二)众创空间的服务团队和主要负责人要具备一定行业背景、丰富的创新创业经历和相关行业资源,人员的知识结构、综合素质、业务技能和服务能力能够满足大众创新创业服务需求。

(三)众创空间应具备完善的基本服务设施,能够为创新创业者提供一定面积的开放式办公空间。专注于特定产业或技术领域的众创空间，还应提供研究开发、检验测试等公共技术平台。

（四）众创空间应提供免费或低成本的办公条件，建有线上服务平台，整合利用外部创新创业资源，开展多元化的线下活动，促进创新创业者的信息沟通交流。

五、服务功能

发展众创空间重在完善和提升创新创业服务功能，要通过便利化、全方位、高质量的创业服务，让更多人参与创新创业，让更多人能够实现成功创业。

（一）集聚创新创业者。要以专业化服务与社交化机制吸引和集聚创新创业群体。充分激发创业者创新潜能和创业活力，发现和培育优秀创业团队和初创企业，针对不同类型创业人群特点，提供满足个性化需求的服务，提升创业者能力。

（二）提供技术创新服务。加强与高新技术产业开发区、科技企业孵化器、大学科技园、高校、科研院所及第三方科技服务机构的全面对接，为创业者提供检验检测、研发设计、小试中试、技术转移、成果转化等社会化、专业化服务，提高技术支撑服务能力。

（三）强化创业融资服务。利用互联网金融、股权众筹融资等方式，加强与天使投资人、创业投资机构的合作，完善投融资模式，吸引社会资本投资初创企业。拓展孵化服务模式，在提供一般性增值服务的同时，以股权投资等方式与创业企业建立股权关系，实现众创空间与创业企业的共同成长。

（四）开展创业教育培训。积极与高校合作，开展针对大学生的创业教育与培训，引导大学生科学创业。鼓励众创空间开展各类公益讲堂、创业论坛、创业训练营等活动，建立创业实训体系。

（五）建立创业导师队伍。建立由天使投资人、成功企业家、资深管理者、技术专家、市场营销专家等组成的专兼职导师队伍,制定清晰的导师工作流程,完善导师制度,建立长效机制。

（六）举办创新创业活动。积极开展投资路演、宣传推介等活动,举办各类创新创业赛事,为创新创业者提供展示平台。积极宣传倡导敢为人先、百折不挠的创新创业精神,大力弘扬创新创业文化。

（七）链接国际创新资源。有效整合利用全球创新创业资源,广泛开展与海外资本、人才、技术项目及孵化机构的交流与合作,实现创新创业要素跨地区、跨行业自由流动。引进国外先进创业孵化理念和模式,搭建国际创新创业合作平台,开拓国际合作业务,促进跨国科技企业孵化,提升孵化能力。

（八）集成落实创业政策。深入研究和掌握各级政府部门出台的创新创业扶持政策,向创业者宣传并协助相关政府部门落实商事制度改革、知识产权保护、财政资金支持、普惠性税收政策、人才引进与扶持、政府采购、创新券等政策措施。

六、保障措施

（一）充分发挥市场主体作用。大企业要发挥市场优势、产业优势和创新优势,构建开放式、协同式的创新平台,让创业企业能够快速实现产品和市场对接。高校、科研院所要发挥人才、项目和科研资源的优势,以众创空间为载体,支持科研人员、高校师生转化科研成果、开展科技创业。科技企业孵化器和大学科技园,要充分利用现有资源和孵化经验,积极推进众创空间建设工作。投融资机构等要充分发挥资本优势和项目甄别优势,通过众创空间培育和支持创业企业快速成长。鼓励和支持建立众创空间联盟等社会组织,加强行业自律,促进交流协作。

（二）加大政府引导扶持力度。各地科技管理部门、国家自主创新示范区、国家高新技术产业开发区要积极引导和支持众创空间发展,出台务实管用的政策措施,构建和完善创新创业生态系统。有条件的地方要对众创空间的房租、宽带接入、公共软硬件、教育培训、导师服务、创业活动等费用给予适当财政补贴。积极支持众创空间参与中国创新创业大赛、中国创新挑战赛等创新创业赛事。

（三）加强协同推进。各地科技管理部门要加强与相关部门的工作协调，研究完善推进大众创新创业的政策措施，加强对发展众创空间的指导和支持。开展大众创新创业政策落实情况调研，及时总结先进经验，加强典型案例和经验宣传。

（四）开展评估监测。研究开展对众创空间的评估，把创业服务能力、服务创业者数量、初创企业存活率等作为重要的评估指标。将符合条件、运行良好的众创空间经备案后纳入国家级科技企业孵化器管理服务体系。各地科技管理部门要扎实开展对众创空间的统计监测工作，定期将情况汇总上报科技部，为进一步指导和推动众创空间发展提供数据支撑。

关于促进中小企业
"专精特新"发展的指导意见

(工业和信息化部,2013 年 7 月 16 日)

各省、自治区、直辖市及计划单列市、新疆生产建设兵团中小企业主管部门:

为贯彻《国务院关于进一步支持小型微型企业健康发展的意见》(国发〔2012〕14 号),落实《"十二五"中小企业成长规划》提出的任务和要求,现就促进中小企业"专精特新"发展工作提出以下意见:

一、总体思路

(一)指导思想。以邓小平理论、"三个代表"重要思想、科学发展观为指导,以加快转变经济发展方式为主线,以促进中小企业转型升级,增强自主创新能力为目标,营造良好发展环境,发挥市场配置资源的基础性作用,健全服务体系,强化专业服务,加强对"专精特新"中小企业的培育和支持,促进中小企业走专业化、精细化、特色化、新颖化发展之路,不断提高发展质量和水平,增强核心竞争力。

(二)工作目标。引导中小企业专注核心业务,提高专业化生产、服务和协作配套的能力,为大企业、大项目和产业链提供零部件、元器件、配套产品和配套服务;引导中小企业精细化生产、精细化管理、精细化服务,以美誉度高、性价比好、品质精良的产品和服务在细分市场中占据优势;

引导中小企业利用特色资源,弘扬传统技艺和地域文化,采用独特工艺、技术、配方或原料,研制生产具有地方或企业特色的产品;引导中小企业开展技术创新、管理创新和商业模式创新,培育新的增长点,形成新的竞争优势。通过培育和扶持,不断提高"专精特新"中小企业的数量和比重,提高中小企业的整体素质。

二、重点任务

(一)增强企业技术创新能力。发挥中小企业创新主体作用,鼓励中小企业不断加大研发投入和技术改造投资力度。引导和支持有能力、有条件的中小企业自建或与大学、科研机构共建企业技术中心,提高自主创新、集成创新和引进消化吸收再创新能力,增强创新驱动发展的动力。积极营造创新环境,建立激励机制,吸引和培养专业技术和高技能人才,开展群众性"专精特新"建言献策活动。鼓励中小企业参加产业技术创新联盟,建立联合开发、优势互补、成果共享、风险共担的产学研用合作机制。

(二)实施中小企业知识产权战略。鼓励和支持中小企业贯彻实施《企业知识产权管理规范》国家标准,建立专利运用协同体系,提高创造知识产权、保护研发成果、运用专利技术、促进转化实施的能力。鼓励企业员工和工程技术人员发明创造,支持研发、设计和生产具有自主知识产权的关键核心技术和产品。建立知识产权专业服务团队,开展专利申请、人才培训、预警分析、标准制定、维权诉讼等服务,提高专利质量和创新水平。培育和发展具有知识产权和竞争优势的中小企业。

(三)提高信息化应用水平。积极推动两化融合,鼓励电信运营商、信息化服务商搭建中小企业信息化服务平台,为中小企业提供电子商务、筹资融资、人才培训等信息化服务,推广适用的解决方案。支持中小企业通过服务外包、应用第三方专业服务等,提高研发设计、经营管理、生产过程、市场营销等信息化应用水平。支持中小企业在研发设计、生产制造、经营管理、市场开拓等主要业务环节有效应用信息技术,提高管理水平和经营效率。引导小微企业运用云计算、移动商务等新一代信息技术,促进信息技术集成应用和协同创新。开展信息化普及培训,提高中小企业应用安全可靠软件和信息技术的能力。

(四)提升产品质量和创建品牌。鼓励中小企业学习和应用先进的质量管理和生产控制方法,优化产品设计和生产流程,推进精益制造,提高产品质量和附加值。支持中小企业做强核心业务,争创知名品牌、驰名商标和著名商标,打造具有竞争力和影响力的精品和品牌。完善企业质量诚信体系,开展质量承诺活动,提高自律水平。加强对中小企业质量法律法规、检验检测、管理与控制、计量标准、品牌创建的指导和支持。

(五)提高经营管理水平。鼓励中小企业精细化管理,健全和规范管理制度,提升财务、成本、设备、现场、计量和人力资源管理水平,依法经营,诚实守信,节能环保,安全生产。采取智力引进和人才激励措施,吸引高素质管理和领军人才。建立企业管理咨询师和辅导师队伍,开展管理诊断和企业家培训,帮助中小企业经营管理者学习和运用现代管理知识,提高经营管理能力。引导中小企业履行社会责任,构建企业文化。

(六)促进产业协作配套。支持中小企业参与产业合作联盟和国家重大项目的实施,参与技术标准的制定,围绕大企业、大项目,采取专业分工、服务外包、订单生产等多种方式,与行业骨干企业建立长期稳定的合作关系,提高协作配套能力,促进企业集聚发展、可持续发展。鼓励大学、科研院所、大企业开放研发仪器设备等科技资源,组织开展促进产学研合作和项目对接活动,为中小企业开发、生产协作配套产品提供服务。

三、推进措施

(一)加大财税金融扶持。发挥各级各类支持中小企业发展专项资金和基金的引导和扶持作用,加大对中小企业技术进步和技术改造的支持力度,重点支持"专精特新"技术和产品,培育"专精特新"中小企业。落实企业研发费用税前加计扣除、符合条件的固定资产加速折旧等支持中小企业创新发展的激励政策。拓宽支持中小企业技术创新的融资渠道,搭建融资服务平台,促进银行与"专精特新"企业的项目对接。鼓励银行业金融机构创新金融产品和服务,支持"专精特新"中小企业采取信用贷款、知识产权质押、仓单质押等多种方式融资。鼓励符合条件的"专精特新"中小企业上市融资、发行债券。

(二)建立和完善服务体系。创新工作思路,充分发挥市场配置资源的作用,促进服务资源与企业需求对接。鼓励中介机构、行业协会、大学和科研机构等各类社会服务资源,为中小企业"专精特新"发展提供信息咨询、研发设计、管理提升、检验检测、技术转移、节能减排、人才培训、开拓市场、投资融资、设备共享等服务,开展宣传和培训活动。推动服务于区域特色优势产业的技术创新服务平台和产业共性技术研发基地建设,促进"专精特新"技术和产品的产业化。建立和完善中小企业公共服务平台网络,发挥中小企业公共服务示范平台的作用,提高专业服务水平和服务质量,加强对"专精特新"中小企业的培育和支持。

(三)组织市场开拓活动。支持"专精特新"中小企业参加中国国际中小企业博览会、APEC中小企业技术交流暨展览会等国际性展会,重点展示中小企业"专精特新"产品和技术,帮助中小企业扩大影响力,开拓国内外市场。支持开展区域性"专精特新"中小企业展览展销活动,推进企业之间的交流与合作,提高中小企业的协作配套能力。加强政策信息、市场信息的咨询服务。鼓励"专精特新"中小企业积极利用互联网,开展电子商务和网上展示交易活动。

(四)加强培育和推进工作。各地中小企业主管部门要结合本地区经济发展、产业布局和中小企业发展的实际,积极开展促进中小企业"专精特新"发展工作,规范认定标准,完善推进措施,探索培育方式,细化工作目标,支持"专精特新"产品、技术的研发和产业化,培育和认定一批"专精特新"中小企业。通过引导更多中小企业走"专精特新"发展之路,进一步完善产业链,增强产业竞争力,促进区域经济社会协调发展。

(五)建立协同工作机制。各地中小企业主管部门要发挥牵头和组织协调作用,会同有关部门,集聚各方资源,落实扶持政策,建立协同配合、共同推动中小企业"专精特新"发展的工作机制。要在贯彻落实本意见的基础上,制定符合本地区中小企业"专精特新"发展实际的推进措施。要加强调查研究和运行监测,不断总结和交流工作经验,努力开创促进中小企业"专精特新"发展的新局面。

关于印发《国家小型微型企业创业示范基地建设管理办法》的通知

（工业和信息化部，2015 年 4 月 13 日）

各省、自治区、直辖市及计划单列市、新疆生产建设兵团中小企业主管部门：

为了深入贯彻落实国务院关于促进小型微型企业发展的政策措施，推动大众创业、万众创新，加快小企业创业基地建设步伐，优化小型微型企业创业创新环境，支持企业健康发展，我部研究制定了《国家小型微型企业创业示范基地建设管理办法》。现印发给你们，请遵照执行。

国家小型微型企业创业示范基地建设管理办法

第一章 总 则

第一条 为贯彻落实国务院《关于进一步支持小型微型企业健康发展的意见》（国发〔2012〕14 号）和《关于扶持小型微型企业健康发展的意见》（国发〔2014〕52 号），推动大众创业、万众创新，引导和支持小企业创业基地规范发展、创新发展，培育一批示范带动作用强的国家小型微型企业创业示范基地，为小微企业的创立和发展提供良好的环境和条件，制定本办法。

第二条 本办法所指国家小型微型企业创业示范基地（以下简称示

范基地）是指工业和信息化部公告的小型微型企业创业示范基地,是小微企业创业场所,是集聚各类创业服务资源,为创业企业提供有效服务和支撑的载体。具有基础设施完备、服务功能齐全、服务业绩突出、社会公信度高、示范带动作用强等特点。

第三条　工业和信息化部负责示范基地的公告和管理工作。各省（自治区、直辖市及计划单列市、新疆生产建设兵团）中小企业主管部门（以下简称省级中小企业主管部门）协助工业和信息化部对辖区内示范基地进行公告管理。

第四条　示范基地按照自愿原则进行申报。工业和信息化部对示范基地予以重点扶持。

第二章　申报条件

第五条　示范基地的申报主体须同时满足以下基本条件:

（一）经省级中小企业主管部门认定的小企业创业（示范）基地。

（二）入驻小微企业80家以上,从业人员1500人以上,小微企业数占入驻企业总数的80%以上。能够平稳运营,可持续发展。

（三）运营主体具有独立法人资格,成立时间3年以上,经营和信用状况良好;具有健全的管理制度,完整的创业服务流程、收费标准和服务质量保证措施;具有明确的发展规划、年度目标和实施方案。

（四）具有丰富的创业服务经验和较高的管理水平;从事创业服务的人员不少于10人,创业辅导师不少于3人。

（五）服务有特色,业绩突出。为小微企业提供的公益性服务或低收费服务占到总服务量的20%以上;能为小微企业提供一站式、全方位、多层次的服务。

西部地区的示范基地可适当放宽条件。

第六条　示范基地须至少达到以下6项服务功能要求:

（一）基本服务。为入驻小微企业提供生产经营场地、仓储物流、物业及后勤保障等基本服务。

（二）创业辅导。为创业人员或入驻小微企业提供创业咨询、开业指导、创业辅导和培训等服务，年服务企业50家次以上。

（三）信息咨询。充分利用信息网络技术手段，形成便于入驻企业查询的、开放的信息服务系统；具有在线服务、线上线下联动功能，线下年服务企业50家次以上，年组织开展的相关服务活动4次以上。

（四）政务代理。加强与中小企业主管部门、工商、税务、社保等部门沟通协调，提供政务代理服务，年服务企业50家次以上。

（五）投融资服务。与银行、担保、风投、小贷、融资服务等各类机构建立合作关系，年服务企业30家次以上，年组织融资对接会4次以上。

（六）人员培训。为创业人员、企业经营者、专业技术人员和员工提供各类培训，每年300人次以上。

（七）技术支持。具有组织技术服务资源的能力，并建立良好的协同服务机制，年开展技术服务活动4次以上。

（八）市场营销。组织企业参加各类展览展销、贸易洽谈、产品推介、技术交流与合作等活动，每年4次以上。

（九）管理咨询。为企业提供发展战略、财务管理、人力资源、市场营销等咨询服务，年服务企业20家次以上。

（十）专业服务。为企业提供法律、会计、专利、审计、评估等服务，年服务企业20家次以上。

第三章　申报程序

第七条　工业和信息化部每年组织开展一次示范基地申报、公告工作，具体时间及要求以当年申报工作通知为准。

第八条　省级中小企业主管部门按照本办法第五条、第六条规定的条件和要求，负责本地区示范基地的推荐工作。

第九条　省级中小企业主管部门对推荐的示范基地运营情况、服务业绩、满意度等进行测评,填写《国家小型微型企业创业示范基地推荐表》,并附被推荐示范基地的申报材料,报工业和信息化部。

第十条 示范基地的申报主体需提交下列材料:

(一)国家小型微型企业创业示范基地申请报告;

(二)运营主体的法人证书和营业执照副本(复印件);

(三)上一年度审计报告及服务收支情况的专项审计报告;

(四)土地使用权证和房屋所有权证(或租赁合同)复印件;

(五)开展相关服务的证明材料(通知、照片、总结等);

(六)省级小企业创业(示范)基地认定文件(复印件);

(七)主要管理人员和创业服务人员名单;

(八)能够证明符合申报条件的其他材料;

(九)对申报材料真实性的声明。

第十一条 工业和信息化部组织专家对申报材料进行评审,评审结果在工业和信息化部网站及有关媒体公示 15 个工作日。

第十二条 工业和信息化部对公示无异议的公告为"国家小型微型企业创业示范基地"。

第四章 示范基地管理

第十三条 示范基地名单及时在工业和信息化部门户网站及有关媒体公布。在工业和信息化部门户网站建立示范基地信息数据库,方便社会公众查询。

第十四条 工业和信息化部对示范基地实行滚动管理,每三年复核一次,对复核通过的示范基地予以确认,对不合格的予以撤销。

第十五条 示范基地要不断完善创业基础设施环境,增强创业服务能力,提高入驻企业创业成功率,提升示范基地品牌影响力,发挥示范带动作用。示范基地须每年将工作总结报省级中小企业主管部门,并自觉接受社会监督。

　　第十六条　建立年度报告制度,省级中小企业主管部门负责对所辖区内示范基地的服务质量、服务收费情况以及服务满意度等进行定期检查,每年底将示范基地工作总结和检查情况报告报工业和信息化部。工业和信息化部将委托第三方机构组织专家不定期对示范基地进行测评。

　　第十七条　示范基地公告管理工作接受审计、监察部门和社会的监督。

第五章　附　则

　　第十八条　本办法由工业和信息化部负责解释。

　　第十九条　本办法自 2015 年 5 月 10 日起实施。

关于做好推动大众创业
万众创新工作的通知

（工业和信息化部，2015 年 5 月 19 日）

各省、自治区、直辖市及计划单列市、新疆生产建设兵团中小企业主管部门：

为贯彻落实国务院在 2015 年政府工作报告重点工作部门分工中提出的"中小微企业大有可为，要扶上马、送一程，使'草根'创新蔚然成风、遍地开花"的任务，我们研究提出了聚焦政策、完善机制、集聚资源，以营造有利于大众创业、万众创新的良好生态环境为目标的工作思路。现将有关工作通知如下：

一、做好推动大众创业万众创新工作的重要意义

大众创业、万众创新（以下简称"双创"）是党中央、国务院在新形势下为促进经济平稳发展做出的重大战略部署，是扩大就业、增加居民收入、推动创新、促进社会纵向流动和公平正义的重要举措，是稳增长、调结构的重要引擎，是创新驱动发展的本质要求，是让老百姓过上好日子，创业致富的有效途径。中小企业是"双创"的重要主体，各级中小企业主管部门要统一思想、提高认识，以推动"双创"为主线，把促进中小企业发展与推动经济提质增效升级、促进民生持续改善结合起来，认真履职、主动作为，扎实推进工作，着力优化环境，让千千万万的创业者、创新者想创

业、想创新,能创业、能创新。

二、推动"双创"工作的主要任务

(一)全面推动政策落实。要采取有效措施,积极配合有关部门加大力度落实好《国务院关于进一步支持小型微型企业健康发展的意见》(国发〔2012〕14 号)、《国务院关于扶持小型微型企业健康发展的意见》(国发〔2014〕52 号)、《国务院关于进一步做好新形势下就业创业工作的意见》(国发〔2015〕23 号)和《国务院办公厅关于发展众创空间推进大众创新创业的指导意见》(国办发〔2015〕9 号)等文件,打通政策落实"最后一公里",确保各项优惠政策真正惠及广大中小微企业。

(二)加快创业基地建设。要充分利用经批准的各类工业园区或闲置厂房、楼宇等建设创业基地,完善公共服务设施,提高服务质量,切实缓解创业场地难、创业成本高等问题。鼓励有条件的创业基地积极构建低成本、便利化、全要素、开放式的众创空间。要按照《工业和信息化部国家小型微型企业创业示范基地建设管理办法》(工信部企业〔2015〕110 号)要求,加强省级创业示范基地建设和认定管理,并在此基础上培育一批基础设施完备、服务功能齐全、服务业绩突出、社会公信度高、示范带动作用强的国家小型微型企业创业示范基地,为广大创新创业者提供良好的工作空间、网络空间、社交空间和资源共享空间。要积极与相关部门共同做好小微企业创业创新基地城市示范工作。

(三)完善中小企业服务体系。要以国家中小企业公共服务示范平台和中小企业公共服务平台网络建设为重点,进一步完善中小企业服务体系。发挥示范平台服务质量好、带动作用强、公信力高和平台网络覆盖广、触角长,以及贴近企业、了解需求的优势,带动社会服务资源,创新服务模式,拓宽服务领域,提高服务效率,为中小企业提供找得着、用得起、有保障的创业创新服务。要积极完善和推广中小企业服务券制度,支持服务机构和公共服务平台为创业创新企业提供免费或低收费服务。

（四）加强投融资服务。全面贯彻落实国务院关于缓解中小企业融资难、融资成本高系列文件要求，继续深化工业和信息化部与交通、建设、农业银行签署的《中小企业金融服务战略合作协议》，加强与金融部门协同配合，继续开展与所在地银行业分支机构的合作，创新政银合作模式，务实帮助小微企业提高获得信贷支持的能力。加强中小企业信用担保体系建设，引导担保机构为创业创新企业提供融资担保服务。推进中小企业担保贷款保证保险工作。鼓励有条件的地区加快建立中小企业发展基金，引导创业投资、风险投资更多地向创业创新企业投资，满足创业初期、早中期创新型企业融资需求。鼓励发展投贷联动、知识产权质押等融资新模式，支持互联网金融机构、股权众筹融资平台规范发展，不断增强对创业创新企业的融资支持。

（五）强化创业创新培训。要利用各类创业创新培训资源，创新培训模式，开发针对不同创业创新群体、创业创新活动特点的创业创新培训项目，帮助创业者提高创业创新能力和知识产权、质量品牌意识，使他们敢于创业创新、能够创业创新。要建立健全创业辅导制度，培育一批专业创业辅导师，建立一支创业辅导师资队伍，加强创业辅导，开展贴身帮扶，提高创业创新成功率。鼓励有条件的地区组织军转民技术培训及政策解读，支持中小企业运用军转民技术创业创新发展。

（六）实施"互联网＋小微企业"行动计划。互联网与各行业各领域的融合，不仅能促进新技术、新产品、新业态的培育发展，也能为"双创"提供肥沃的土壤。各地要在继续抓好中小企业信息化推进工程和中小企业两化融合能力提升行动的基础上，支持引导信息服务商通过云计算、大数据和移动互联网、物联网等信息技术，为小微企业的财务管理、生产过程、采购与营销、质量检验、人力资源管理、客户服务和物流等核心业务发展提供信息化应用服务。积极推广电子商务在小微企业中的应用，鼓励依托中小企业平台网络构建电子商务平台。

（七）开展丰富多彩的"双创"活动。要积极组织开展创业创新大赛、创客大赛、创新成果和创业项目展示推介、创业大讲堂、创业沙龙、创业训练营等丰富多彩的创业创新活动，激发大众创业、万众创新的激情和活力。

（八）加大"双创"的宣传力度。要充分利用各种媒体资源，加强创业创新政策宣传、解读，帮助创业者和小微企业知晓政策、用好政策。要树立一批创业创新典型，总结推广典型经验，宣传报道创业创新先进人物事迹，营造弘扬创业创新精神，宽容失败、勇于开拓的社会氛围，让大众创业、万众创新蔚然成风，遍地开花。

三、工作要求

各地中小企业主管部门要高度重视"双创"工作，加强对创业创新工作的领导，要主动与相关部门沟通、协调配合，结合本地区实际制定具体工作方案，切实做到任务明确、责任落实，扎实推动"双创"工作开展。

关于加强小额担保贷款
财政贴息资金管理的通知

（财政部、人力资源社会保障部、人民银行，
2013 年 9 月 18 日）

各省、自治区、直辖市、计划单列市财政厅（局）、人力资源社会保障厅（局），中国人民银行上海总部、各分行、营业管理部、省会（首府）城市中心支行、大连、青岛、宁波、厦门、深圳市中心支行，各有关金融机构：

为贯彻落实中央经济工作会议对创业带动就业工作提出的新要求，进一步做好下岗失业人员小额担保贷款（以下简称小额担保贷款）工作，加强财政贴息资金管理，提高财政资金使用效益，现就有关事项通知如下：

一、严格执行贴息贷款政策标准

（一）小额担保贷款的申请和财政贴息资金的审核拨付，要坚持自主自愿、诚实守信、依法合规的原则。各级财政部门要充分认识到小额担保贷款工作对于促进就业、改善民生的重要意义，切实履行职责，加强财政贴息资金审核，规范政策执行管理。

（二）财政贴息资金支持对象按照现行政策执行，具体包括符合规定条件的城镇登记失业人员、就业困难人员（一般指大龄、身有残疾、享受最低生活保障、连续失业一年以上，以及因失去土地等原因难以实现就业

的人员）、复员转业退役军人、高校毕业生、刑释解教人员，以及符合规定条件的劳动密集型小企业。上述人员中，对符合规定条件的残疾人、高校毕业生、农村妇女申请小额担保贷款财政贴息资金，可以适度给予重点支持。

（三）财政贴息资金支持的小额担保贷款额度为，高校毕业生最高贷款额度10万元，妇女最高贷款额度8万元，其他符合条件的人员最高贷款额度5万元，劳动密集型小企业最高贷款额度200万元。对合伙经营和组织起来就业的，妇女最高人均贷款额度为10万元。

（四）财政贴息资金支持的个人小额担保贷款利率为，中国人民银行公布的同期限贷款基准利率的基础上上浮不超过3个百分点。财政贴息资金支持的小额担保贷款期限最长为2年，对展期和逾期的小额担保贷款，财政部门不予贴息。

二、认真做好贴息贷款发放审核工作

（五）地方各级财政部门要会同人力资源社会保障部门、中国人民银行分支机构，共同做好小额担保贷款政策的组织实施工作，建立和落实贷款回收责任制，切实防范和控制贷款风险。妇联组织、经办担保机构、经办金融机构，要按照各自职责，认真做好小额担保贷款工作，确保贷款"贷得出、用得好、收得回"。

（六）小额担保贷款经办担保机构要对贴息贷款申请人的还款能力和创业项目的可行性进行充分评估。对不具备财务可行性的项目，以及借款人可自行获得商业银行贷款的，不予提供担保。

（七）小额担保贷款经办金融机构应对借款人的家庭贷款记录和项目风险情况进行审核，加强对贷款资金投向的监督管理。除助学贷款、扶贫贷款、首套住房贷款以外，小额担保贷款申请人及其家庭成员（以户为单位）应没有商业银行其他贷款记录。

三、加强贷款担保基金管理

（八）小额担保贷款担保基金由地方财政部门筹集，所需资金从一般预算中安排。其他专项资金或者财政专户资金不得作为担保基金的资金来源。

（九）小额担保贷款担保基金用于为符合政策规定条件的各类人员创业申请小额担保贷款提供全额担保，为符合政策规定条件的劳动密集型小企业申请小额担保贷款提供担保。

（十）小额担保贷款担保基金实行专户管理、封闭运行，专项用于开展小额担保贷款担保业务。担保基金运营与经办担保机构的其他业务必须分离管理，单独核算。

（十一）受托运营小额担保贷款担保基金的担保机构，要加强对担保基金的规范管理，小额担保贷款责任余额不得超过担保基金银行存款余额的 5 倍。

（十二）小额担保贷款责任余额达到担保基金银行存款余额的 5 倍时，地方各级财政部门应停止受理新发放小额担保贷款的贴息资金申请，并协调有关部门停止受理新的小额担保贷款申请。单个经办担保机构的担保基金放大倍数达到 5 倍时，该担保机构应立即停止开展小额担保贷款担保业务。

四、完善财政贴息支持政策

（十三）对管理尽职尽责、审核操作规范、担保基金管理合规的贴息贷款，各级财政部门要及时、足额地拨付财政贴息资金。

（十四）符合政策规定条件的个人微利项目小额担保贷款由财政部门给予全额贴息。其中，除东部九省市以外，中央财政承担贴息资金的

75%,地方财政承担贴息资金的 25%。

（十五）符合政策规定条件的劳动密集型小企业小额担保贷款,按照中国人民银行公布的同期限贷款基准利率的 50%给予贴息,除东部九省市以外,中央财政和地方财政各承担一半。

（十六）现行政策支持对象以外的人群申请小额担保贷款政策支持,由地方财政部门自行决定贴息,具体标准和条件由各省（自治区、直辖市）自行确定。

（十七）对地方财政部门自行安排贴息的小额担保贷款,要与中央财政贴息支持的小额担保贷款分离管理,分账核算。

五、全力做好组织落实工作

（十八）地方各级财政部门要强化责任意识,加强沟通协调,完善工作机制,进一步加强政策执行的规范管理,实现小额担保贷款工作的平稳有序开展。

（十九）请各地财政部门联合当地人力资源社会保障部门、中国人民银行分支机构将本通知速转发至行政区域内妇联组织、经办担保机构、经办金融机构等有关单位,认真组织做好政策落实工作。

（二十）本通知印发前发布的有关小额担保贷款财政贴息的相关规定继续执行,与本通知规定不一致的,以本通知为准。

（二十一）本通知自 2013 年 10 月 1 日起至 2016 年 10 月 1 日止执行。政策到期后,结合政策执行情况和国家就业形势,进行修订完善,确保政策切实有效。

关于印发《国家科技计划及专项资金后补助管理规定》的通知

（财政部、科技部,2013 年 11 月 18 日）

国务院各部委、各直属机构,各省、自治区、直辖市、计划单列市财政厅（局）、科技厅（局）,新疆生产建设兵团,各有关单位:

为了贯彻落实《国家中长期科学和技术发展规划纲要(2006—2020年)》和《关于深化科技体制改革加快国家创新体系建设的意见》,充分发挥财政科技经费的引导作用,强化企业技术创新主体地位,推动科技和经济紧密结合,提高财政资金的使用效益,财政部、科技部决定在科技部归口管理的国家科技计划及专项管理中引入后补助机制,并根据国家有关财务管理制度,制定了《国家科技计划及专项资金后补助管理规定》。现印发你们,请遵照执行。

国家科技计划及专项资金后补助管理规定

第一章 总 则

第一条 为了进一步发挥财政科技资金的引导作用,加快建立以企业为主体的技术创新体系,规范国家科技计划及专项资金后补助机制的实施,制定本规定。

第二条 科技部归口管理的国家科技计划及专项资金实施后补助机

制适用本规定。

本规定所称后补助,是指从事研究开发和科技服务活动的单位先行投入资金,取得成果或者服务绩效,通过验收审查或绩效考核后,给予经费补助的财政资助方式。

前款所称的单位,是指在中国大陆境内注册的、具有独立法人资格的企业、科研院所、高等院校等。

第三条 后补助包括事前立项事后补助、奖励性后补助及共享服务后补助等方式。

第二章　事前立项事后补助

第四条 事前立项事后补助是指单位根据科技部发布的国家科技计划或专项项目指南,结合自身研发需要提出申请,按照规定的程序立项后,单位先行投入资金组织开展研究开发活动,取得成果并通过验收后给予相应补助。

第五条 国家科技计划及专项中以科技成果工程化、产业化为目标任务,具有量化考核指标的研究开发类项目,应当实施事前立项事后补助。

第六条 事前立项事后补助按照以下程序管理:

(1)发布指南。科技部根据国家科技计划或专项的目标任务和年度支持重点发布项目指南。对于其中符合事前立项事后补助实施条件的项目,应当明确其实施后补助管理,并对项目拟达到的目标任务提出明确要求,建立面向结果的考核指标体系。

项目不设置课题,不设定经费控制数。

(2)提交申请。单位根据申报指南的要求,编制并提交项目申请材料。

项目申请材料应当包括项目总体目标、主要任务、考核指标、配套条件、验收方式方法、项目预算等内容,并附近三年经审计或主管部门批复的财务报表。

项目预算由申请单位根据自身基础条件和项目实施需要进行编制，应当真实反映与项目研究内容直接相关的各项研发成本。具体开支范围参照相关科技计划、专项资金管理办法执行，无法纳入开支范围的其他支出，可单独列示。

（3）立项论证。科技部组织专家对项目申请材料进行论证，择优确定项目承担单位，明确项目的考核指标、验收方式方法等重点内容。

（4）预算评估评审。科技部、财政部委托中介机构或组织专家对项目预算进行评估评审。

（5）预算备案。科技部根据预算评估评审结果提出项目后补助预算方案，并向项目申请单位反馈，达成一致后，报财政部备案。拟补助经费额不超过项目预算的50%。

（6）签订任务书。经科技部批复立项的项目，由科技部与项目承担单位签订项目任务书。项目任务书应当包括项目目标任务、考核指标、验收方式方法、项目预算、拟补助经费额、项目实施期限等。

（7）项目实施。项目承担单位按照项目任务书中的规定自行组织实施和管理，科技部不组织项目实施过程中的管理。项目终止实施的，应当按照相关国家科技计划及专项的管理要求履行审批手续。

（8）组织验收。项目承担单位在完成任务或实施期满后，应当及时向科技部提出验收申请。科技部按照项目任务书约定的程序和方法及时组织验收，不再进行财务验收。

（9）验收结果公示。科技部将项目验收结果及拟补助金额向社会公示。

（10）经费拨付。项目通过验收后，科技部按照事先备案的预算方案，提出项目后补助预算安排建议，报财政部批复。预算批复下达后，资金按照财政国库管理制度有关规定支付至项目承担单位。经核定拨付的事前立项事后补助经费，由单位统筹安排使用。

第七条 事前立项事后补助采用公开、竞争、择优方式确定项目承担单位。属于政府采购范围的,执行政府采购的有关规定。

第八条 同一项目原则上只委托一家单位承担。当出现多家单位竞争,研究方法和技术路线各不相同、难以判断优劣时,可以同时委托多家单位承担研究任务,但委托承担单位的数量不超过3家。

同时委托多家单位承担研究任务的,在项目任务书中明确择优支持的原则和方法,综合各家单位的预算评估结果,形成统一的后补助经费额,仅对取得最优成果的单位予以资助。除不可抗力的原因外,项目验收一律不得延期。

第九条 事前立项事后补助项目任务书是项目执行、监督检查、项目验收和经费拨付的依据。科技部和项目承担单位在签订项目任务书时应当协商一致,并详细载明考核指标和验收的方式方法,考核指标应当具体、细化,验收方式方法应当明确、可操作。

第十条 事前立项事后补助项目的验收可以采取用户评价、第三方检测、专家判定等方法。

第十一条 项目成果有明确用户的,验收应当包括用户评价。科技部和项目承担单位共同选择用户,并在项目任务书中事先明确。

项目承担单位应当与用户签订协议书,约定双方权责,确保用户出具客观公正的评价意见。

项目成果交付用户后,经过至少一个完整的使用周期后,由用户按照项目任务书以及协议的约定,提供成果使用情况的评价报告。

第十二条 项目验收需要进行第三方检测的,由科技部和项目承担单位协商确定第三方机构,并在项目任务书中事先明确。

第三方机构应当根据相关规定和标准独立完成项目成果检测,提供相关成果的技术指标、性能等检测报告。

第十三条 项目验收需要进行专家判定的,由科技部组织专家,根据项目任务书明确的项目验收方法,对考核指标的完成情况进行现场测试和评价,由专家出具评价报告。

第三章　奖励性后补助

第十四条　奖励性后补助是指单位根据市场需求及自身发展需要先行投入资金组织开展研发活动,取得了有助于解决重大经济社会发展问题的技术成果,经审查验收通过后,给予相应补助。

第十五条　申请奖励性后补助的技术成果应当满足以下条件:

(1)对解决国家急需的、影响经济社会发展的重大公共利益或重大产业技术问题等发挥关键作用;

(2)属于申请单位的原创成果,研发记录完备;

(3)未得到财政专项资金资助。

第十六条　科技部商财政部根据需要解决的问题和技术成果的贡献,按照一事一议的原则确定奖励额度。

第十七条　奖励性后补助按照以下程序管理:

(1)发布公告。科技部面向社会发布公告,征集解决重大问题的技术成果,并明确提出技术成果对解决问题应当达到的具体要求和奖励额度建议数。

(2)提交申请。单位根据公告要求提交申请材料。申请材料应当包括完整的技术报告和实施效果等。

(3)审查验收。科技部对技术成果进行审查验收,重点审查其是否符合公告要求,验证其能否解决相关问题,并形成审查验收结论。审查验收按照本规定第十、十一、十二、十三条执行。

(4)审查结果公示。科技部将项目审查验收结论向社会公示。

(5)实施奖励。科技部根据审查验收结论,提出奖励性后补助预算安排建议,报财政部批复。预算批复下达后,资金按照财政国库管理制度有关规定支付至获得奖励性后补助的单位。经核定拨付的奖励性后补助经费,由单位统筹安排使用。

第十八条 获得奖励性后补助的单位,应当与科技部签订协议,明确将其技术成果实际应用于解决相关问题。未按照协议要求实际应用的,收回补助资金。

第四章 共享服务后补助

第十九条 共享服务后补助是指对面向社会开展公共服务并取得绩效的国家科技基础条件平台,经科技部、财政部绩效考核通过后,给予相应补助。

第二十条 科技部根据科技创新和经济社会发展需求,对国家科技基础条件平台实行合理布局、总量控制、动态管理,促进科技条件资源整合和高效利用,推动资源的市场化、社会化共享,提高资源利用效率。

第二十一条 共享服务后补助的绩效考核主要包括以下内容:

(1)服务情况。包括资源服务数量和质量、服务对象数量及范围、资源深度挖掘与集成、提供科技支撑取得的效果、平台服务带来的经济和社会效益等。

(2)运行管理情况。包括组织机构运行、平台管理制度落实以及运行机制保障等。

(3)资源整合情况。包括资源增量与质量、资源维护与更新等。

第二十二条 共享服务后补助按照以下程序管理:

(1)发布通知。科技部、财政部向国家科技基础条件平台所在单位发布绩效考核通知,单位根据通知要求进行申报。申报材料应当包括平台运行管理、开放共享等情况,以及反映服务绩效的相关内容和运行服务成本等。

(2)绩效考核。科技部、财政部组织专家或委托中介机构,对申报单位的资源共享服务绩效进行考核,形成绩效考核结论。

(3)绩效考核结果公示。科技部将申报单位的共享服务绩效考核结论进行公示。

（4）实施补助。科技部、财政部对共享服务后补助实行分类分档定额补助，根据绩效考核结论，确定共享服务后补助方案。后补助经费按照相关预算和国库管理制度有关规定支付。共享服务后补助经费主要用于国家科技基础条件平台的运行服务。

第二十三条 不参加绩效考核或连续两次绩效考核较差的国家科技基础条件平台，不再纳入共享服务后补助范围。

第五章 监督检查

第二十四条 后补助经费管理应当接受财政、审计等部门的检查和监督。对检查中发现的财政违法行为，应当按照《财政违法行为处罚处分条例》等有关规定予以处理。情节严重涉嫌犯罪的，依法移送司法机关处理。

第二十五条 单位存在弄虚作假、伪造成果、重复申报立项、以不当方式唆使用户或第三方检测机构出具虚假评价或检测报告，骗取财政资金的，视情节轻重，采取警告、记入不良信用记录等处理措施，并将信用记录作为今后遴选国家科技计划及专项项目承担单位的依据；已经获得后补助经费的，应当予以追回。

第二十六条 专家、中介机构、第三方机构和用户在后补助管理中存在弄虚作假等违规行为的，视情节轻重，可以采取宣布其出具的相关结果无效、通报批评、降低信用评级等处理措施，并将违规记录作为后补助管理遴选专家、中介机构、第三方机构和用户的重要依据。

第二十七条 科技部应当及时公开后补助经费支持单位、补助情况、违规行为及处理结果等，接受社会监督。

第六章 附 则

第二十八条 国家科技重大专项后补助管理办法另行制定。其他科技专项需要实行后补助管理的，可以参照本规定执行。

第二十九条　本规定未尽事宜,按照相关国家科技计划及专项有关管理办法执行。

第三十条　本规定自发布之日起施行。

关于继续实施支持和促进
重点群体创业就业有关税收政策的通知

（财政部、税务总局、人力资源社会保障部，

2014 年 4 月 29 日）

各省、自治区、直辖市、计划单列市财政厅（局）、国家税务局、地方税务局、人力资源社会保障厅（局），新疆生产建设兵团财务局、人力资源社会保障局：

1998 年以来，国家对下岗失业人员再就业给予了一系列税收扶持政策，特别是自 2011 年 1 月 1 日起实施了新的支持和促进就业的税收优惠政策，进一步扩大了享受税收优惠政策的人员范围，对于支持重点群体创业就业，促进社会和谐稳定，推动经济发展发挥了重要作用。该政策于 2013 年 12 月 31 日执行到期。根据当前宏观经济形势和就业面临的新情况、新问题，为扩大就业，鼓励以创业带动就业，经国务院批准，现将继续实施支持和促进重点群体创业就业税收政策有关问题通知如下：

一、对持《就业失业登记证》（注明"自主创业税收政策"或附着《高校毕业生自主创业证》）人员从事个体经营的，在 3 年内按每户每年 8000 元为限额依次扣减其当年实际应缴纳的营业税、城市维护建设税、教育费附加、地方教育附加和个人所得税。限额标准最高可上浮 20%，各省、自治区、直辖市人民政府可根据本地区实际情况在此幅度内确定具体限额标准，并报财政部和国家税务总局备案。

纳税人年度应缴纳税款小于上述扣减限额的，以其实际缴纳的税款

为限;大于上述扣减限额的,应以上述扣减限额为限。

本条所称持《就业失业登记证》(注明"自主创业税收政策"或附着《高校毕业生自主创业证》)人员是指:1.在人力资源社会保障部门公共就业服务机构登记失业半年以上的人员;2.零就业家庭、享受城市居民最低生活保障家庭劳动年龄内的登记失业人员;3.毕业年度内高校毕业生。高校毕业生是指实施高等学历教育的普通高等学校、成人高等学校毕业的学生;毕业年度是指毕业所在自然年,即1月1日至12月31日。

二、对商贸企业、服务型企业、劳动就业服务企业中的加工型企业和街道社区具有加工性质的小型企业实体,在新增加的岗位中,当年新招用在人力资源社会保障部门公共就业服务机构登记失业一年以上且持《就业失业登记证》(注明"企业吸纳税收政策")人员,与其签订1年以上期限劳动合同并依法缴纳社会保险费的,在3年内按实际招用人数予以定额依次扣减营业税、城市维护建设税、教育费附加、地方教育附加和企业所得税优惠。定额标准为每人每年4000元,最高可上浮30%,各省、自治区、直辖市人民政府可根据本地区实际情况在此幅度内确定具体定额标准,并报财政部和国家税务总局备案。

按上述标准计算的税收扣减额应在企业当年实际应缴纳的营业税、城市维护建设税、教育费附加、地方教育附加和企业所得税税额中扣减,当年扣减不足的,不得结转下年使用。

本条所称服务型企业是指从事现行营业税"服务业"税目规定经营活动的企业以及按照《民办非企业单位登记管理暂行条例》(国务院令第251号)登记成立的民办非企业单位。

三、享受本通知第一条、第二条优惠政策的人员按以下规定申领《就业失业登记证》、《高校毕业生自主创业证》等凭证:

(一)按照《就业服务与就业管理规定》(中华人民共和国劳动和社会保障部令第28号)第六十三条的规定,在法定劳动年龄内,有劳动能力,有就业要求,处于无业状态的城镇常住人员,在公共就业服务机构进行失业登记,申领《就业失业登记证》。其中,农村进城务工人员和其他非本地户籍人员在常住地稳定就业满6个月的,失业后可以在常住地登记。

(二)零就业家庭凭社区出具的证明,城镇低保家庭凭低保证明,在公共就业服务机构登记失业,申领《就业失业登记证》。

(三)毕业年度内高校毕业生在校期间凭学校出具的相关证明,经学校所在地省级教育行政部门核实认定,取得《高校毕业生自主创业证》(仅在毕业年度适用),并向创业地公共就业服务机构申请取得《就业失业登记证》;高校毕业生离校后直接向创业地公共就业服务机构申领《就业失业登记证》。

(四)上述人员申领相关凭证后,由就业和创业地人力资源社会保障部门对人员范围、就业失业状态、已享受政策情况进行核实,在《就业失业登记证》上注明"自主创业税收政策"或"企业吸纳税收政策"字样,同时符合自主创业和企业吸纳税收政策条件的,可同时加注;主管税务机关在《就业失业登记证》上加盖戳记,注明减免税所属时间。

四、本通知的执行期限为2014年1月1日至2016年12月31日。本通知规定的税收优惠政策按照备案减免税管理,纳税人应向主管税务机关备案。税收优惠政策在2016年12月31日未享受满3年的,可继续享受至3年期满为止。《财政部 国家税务总局关于支持和促进就业有关税收政策的通知》(财税〔2010〕84号)所规定的税收优惠政策在2013年12月31日未享受满3年的,可继续享受至3年期满为止。

五、本通知所述人员不得重复享受税收优惠政策,以前年度已享受各项就业税收优惠政策的人员不得再享受本通知规定的税收优惠政策。如果企业的就业人员既适用本通知规定的税收优惠政策,又适用其他扶持就业的税收优惠政策,企业可选择适用最优惠的政策,但不能重复享受。

六、上述税收政策的具体实施办法由国家税务总局会同财政部、人力资源社会保障部、教育部、民政部另行制定。

各地财政、税务、人力资源社会保障部门要加强领导、周密部署,把大力支持和促进重点群体创业就业工作作为一项重要任务，主动做好政策宣传和解释工作，加强部门间的协调配合，确保政策落实到位。同时，要密切关注税收政策的执行情况，对发现的问题及时逐级向财政部、国家税务总局、人力资源社会保障部反映。

关于调整完善扶持自主就业
退役士兵创业就业有关税收政策的通知

(财政部、税务总局、民政部,2014 年 4 月 29 日)

各省、自治区、直辖市、计划单列市财政厅(局)、国家税务局、地方税务局、民政厅(局),新疆生产建设兵团财务局、民政局:

自 2004 年起,国家对城镇退役士兵自谋职业给予税收扶持政策,有力地促进了城镇退役士兵创业就业。2011 年 10 月 29 日,新修订的《中华人民共和国兵役法》和首次制定的《退役士兵安置条例》公布,城乡一体的退役士兵安置改革正式施行,退役士兵安置工作进入新的历史时期。为贯彻落实中央对扎实做好退役士兵安置工作的新要求,经国务院批准,现就调整完善创业就业税收政策有关问题通知如下:

一、对自主就业退役士兵从事个体经营的,在 3 年内按每户每年 8000 元为限额依次扣减其当年实际应缴纳的营业税、城市维护建设税、教育费附加、地方教育附加和个人所得税。限额标准最高可上浮 20%,各省、自治区、直辖市人民政府可根据本地区实际情况在此幅度内确定具体限额标准,并报财政部和国家税务总局备案。

纳税人年度应缴纳税款小于上述扣减限额的,以其实际缴纳的税款为限;大于上述扣减限额的,应以上述扣减限额为限。纳税人的实际经营期不足一年的,应当以实际月份换算其减免税限额。换算公式为:减免税限额=年度减免税限额÷12×实际经营月数。

纳税人在享受税收优惠政策的当月,持《中国人民解放军义务兵退出现役证》或《中国人民解放军士官退出现役证》以及税务机关要求的相关材料向主管税务机关备案。

二、对商贸企业、服务型企业、劳动就业服务企业中的加工型企业和街道社区具有加工性质的小型企业实体,在新增加的岗位中,当年新招用自主就业退役士兵,与其签订1年以上期限劳动合同并依法缴纳社会保险费的,在3年内按实际招用人数予以定额依次扣减营业税、城市维护建设税、教育费附加、地方教育附加和企业所得税优惠。定额标准为每人每年4000元,最高可上浮50%,各省、自治区、直辖市人民政府可根据本地区实际情况在此幅度内确定具体定额标准,并报财政部和国家税务总局备案。

本条所称服务型企业是指从事现行营业税"服务业"税目规定经营活动的企业以及按照《民办非企业单位登记管理暂行条例》(国务院令第251号)登记成立的民办非企业单位。

纳税人按企业招用人数和签订的劳动合同时间核定企业减免税总额,在核定减免税总额内每月依次扣减营业税、城市维护建设税、教育费附加和地方教育附加。纳税人实际应缴纳的营业税、城市维护建设税、教育费附加和地方教育附加小于核定减免税总额的,以实际应缴纳的营业税、城市维护建设税、教育费附加和地方教育附加为限;实际应缴纳的营业税、城市维护建设税、教育费附加和地方教育附加大于核定减免税总额的,以核定减免税总额为限。

纳税年度终了,如果企业实际减免的营业税、城市维护建设税、教育费附加和地方教育附加小于核定的减免税总额,企业在企业所得税汇算清缴时扣减企业所得税。当年扣减不足的,不再结转以后年度扣减。

计算公式为:企业减免税总额=∑每名自主就业退役士兵本年度在本企业工作月份÷12×定额标准。

企业自招用自主就业退役士兵的次月起享受税收优惠政策,并于享受税收优惠政策的当月,持下列材料向主管税务机关备案:1.新招用自主就业退役士兵的《中国人民解放军义务兵退出现役证》或《中国人民解放军士官退出现役证》;2.企业与新招用自主就业退役士兵签订的劳动合同(副本),企业为职工缴纳的社会保险费记录;3.自主就业退役士兵本年度在企业工作时间表;4.税务机关要求的其他相关材料。

三、本通知所称自主就业退役士兵是指依照《退役士兵安置条例》(国务院、中央军委令第608号)的规定退出现役并按自主就业方式安置的退役士兵。

四、本通知的执行期限为2014年1月1日至2016年12月31日。本通知规定的税收优惠政策按照备案减免税管理,纳税人应向主管税务机关备案。税收优惠政策在2016年12月31日未享受满3年的,可继续享受至3年期满为止。《财政部 国家税务总局关于扶持城镇退役士兵自谋职业有关税收优惠政策的通知》(财税〔2004〕93号)自2014年1月1日起停止执行,其所规定的税收优惠政策在2013年12月31日未享受满3年的,可继续享受至3年期满为止。

《财政部 国家税务总局关于将铁路运输和邮政业纳入营业税改征增值税试点的通知》(财税〔2013〕106号)附件3第一条第(十二)项城镇退役士兵就业免征增值税政策,自2014年7月1日起停止执行。在2014年6月30日未享受满3年的,可继续享受至3年期满为止。

五、如果企业招用的自主就业退役士兵既适用本通知规定的税收优惠政策,又适用其他扶持就业的税收优惠政策,企业可选择适用最优惠的政策,但不能重复享受。

各地财政、税务、民政部门要加强领导、周密部署,把扶持自主就业退役士兵创业就业工作作为一项重要任务,主动做好政策宣传和解释工作,加强部门间的协调配合,确保政策落实到位。同时,要密切关注税收政策的执行情况,对发现的问题及时逐级向财政部、国家税务总局、民政部反映。

关于金融机构与小型微型企业
签订借款合同免征印花税的通知

（财政部、税务总局,2014 年 10 月 24 日）

各省、自治区、直辖市、计划单列市财政厅（局）、地方税务局,西藏自治区国家税务局,新疆生产建设兵团财务局:

为鼓励金融机构对小型、微型企业提供金融支持,进一步促进小型、微型企业发展,现将有关印花税政策通知如下:

一、自 2014 年 11 月 1 日至 2017 年 12 月 31 日,对金融机构与小型、微型企业签订的借款合同免征印花税。

二、上述小型、微型企业的认定,按照《工业和信息化部　国家统计局　国家发展和改革委员会　财政部关于印发中小企业划型标准规定的通知》（工信部联企业〔2011〕300 号）的有关规定执行。

关于对小微企业免征
有关政府性基金的通知

（财政部、税务总局,2014 年 12 月 23 日）

各省、自治区、直辖市、计划单列市人民政府,中宣部、教育部、水利部、中国残联:

为进一步加大对小微企业的扶持力度,经国务院批准,现将免征小微企业有关政府性基金问题通知如下:

一、自 2015 年 1 月 1 日起至 2017 年 12 月 31 日,对按月纳税的月销售额或营业额不超过 3 万元(含 3 万元),以及按季纳税的季度销售额或营业额不超过 9 万元(含 9 万元)的缴纳义务人,免征教育费附加、地方教育附加、水利建设基金、文化事业建设费。

二、自工商登记注册之日起 3 年内,对安排残疾人就业未达到规定比例、在职职工总数 20 人以下(含 20 人)的小微企业,免征残疾人就业保障金。

三、免征上述政府性基金后,有关部门依法履行职能和事业发展所需经费,由同级财政预算予以统筹安排。

关于小型微利企业
所得税优惠政策的通知

（财政部、税务总局,2015 年 3 月 13 日）

各省、自治区、直辖市、计划单列市财政厅（局）、国家税务局、地方税务局,新疆生产建设兵团财务局:

为了进一步支持小型微利企业发展,经国务院批准,现就小型微利企业所得税政策通知如下:

一、自 2015 年 1 月 1 日至 2017 年 12 月 31 日,对年应纳税所得额低于 20 万元（含 20 万元）的小型微利企业,其所得减按 50% 计入应纳税所得额,按 20% 的税率缴纳企业所得税。

前款所称小型微利企业,是指符合《中华人民共和国企业所得税法》（以下简称企业所得税法）及其实施条例规定的小型微利企业。

二、企业所得税法实施条例第九十二条第（一）项和第（二）项所称从业人数,包括与企业建立劳动关系的职工人数和企业接受的劳务派遣用工人数。

从业人数和资产总额指标,应按企业全年的季度平均值确定。具体计算公式如下:

季度平均值 =（季初值+季末值）÷2

全年季度平均值 = 全年各季度平均值之和÷4

年度中间开业或者终止经营活动的,以其实际经营期作为一个纳税年度确定上述相关指标。

　　上述计算方法自 2015 年 1 月 1 日起执行,《财政部　国家税务总局关于执行企业所得税优惠政策若干问题的通知》(财税〔2009〕69 号)第七条同时停止执行。

　　三、各级财政、税务部门要密切配合,严格按照本通知的规定,抓紧做好小型微利企业所得税优惠政策落实工作。同时,要及时跟踪、了解优惠政策的执行情况,对发现的新问题及时反映,确保优惠政策落实到位。

关于支持开展小微企业创业创新
基地城市示范工作的通知

（财政部、工业和信息化部、科技部、

商务部、工商总局,2015 年 4 月 16 日）

各省（自治区、直辖市、计划单列市）财政厅（局）、中小企业主管部门、科技厅（委、局）、商务主管部门、工商行政管理局：

　　根据国务院关于促进中小企业健康发展的决策部署,财政部、工业和信息化部、科技部、商务部、工商总局决定,从 2015 年起开展小微企业创业创新基地城市示范工作,中央财政给予奖励资金支持。现将有关事项通知如下：

一、开展小微企业创业创新基地
城市示范工作的重要性

　　党中央、国务院高度重视中小企业特别是小微企业发展,近年不断出台政策措施减轻小微企业税费负担,深入推进商事制度改革,简化行政审批,极大地释放了小微企业发展活力。地方各级财政、工信、科技、商务、工商等部门切实加大资金投入,加强业务指导与服务,有力地支持了小微企业发展,"大众创业、万众创新"的生动局面正在形成。但当前,财政资金使用较为分散,仍以项目管理为主,政府支持中小企业特别是小微企业缺乏有效的政策平台,支持政策传递距离长、"最后一公里"问题仍较为突出。开展小微企业创业创新基地城市示范工作,有利于发挥中央财政资金引导作用,整合政策资源聚集服务要素,缩短政策流程提高效率,创新支持政策,探索建立政府扶持小微企业发展的新机制。

二、总体要求

(一)指导思想。

以党的十八大、十八届三中、四中全会精神为指引,深入贯彻落实国务院领导同志一系列重要指示精神,适应经济发展新常态,加快转变政府职能,调整财政支持政策,通过打造支撑小微企业的市场化、专业化、集成化、网络化新型载体,营造有利于大众创业、万众创新的政策环境和制度环境,进一步释放微观主体活力,增强经济增长内生动力,促进经济提质增效升级。

(二)基本原则。

一是地方为主,中央引导。以城市为单位支持小微企业发展,充分发挥地方处理复杂信息的优势,突出地方在组织实施中的责任主体地位,中央主要给予资金支持与工作指导。

二是营造环境,公平竞争。财政支持立足于弥补市场失灵,不干预市场正常运行,主要通过新型载体等为小微企业发展创造良好的环境,促进公平竞争,激发内生动力。

三是创新机,探索经验。鼓励示范城市先行先试,探索以新型载体支撑小微企业发展的有效模式,形成可复制、可推广的经验,放大政策效果。

(三)示范工作内容。

中央财政通过中小企业发展专项资金给予示范城市奖励支持,由示范城市统筹使用。示范城市不得将中央财政奖励资金安排用于基地楼堂馆所等基建工程支出,要重点强化对创业创新基地(众创空间、小企业创业基地、微型企业孵化园、科技孵化器、商贸企业集聚区等)服务能力的支持,并以创业创新基地为载体,采取多种有效方式促进中小企业特别是小微企业发展,政策支持应聚焦小微企业发展必需的内容:对入驻基地的小微企业适当减免经营场地、生产厂房费用等;改进对小微企业的公共服务,并运用大数据、云计算等信息化手段,促进形成服务平台互联互通、资源共享的服务体系;协调落实支持创业就业以及鼓励创新的相关政策措施;进一步实施简政放权等。示范城市应推广创业创新基地的成功做法与成熟经验,完善对基地外其他中小企业特别是小微企业的扶持政策,扩大政策惠及范围。

三、小微企业创业创新基地城市
示范奖励政策及城市选择

(一)中央财政给予示范城市奖励支持。示范期内,计划单列市及省会城市奖励总额为9亿元,一般城市(含直辖市所属区、县)奖励总额为6亿元。示范期为3年,奖励资金分年拨付。

(二)对示范城市实行绩效考核,建立退出机制。财政部、工业和信息化部、科技部、商务部、工商总局对示范城市工作进行指导,组织开展绩效评价。对不能按期保质完成示范工作的城市,扣回奖励资金并责其退出示范;对示范工作完成好、成绩突出的城市,按奖励资金规模10%加大奖励。

(三)采取竞争性评审方式选择示范城市。财政部、工业和信息化部、科技部、商务部、工商总局将联合对申请示范的城市进行资格审核,对通过资格审核的城市,组织现场公开答辩。

各地财政、工信、科技、商务、工商部门应高度重视此项工作,积极谋划、组织有关城市做好实施方案编制工作,研究制定相关配套措施,切实抓好相关组织实施工作。申报指南另行发布。

关于扩大企业吸纳就业税收
优惠适用人员范围的通知

（财政部、税务总局、人力资源社会保障部，
2015 年 7 月 10 日）

各省、自治区、直辖市、计划单列市财政厅（局）、国家税务局、地方税务局、人力资源社会保障厅（局），新疆生产建设兵团财务局、人力资源社会保障局：

为进一步做好新形势下促进就业工作，根据国务院决定，现对《财政部国家税务总局人力资源社会保障部关于继续实施支持和促进重点群体创业就业有关税收政策的通知》（财税〔2014〕39 号）中企业吸纳就业税收优惠适用人员范围作如下调整：

将财税〔2014〕39 号文件中"当年新招用在人力资源社会保障部门公共就业服务机构登记失业一年以上"的内容调整为"当年新招用在人力资源社会保障部门公共就业服务机构登记失业半年以上"，其他政策内容和具体实施办法不变。

本通知自 2015 年 5 月 1 日起施行。各地财政、税务、人力资源社会保障部门要认真做好新旧政策的衔接工作，主动做好政策宣传工作，确保政策落实到位。

关于印发《中小企业发展专项
资金管理暂行办法》的通知

(财政部,2015 年 7 月 17 日)

各省、自治区、直辖市、计划单列市财政厅(局),新疆生产建设兵团财务局:

为促进中小企业特别是小型微型企业健康发展,规范和加强中小企业发展专项资金的管理和使用,财政部制定了《中小企业发展专项资金管理暂行办法》。现印发给你们,请遵照执行。

中小企业发展专项资金管理暂行办法

第一条 为了规范中小企业发展专项资金的管理和使用,提高资金使用效益,根据《中华人民共和国预算法》、《中华人民共和国中小企业促进法》、《中华人民共和国民族区域自治法》等,制定本办法。

第二条 本办法所称中小企业发展专项资金(以下简称专项资金),是指中央财政预算安排用于优化中小企业发展环境、引导地方扶持中小企业发展及民族贸易、少数民族特需商品定点生产企业发展的资金。

第三条 专项资金旨在引领带动地方积极探索政府扶持中小企业的有效途径,支持改善中小企业发展环境,加大对薄弱环节的投入,突破制约中小企业发展的短板与瓶颈,建立扶持中小企业发展的长效机制,有效促进形成"大众创业、万众创新"的良好局面。

第四条　专项资金的管理应当遵循公开透明、公平公正、突出重点、加强监督的原则,实行专款专用,专项管理,确保资金使用规范、安全和高效。

第五条　财政部会同工业和信息化部、科技部、商务部、国家工商行政管理总局、国家民委等部门确定专项资金支持重点。财政部负责专项资金的预算管理和资金拨付,并对专项资金的管理情况和实施效果等开展预算监管和绩效管理。

第六条　专项资金支持范围包括:

(一)小微企业创业创新基地城市示范。

(二)中小企业参加重点展会、完善中小企业公共服务体系、中小企业创新活动、融资担保及国内贸易信用保险等。

(三)民族贸易和少数民族特需商品定点生产企业发展。

(四)其他促进中小企业发展的工作。

第七条　财政部会同相关部门根据国家促进中小企业发展的决策部署适时适当调整专项资金支持的重点领域,并通过发布工作指南等组织实施。

第八条　对本办法第六条第一项工作,省级财政部门会同同级相关部门向财政部等部门申报。申报城市应按照工作指南要求编制实施方案,财政部会同工业和信息化部、科技部、商务部、国家工商行政管理总局等部门按照工作指南明确的程序组织竞争性评审,确定示范城市。

财政部负责确定示范期内对示范城市的资金支持总额,并根据资金需求、预算安排进度要求、管理绩效等因素分年拨付。工业和信息化部、科技部、商务部、国家工商行政管理总局等部门按照各自职责指导小微企业创业创新基地城市示范工作。

第九条　对本办法第六条第二项工作,省级财政、工信、科技、商务、工商行政管理等部门应引导小微企业创业创新基地示范城市加大对重点工作的支持,推动示范城市积极开展先行先试,发挥好示范带动作用;具备条件的工作由财政部分别会同工业和信息化部、科技部、商务部、国家工商行政管理总局等部门专项组织实施,不断扩大中小企业受益范围,切实提高各专项工作的针对性和有效性。

第十条 对本办法第六条第三项工作,国家民委综合考虑有关省份民族贸易企业网点和民族特需商品生产布局、供需平衡、上年度预算执行及绩效评价等情况,提出年度专项资金分配建议,财政部按照预算管理规定审核后切块下达到有关省份。

民族贸易企业和少数民族特需商品定点生产企业有关省份包括内蒙古、广西、西藏、宁夏、新疆等5个民族自治区;贵州、云南、青海等3个多民族省;吉林、湖北、湖南、四川、甘肃等5个辖有民族自治州的省。

第十一条 专项资金补助对象按照政府机构、事业单位和企业等分类,专项资金补助根据支持内容的不同,可以采取无偿资助、投资补助、政府购买服务等方式。

第十二条 专项资金支付按照财政国库管理制度有关规定执行。

第十三条 财政部会同相关部门建立定期评价和退出机制,根据实际工作需要组织开展绩效评价,并加强绩效评价结果的应用。

第十四条 财政部会同相关部门加强预算监管,对监管发现的问题及时督促整改,对违反本办法规定,截留、挤占、挪用专项资金的行为,依照《财政违法行为处罚处分条例》规定处理。

第十五条 地方财政部门应会同同级相关部门制定专项资金管理实施细则,并及时将专项资金分配结果向社会公开。

第十六条 本办法自发布之日起施行。财政部、工业和信息化部、科技部、商务部《关于印发〈中小企业发展专项资金管理暂行办法〉的通知》(财企〔2014〕38号),财政部、国家民委《关于印发〈民族贸易企业网点建设和民族特需商品定点生产企业技术改造专项资金管理办法〉的通知》(财建〔2014〕234号)同时废止。

关于进一步扩大小型微利企业所得税优惠政策范围的通知

（财政部、税务总局，2015年9月2日）

各省、自治区、直辖市、计划单列市财政厅（局）、国家税务局、地方税务局，新疆生产建设兵团财务局：

为进一步发挥小型微利企业在推动经济发展、促进社会就业等方面的积极作用，经国务院批准，现就小型微利企业所得税政策通知如下：

一、自2015年10月1日起至2017年12月31日，对年应纳税所得额在20万元到30万元（含30万元）之间的小型微利企业，其所得减按50%计入应纳税所得额，按20%的税率缴纳企业所得税。

前款所称小型微利企业，是指符合《中华人民共和国企业所得税法》及其实施条例规定的小型微利企业。

二、为做好小型微利企业税收优惠政策的衔接，进一步便利核算，对本通知规定的小型微利企业，其2015年10月1日至2015年12月31日间的所得，按照2015年10月1日后的经营月份数占其2015年度经营月份数的比例计算。

三、《财政部　国家税务总局关于小型微利企业所得税优惠政策的通知》（财税〔2015〕34号）继续执行。

四、各级财政、税务部门要严格按照本通知的规定，做好小型微利企业所得税优惠政策的宣传辅导工作，确保优惠政策落实到位。

关于将国家自主创新示范区有关税收试点政策推广到全国范围实施的通知

(财政部、税务总局,2015 年 10 月 23 日)

各省、自治区、直辖市、计划单列市财政厅(局)、国家税务局、地方税务局,新疆生产建设兵团财务局:

根据国务院常务会议决定精神,将国家自主创新示范区试点的四项所得税政策推广至全国范围实施。现就有关税收政策问题明确如下:

一、关于有限合伙制创业投资企业法人合伙人企业所得税政策

1. 自 2015 年 10 月 1 日起,全国范围内的有限合伙制创业投资企业采取股权投资方式投资于未上市的中小高新技术企业满 2 年(24 个月)的,该有限合伙制创业投资企业的法人合伙人可按照其对未上市中小高新技术企业投资额的 70% 抵扣该法人合伙人从该有限合伙制创业投资企业分得的应纳税所得额,当年不足抵扣的,可以在以后纳税年度结转抵扣。

2. 有限合伙制创业投资企业的法人合伙人对未上市中小高新技术企业的投资额,按照有限合伙制创业投资企业对中小高新技术企业的投资额和合伙协议约定的法人合伙人占有限合伙制创业投资企业的出资比例计算确定。

二、关于技术转让所得企业所得税政策

1. 自 2015 年 10 月 1 日起,全国范围内的居民企业转让 5 年以上非独占许可使用权取得的技术转让所得,纳入享受企业所得税优惠的技术转让所得范围。居民企业的年度技术转让所得不超过 500 万元的部分,免征企业所得税;超过 500 万元的部分,减半征收企业所得税。

2. 本通知所称技术,包括专利(含国防专利)、计算机软件著作权、集成电路布图设计专有权、植物新品种权、生物医药新品种,以及财政部和国家税务总局确定的其他技术。其中,专利是指法律授予独占权的发明、实用新型以及非简单改变产品图案和形状的外观设计。

三、关于企业转增股本个人所得税政策

1. 自 2016 年 1 月 1 日起,全国范围内的中小高新技术企业以未分配利润、盈余公积、资本公积向个人股东转增股本时,个人股东一次缴纳个人所得税确有困难的,可根据实际情况自行制定分期缴税计划,在不超过 5 个公历年度内(含)分期缴纳,并将有关资料报主管税务机关备案。

2. 个人股东获得转增的股本,应按照"利息、股息、红利所得"项目,适用 20% 税率征收个人所得税。

3. 股东转让股权并取得现金收入的,该现金收入应优先用于缴纳尚未缴清的税款。

4. 在股东转让该部分股权之前,企业依法宣告破产,股东进行相关权益处置后没有取得收益或收益小于初始投资额的,主管税务机关对其尚未缴纳的个人所得税可不予追征。

5. 本通知所称中小高新技术企业,是指注册在中国境内实行查账征收的、经认定取得高新技术企业资格,且年销售额和资产总额均不超过

2 亿元、从业人数不超过 500 人的企业。

6. 上市中小高新技术企业或在全国中小企业股份转让系统挂牌的中小高新技术企业向个人股东转增股本,股东应纳的个人所得税,继续按照现行有关股息红利差别化个人所得税政策执行,不适用本通知规定的分期纳税政策。

四、关于股权奖励个人所得税政策

1. 自 2016 年 1 月 1 日起,全国范围内的高新技术企业转化科技成果,给予本企业相关技术人员的股权奖励,个人一次缴纳税款有困难的,可根据实际情况自行制定分期缴税计划,在不超过 5 个公历年度内(含)分期缴纳,并将有关资料报主管税务机关备案。

2. 个人获得股权奖励时,按照"工资薪金所得"项目,参照《财政部国家税务总局关于个人股票期权所得征收个人所得税问题的通知》(财税〔2005〕35 号)有关规定计算确定应纳税额。股权奖励的计税价格参照获得股权时的公平市场价格确定。

3. 技术人员转让奖励的股权(含奖励股权孳生的送、转股)并取得现金收入的,该现金收入应优先用于缴纳尚未缴清的税款。

4. 技术人员在转让奖励的股权之前企业依法宣告破产,技术人员进行相关权益处置后没有取得收益或资产,或取得的收益和资产不足以缴纳其取得股权尚未缴纳的应纳税款的部分,税务机关可不予追征。

5. 本通知所称相关技术人员,是指经公司董事会和股东大会决议批准获得股权奖励的以下两类人员:

(1)对企业科技成果研发和产业化作出突出贡献的技术人员,包括企业内关键职务科技成果的主要完成人、重大开发项目的负责人、对主导产品或者核心技术、工艺流程作出重大创新或者改进的主要技术人员。

(2)对企业发展作出突出贡献的经营管理人员,包括主持企业全面生产经营工作的高级管理人员,负责企业主要产品(服务)生产经营合计占主营业务收入(或者主营业务利润)50%以上的中、高级经营管理人员。

企业面向全体员工实施的股权奖励,不得按本通知规定的税收政策执行。

6. 本通知所称股权奖励,是指企业无偿授予相关技术人员一定份额的股权或一定数量的股份。

7. 本通知所称高新技术企业,是指实行查账征收、经省级高新技术企业认定管理机构认定的高新技术企业。

关于完善研究开发费用
税前加计扣除政策的通知

（财政部、税务总局、科技部，2015 年 11 月 2 日）

各省、自治区、直辖市、计划单列市财政厅（局）、国家税务局、地方税务局、科技厅（局），新疆生产建设兵团财务局、科技局：

根据《中华人民共和国企业所得税法》及其实施条例有关规定，为进一步贯彻落实《中共中央　国务院关于深化体制机制改革加快实施创新驱动发展战略的若干意见》精神，更好地鼓励企业开展研究开发活动（以下简称研发活动）和规范企业研究开发费用（以下简称研发费用）加计扣除优惠政策执行，现就企业研发费用税前加计扣除有关问题通知如下：

一、研发活动及研发费用归集范围

本通知所称研发活动，是指企业为获得科学与技术新知识，创造性运用科学技术新知识，或实质性改进技术、产品（服务）、工艺而持续进行的具有明确目标的系统性活动。

（一）允许加计扣除的研发费用。

企业开展研发活动中实际发生的研发费用，未形成无形资产计入当期损益的，在按规定据实扣除的基础上，按照本年度实际发生额的 50%，从本年度应纳税所得额中扣除；形成无形资产的，按照无形资产成本的150%在税前摊销。研发费用的具体范围包括：

274

1. 人员人工费用。

直接从事研发活动人员的工资薪金、基本养老保险费、基本医疗保险费、失业保险费、工伤保险费、生育保险费和住房公积金，以及外聘研发人员的劳务费用。

2. 直接投入费用。

（1）研发活动直接消耗的材料、燃料和动力费用。

（2）用于中间试验和产品试制的模具、工艺装备开发及制造费，不构成固定资产的样品、样机及一般测试手段购置费，试制产品的检验费。

（3）用于研发活动的仪器、设备的运行维护、调整、检验、维修等费用，以及通过经营租赁方式租入的用于研发活动的仪器、设备租赁费。

3. 折旧费用。

用于研发活动的仪器、设备的折旧费。

4. 无形资产摊销。

用于研发活动的软件、专利权、非专利技术（包括许可证、专有技术、设计和计算方法等）的摊销费用。

5. 新产品设计费、新工艺规程制定费、新药研制的临床试验费、勘探开发技术的现场试验费。

6. 其他相关费用。

与研发活动直接相关的其他费用，如技术图书资料费、资料翻译费、专家咨询费、高新科技研发保险费，研发成果的检索、分析、评议、论证、鉴定、评审、评估、验收费用，知识产权的申请费、注册费、代理费，差旅费、会议费等。此项费用总额不得超过可加计扣除研发费用总额的10%。

7. 财政部和国家税务总局规定的其他费用。

（二）下列活动不适用税前加计扣除政策。

1. 企业产品（服务）的常规性升级。

2. 对某项科研成果的直接应用，如直接采用公开的新工艺、材料、装置、产品、服务或知识等。

3.企业在商品化后为顾客提供的技术支持活动。

4.对现存产品、服务、技术、材料或工艺流程进行的重复或简单改变。

5.市场调查研究、效率调查或管理研究。

6.作为工业（服务）流程环节或常规的质量控制、测试分析、维修维护。

7.社会科学、艺术或人文学方面的研究。

二、特别事项的处理

1.企业委托外部机构或个人进行研发活动所发生的费用,按照费用实际发生额的80%计入委托方研发费用并计算加计扣除,受托方不得再进行加计扣除。委托外部研究开发费用实际发生额应按照独立交易原则确定。

委托方与受托方存在关联关系的,受托方应向委托方提供研发项目费用支出明细情况。

企业委托境外机构或个人进行研发活动所发生的费用,不得加计扣除。

2.企业共同合作开发的项目,由合作各方就自身实际承担的研发费用分别计算加计扣除。

3.企业集团根据生产经营和科技开发的实际情况,对技术要求高、投资数额大,需要集中研发的项目,其实际发生的研发费用,可以按照权利和义务相一致、费用支出和收益分享相配比的原则,合理确定研发费用的分摊方法,在受益成员企业间进行分摊,由相关成员企业分别计算加计扣除。

4.企业为获得创新性、创意性、突破性的产品进行创意设计活动而发生的相关费用,可按照本通知规定进行税前加计扣除。

创意设计活动是指多媒体软件、动漫游戏软件开发,数字动漫、游戏设计制作;房屋建筑工程设计(绿色建筑评价标准为三星)、风景园林工程专项设计;工业设计、多媒体设计、动漫及衍生产品设计、模型设计等。

三、会计核算与管理

1. 企业应按照国家财务会计制度要求,对研发支出进行会计处理;同时,对享受加计扣除的研发费用按研发项目设置辅助账,准确归集核算当年可加计扣除的各项研发费用实际发生额。企业在一个纳税年度内进行多项研发活动的,应按照不同研发项目分别归集可加计扣除的研发费用。

2. 企业应对研发费用和生产经营费用分别核算,准确、合理归集各项费用支出,对划分不清的,不得实行加计扣除。

四、不适用税前加计扣除政策的行业

1. 烟草制造业。

2. 住宿和餐饮业。

3. 批发和零售业。

4. 房地产业。

5. 租赁和商务服务业。

6. 娱乐业。

7. 财政部和国家税务总局规定的其他行业。

上述行业以《国民经济行业分类与代码(GB/4754—2011)》为准,并随之更新。

五、管理事项及征管要求

1. 本通知适用于会计核算健全、实行查账征收并能够准确归集研发

277

费用的居民企业。

2. 企业研发费用各项目的实际发生额归集不准确、汇总额计算不准确的,税务机关有权对其税前扣除额或加计扣除额进行合理调整。

3. 税务机关对企业享受加计扣除优惠的研发项目有异议的,可以转请地市级(含)以上科技行政主管部门出具鉴定意见,科技部门应及时回复意见。企业承担省部级(含)以上科研项目的,以及以前年度已鉴定的跨年度研发项目,不再需要鉴定。

4. 企业符合本通知规定的研发费用加计扣除条件而在 2016 年 1 月 1 日以后未及时享受该项税收优惠的,可以追溯享受并履行备案手续,追溯期限最长为 3 年。

5. 税务部门应加强研发费用加计扣除优惠政策的后续管理,定期开展核查,年度核查面不得低于 20%。

六、执行时间

本通知自 2016 年 1 月 1 日起执行。《国家税务总局关于印发〈企业研究开发费用税前扣除管理办法(试行)〉的通知》(国税发〔2008〕116 号)和《财政部　国家税务总局关于研究开发费用税前加计扣除有关政策问题的通知》(财税〔2013〕70 号)同时废止。

关于实施大学生创业引领计划的通知

（人力资源社会保障部、发展改革委、教育部、
科技部、工业和信息化部、财政部、人民银行、
工商总局、共青团中央,2014 年 5 月 22 日）

各省、自治区、直辖市人力资源社会保障厅（局）、发展改革委、教育厅（教委）、科技厅（科委）、中小企业主管部门、财政厅（局）、工商行政管理局、团委,中国人民银行上海总部、各分行、营业管理部、省会（首府）城市中心支行,部属各高等学校,新疆生产建设兵团有关部门:

为了贯彻落实党中央、国务院关于全面深化改革战略部署和促进高校毕业生就业创业工作要求,引导和支持更多的大学生创业,人力资源社会保障部、国家发展改革委、教育部、科技部、工业和信息化部、财政部、人民银行、工商总局、共青团中央决定,2014—2017 年实施新一轮"大学生创业引领计划"。现就有关问题通知如下:

一、指导思想和目标任务

（一）指导思想

深入贯彻落实党的十八届三中全会对促进高校毕业生就业创业工作的新要求,坚持政府政策支持与创业者努力相结合,合理运用政府公共资源,充分动员社会其他资源,激发大学生（含国内各类高校的在校生、毕业生、出国（境）留学回国人员）创新活力,为大学生创业提供有力支持,

以创新引领创业,以创业带动就业。

(二)目标任务

通过各方共同努力,使大学生的创业意识和创业能力进一步增强,支持大学生创业的政策制度和服务体系更加完善,政府激励创业、社会支持创业、大学生勇于创业的机制基本形成,大学生创业的规模、比例继续得到扩大和提高,力争实现 2014—2017 年引领 80 万大学生创业的预期目标。

二、政策措施

(一)普及创业教育

各级教育部门要加强对高校创业教育工作的指导和管理,推动高校普及创业教育,实现创业教育科学化、制度化、规范化。各高校要将创业教育融入人才培养体系,贯穿人才培养全过程,面向全体学生广泛、系统开展;积极开发开设创新创业类课程,并纳入学分管理;不断丰富创业教育形式,开展灵活多样的创业实践活动;切实加强师资队伍建设,为普及创业教育提供有力支持。

(二)加强创业培训

各级人社部门要加强与教育部门和高校的衔接,以有创业愿望的大学生为重点,编制专项培训计划,优先安排培训资源,切实抓好组织实施,使每一个有创业愿望和培训需求的大学生都有机会获得创业培训。要鼓励支持有条件的高校、教育培训机构、创业服务企业、行业协会、群团组织等开发适合大学生的创业培训项目,经过评审认定后,纳入创业培训计划,提高创业培训的针对性和有效性。要切实加强创业培训师资队伍建设,创新培训方式,积极推行创业模块培训、创业案例教学和创业实务训练,抓好质量监督,不断提升大学生创业能力。要会同相关部门进一步完善和落实创业培训补贴政策,健全并加强培训补贴资金管理,对符合条件的参训大学生按规定给予培训补贴。

（三）提供工商登记和银行开户便利

各级工商部门要按照工商登记制度改革总体部署完善管理制度，落实注册资本认缴登记制，依照有关法律法规规定拓宽企业出资方式，放宽住所（经营场所）登记条件，推行电子营业执照和全程电子化登记管理。要进一步完善工商登记"绿色通道"，简化登记手续，优化业务流程，为创业大学生办理营业执照提供便利。要落实减免行政事业性收费政策，对符合条件的创业大学生，按规定减免登记类和证照类等有关行政事业性收费。人民银行各分支机构要积极会同有关部门指导银行业金融机构进一步改进金融服务，为创业大学生办理企业开户手续提供便利和优惠。

（四）提供多渠道资金支持

各地要认真落实小额担保贷款政策，在符合规定前提下，加大对创业大学生的支持力度，简化反担保手续，强化担保基金的独立担保功能，适当延长担保基金的担保责任期限，落实银行贷款和财政贴息，重点支持吸纳大学生较多的初创企业。要充分发挥中小企业发展专项资金的作用，更多支持大学生创业实体。要鼓励企业、行业协会、群团组织、天使投资人等以多种方式向创业大学生提供资金支持，设立重点支持创业大学生的天使投资和创业投资基金。对支持创业早期企业的投资，符合规定条件的，按规定给予所得税优惠或其他政策鼓励。有条件的地区要对现有各类高校毕业生就业创业基金进行整合，完善管理体制和运营机制，向大学生创业实体提供支持。

（五）提供创业经营场所支持

各地要充分利用大学科技园、科技企业孵化器、高新技术开发区、经济技术开发区、工业园、农业产业园、城市配套商业设施、闲置厂房等现有资源，建设大学生创业园、留学人员创业园和创业孵化基地，为创业大学生提供创业经营场所。对建设大学生创业园、留学人员创业园和创业孵化基地的地方和高校，有关部门要积极给予对口支持和业务指导。要将创业实训、创业孵化、创业辅导相结合，创新孵化方式，完善孵化功能，提高创业孵化成功率。要制定并完善创业经营场所租金补贴办法,对符合条件的创业大学生按规定给予经营场所租金补贴。

(六)加强创业公共服务

各级人社部门要会同协调有关方面针对创业大学生普遍遇到的问题开展创业公共服务,建立健全创业公共服务政府采购机制并加强绩效管理,构建覆盖院校、园区、社会的创业公共服务体系。要对各方面相关优惠政策进行归集梳理,以年轻人喜闻乐见的形式加强宣传解读并提供咨询,帮助符合条件的创业大学生获得相应的税费减免、资金补贴等政策扶持。要建立健全青年创业辅导制度,从拥有丰富行业经验和行业资源的企业家、职业经理人、天使投资人当中选拔一批青年创业导师,为创业大学生提供创业辅导。要采取多种方式搭建青年创业者交流平台,经常举办交流活动,为创业大学生及时了解政策和行业信息、学习积累行业经验、寻找合作伙伴和创业投资人创造条件。要积极引导大学生参加创业竞赛活动,有条件的地区可定期举办青年创业大赛,使之成为凝聚青年创业者、展示创业方案和创业项目的舞台,同时为创业投资机构、天使投资人等选择投资对象提供机会。要拓宽人事和劳动保障事务代理服务范围,将创业大学生作为重要服务对象,提供档案保管、人事代理、职称评定、社保代理等服务。要加强服务创新,积极探索将促进就业创业政策措施向网络创业就业领域延伸拓展的有效方式,为在电子商务网络平台上注册"网店"的创业大学生提供政策支持和服务。要充分发挥留学人员回国服务工作体系的作用,对留学回国创业人员开展针对性服务,帮助他们了解国内信息、熟悉创业环境、交流创业经验、获得政策扶持。

三、工作要求

(一)加强组织领导

各地各高校要充分认识促进大学生创业的重要意义,切实加强领导,加大人力、财力投入,为本计划实施提供有力保障。要结合实际制订贯彻落实方案,明确目标和进度指标、任务和政策措施、责任分工和完成期限,对本计划的实施做出具体安排。各有关部门和单位要牢固树立全局意识,认真履行职责,加强协调配合,确保本计划顺利实施。

（二）加强绩效考核

要把本计划落实与执行情况作为高校毕业生就业工作考核的重要内容,以既定目标、进度、任务是否完成,政策措施是否落实到位,创业大学生是否得到支持帮助为考核重点,定期对相关部门、单位进行绩效考核。考核结果要及时向党委、政府汇报,并通报有关方面,接受监督质询,不断推进工作取得实效。

（三）加强舆论宣传

对党和政府鼓励支持大学生创业的政策措施,本计划执行过程中取得的进展、成效、经验和工作创新,以及创业大学生自强不息、勇于创业的典型事迹,各地要通过大众传媒予以广泛宣传,以加强对社会舆论的正面引导,努力营造鼓励创新、崇尚创业、褒奖成功、宽容失败的社会氛围。

各地贯彻落实情况请及时告人力资源社会保障部、教育部。

关于做好留学回国人员
自主创业工作有关问题的通知

(人力资源社会保障部,2015 年 1 月 16 日)

各省、自治区、直辖市及新疆生产建设兵团人力资源社会保障厅(局),各副省级市人力资源社会保障局:

为落实国务院办公厅《关于做好 2014 年全国普通高等学校毕业生就业创业工作的通知》(国办发〔2014〕22 号)和中组部、人力资源社会保障部《关于支持留学人员回国创业意见的通知》(人社部发〔2011〕23 号)精神,切实做好留学回国人员自主创业工作,现就有关问题通知如下:

一、在国外接受高等教育并获得本科以上学历的留学回国人员比照国内高校毕业生,享受高校毕业生自主创业优惠政策。

二、符合政策规定条件的留学回国人员可凭国外学历学位证书和教育部国外学历学位认证,在创业地人力资源社会保障部门留学人员回国服务机构登记备案,可按规定享受创业指导、创业培训、工商登记、融资服务、税费减免、场地扶持、人事代理、档案保管、职称评定、社会保险办理和接续等各项服务和政策优惠。

三、各级人力资源社会保障部门要明确留学回国人员享受高校毕业生自主创业扶持政策的工作流程,指导各地留学回国人员服务中心、留学人员创业园、留学人员工作站等留学人员回国服务机构不断创新服务手段和方式,加强与公共就业人才服务机构及工商、税务、银行等相关部门的协调衔接,将留学人员回国服务机构作为统一受理窗口,有条件的可实

284

行一站式服务,为留学回国人员申请享受创业优惠政策提供便利。

四、各地要高度重视留学回国人员自主创业工作,切实加强组织领导,加大投入,充实留学人员回国服务机构工作力量,将这项工作纳入留学人员回国服务体系建设和大学生创业引领计划实施工作考核范畴,确保政策落实、服务到位。

五、各地执行中遇有问题,请及时向人力资源社会保障部专业技术人员管理司反馈。

关于支持新产业新业态发展
促进大众创业万众创新用地的意见

（国土资源部、发展改革委、科技部、工业和信息化部、
住房城乡建设部、商务部,2015 年 9 月 10 日）

各省、自治区、直辖市和新疆生产建设兵团国土资源、发展改革、科技、工业和信息化(通信管理)、住房和城乡建设、商务主管部门:

为贯彻落实党中央、国务院关于加快实施创新驱动发展战略、大力推进大众创业万众创新重大决策部署,增强战略性新兴产业支撑作用,推进"互联网+"行动,发展电子商务,构建众创空间等创业服务平台,支持培育发展新产业、新业态,依据国家相关法律法规政策,提出以下用地意见:

一、加大新供用地保障力度

（一）优先安排新产业发展用地。依据国家《战略性新兴产业重点产品和相关服务指导目录》、《中国制造 2025》、"互联网+"等国家鼓励发展的新产业、新业态政策要求,各地可结合地方实际,确定当地重点发展的新产业,以"先存量、后增量"的原则,优先安排用地供应。对新产业发展快、用地集约且需求大的地区,可适度增加年度新增建设用地指标。

（二）明确新产业、新业态用地类型。国家支持发展的新产业、新业态建设项目,属于产品加工制造、高端装备修理的项目,可按工业用途落实用地;属于研发设计、勘察、检验检测、技术推广、环境评估与监测的项

286

目,可按科教用途落实用地;属于水资源循环利用与节水、新能源发电运营维护、环境保护及污染治理中的排水、供电及污水、废物收集、贮存、利用、处理以及通信设施的项目,可按公用设施用途落实用地;属于下一代信息网络产业(通信设施除外)、新型信息技术服务、电子商务服务等经营服务项目,可按商服用途落实用地。新业态项目土地用途不明确的,可经县级以上城乡规划部门会同国土资源等相关部门论证,在现有国家城市用地分类的基础上制定地方标准予以明确,向社会公开后实施。

(三)运用多种方式供应新产业用地。新产业项目用地符合《划拨用地目录》的,可以划拨供应。鼓励以租赁等多种方式向中小企业供应土地。积极推行先租后让、租让结合供应方式。出让土地依法需以招标拍卖挂牌方式供应的,在公平、公正、不排除多个市场主体竞争的前提下,可将投资和产业主管部门提出的产业类型、生产技术、产业标准、产品品质要求作为土地供应前置条件;以先租后让等方式供应土地涉及招标拍卖挂牌的,招标拍卖挂牌程序也可在租赁供应时实施,租赁期满符合条件的可转为出让土地。

(四)采取差别化用地政策支持新业态发展。光伏、风力发电等项目使用戈壁、荒漠、荒草地等未利用土地的,对不占压土地、不改变地表形态的用地部分,可按原地类认定,不改变土地用途,在年度土地变更调查时作出标注,用地允许以租赁等方式取得,双方签订好补偿协议,用地报当地县级国土资源部门备案;对项目永久性建筑用地部分,应依法按建设用地办理手续。对建设占用农用地的,所有用地部分均应按建设用地管理。新能源汽车充电设施、移动通信基站等用地面积小、需多点分布的新产业配套基础设施,可采取配建方式供地。在供应其他相关建设项目用地时,将配建要求纳入土地使用条件,土地供应后,由相关权利人依法明确配套设施用地产权关系;鼓励新产业小型配套设施依法取得地役权进行建设。

287

二、鼓励盘活利用现有用地

（五）促进制造业迈向中高端。传统工业企业转为先进制造业企业，以及利用存量房产进行制造业与文化创意、科技服务业融合发展的，可实行继续按原用途和土地权利类型使用土地的过渡期政策。在符合控制性详细规划的前提下，现有制造业企业通过提高工业用地容积率、调整用地结构增加服务型制造业务设施和经营场所，其建筑面积比例不超过原总建筑面积15%的，可继续按原用途使用土地，但不得分割转让。

（六）支持生产性、科技及高技术服务业发展。原制造业企业和科研机构整体或部分转型、转制成立独立法人实体，从事研发设计、勘察、科技成果转化转移、信息技术服务和软件研发及知识产权、综合科技、节能环保等经营服务的，可实行继续按原用途和土地权利类型使用土地的过渡期政策。

（七）鼓励建设创业创新平台。依托国家实验室、重点实验室、工程实验室、工程（技术）研究中心构建的开放共享互动创新网络平台，利用现有建设用地建设的产学研结合中试基地、共性技术研发平台、产业创新中心，可继续保持土地原用途和权利类型不变。按照国家加快构建众创空间的要求，对国家自主创新示范区、开发区、新型工业化产业示范基地、科技企业孵化器、国家大学科技园、小企业创业基地、高校、科技院所等机构，利用存量房产兴办创客空间、创业咖啡、创新工场等众创空间的，可实行继续按原用途和土地权利类型使用土地的过渡期政策。

（八）支持"互联网+"行动计划实施。在不改变用地主体、规划条件的前提下，开发互联网信息资源，利用存量房产、土地资源发展新业态、创新商业模式、开展线上线下融合业务的，可实行继续按原用途和土地权利类型使用土地的过渡期政策。过渡期满，可根据企业发展业态和控制性详细规划，确定是否另行办理用地手续事宜。

（九）促进科研院所企业化转制改革。科研机构转制为产业技术研发企业，其使用的原划拨科研用地、生产性建设用地，可按国有企业改制政策进行土地资产处置，对省级以上人民政府批准改制为国有独资公司、国有资本控股公司的，可采取作价出资（入股）、授权经营方式配置土地。

三、引导新产业集聚发展

（十）促进产业集聚集群发展。着力推进战略性新兴产业等新产业在现有开发区、产业集聚区集中布局，高新区、经开区、新型工业化产业示范基地要发挥新产业集聚集群发展的引领作用。支持以产业链为纽带，集中布局相关产业生产、研发、供应、上下游产品服务项目及公共服务项目。引导生产性服务业在中心城市、制造业集中区域集聚发展。国家在重大产业关键共性技术、装备和标准研发攻关及技术改造基建专项、工业转型升级等资金安排上，对各类开发区、产业集聚区中的重点企业予以支持。

（十一）有效保障中小企业发展空间。鼓励开发区、产业集聚区规划建设多层工业厂房、国家大学科技园、科技企业孵化器，供中小企业进行生产、研发、设计、经营多功能复合利用。标准厂房用地按工业用途管理，国家大学科技园、科技企业孵化器实行只租不售、租金管制、租户审核、转让限制的，其用地可按科教用途管理。创办三年内租用经营场所的小型微型企业，投资项目属于新产业、新业态的，可给予一定比例的租金补贴。鼓励地方出台支持政策，在规划许可的前提下，积极盘活商业用房、工业厂房、企业库房、物流设施和家庭住所、租赁房等资源，为创业者提供低成本办公场所和居住条件。

（十二）引导土地用途兼容复合利用。城乡规划主管部门在符合控制性详细规划的前提下，按照用途相近、功能兼容、互无干扰、基础设施共享的原则，会同发展改革、国土资源主管部门，根据当地实际，研究制定有助于新产业、新业态发展的兼容性地类和相关控制指标。经市、县国土资源会同城乡规划等部门充分论证,新产业工业项目用地,生产服务、行政办公、生活服务设施建筑面积占项目总建筑面积比例不超过 15% 的,可仍按工业用途管理。科教用地可兼容研发与中试、科技服务设施与项目及生活性服务设施,兼容设施建筑面积比例不得超过项目总建筑面积的15%,兼容用途的土地、房产不得分割转让。出让兼容用途的土地,按主用途确定供应方式,在现有建设用地上增加兼容的,可以协议方式办理用地手续。

(十三)推动功能混合和产城融合。单一生产功能的开发区、产业集聚区,可按照统一配套、依法供应、统筹管理的原则,在符合城乡规划的前提下,适当安排建设用地用于商品零售、住宿餐饮、商务金融、城镇住宅等建设,推动相关区域从单一生产功能向城市综合功能转型。

四、完善新产业用地监管制度

(十四)建立政策实施部门联动机制。市、县国土资源主管部门编制国有建设用地供应计划前,应征询相关部门意见。发展改革应会同工业和信息化、科技、商务等部门及开发区管理机构,研究提出新产业和新业态项目的用地需求;城乡规划主管部门会同国土部门提出用地布局、协调土地供应和建设时序意见。国有建设用地供应计划报市、县人民政府批准后组织实施。现有建设用地过渡期支持政策以 5 年为限,5 年期满及涉及转让需办理相关用地手续的,可按新用途、新权利类型、市场价,以协议方式办理。对需享受政策的市场主体,投资或相关行业主管部门应向国土资源主管部门提供项目符合条件证明文件,国土资源主管部门登记备案后执行。加强过渡期满政策执行监管,防止以任何名目改变政策适用期。

(十五)建立共同监管机制。对于投资和产业主管等部门提出产业类型、生产技术、产业标准、产品品质要求作为土地供应条件的,在土地供应成交后,提出关联条件部门应当要求土地使用权取得人提交项目用地产业发展承诺书,作为国土资源主管部门签订土地供应合同的前提条件。提出关联条件部门应对承诺书的履行进行监督,并适时通报国土资源主管部门。项目竣工投产达不到约定要求的,各相关部门应按职能分工依法依约进行处置。对利用现有建设用地兴办的新产业、新业态项目提出证明文件部门,应对项目经营方向进行监管。在工业、科教用地上建设或兼容的研发场所,允许转让、出租的,受让方、承租方投资项目所属产业应符合研发场所允许布局产业要求,不符合的,应按商服用途办理补缴土地出让价款手续及相关变更手续。

(十六)建立定期核验评估制度。签订、接收项目用地产业发展承诺书、土地供应合同、划拨决定书及提供项目符合用地支持政策要求证明文件的政府相关责任部门,应按法律文书约定、规定的事项,定期进行核验评估。对不符合用地支持扶持政策的,应及时终止政策执行;对需承担违约责任的,应依法依约追究责任。对符合相关规定、约定且需办理后续用地手续的,应及时办理。

本文件自下发之日起执行,有效期八年。

关于加强农民创新创业服务工作
促进农民就业增收的意见

（农业部办公厅，2015 年 3 月 30 日）

各省、自治区、直辖市及计划单列市、新疆生产建设兵团农产品加工业、休闲农业、乡镇企业管理部门：

为深入贯彻《国务院办公厅关于发展众创空间推进大众创新创业的指导意见》精神，进一步营造良好的农民创新创业环境，激发农民创新活力和创业潜力，促进农民就业增收，现就加强农民创新创业服务工作提出如下意见。

一、深刻认识农民创新创业服务工作的重要意义

农民是新常态、新阶段背景下推动"大众创业、万众创新"中人数最多、潜力最大、需求最旺的重要群体。改革开放以来，我国农民创新创业蓬勃兴旺，不断为发展现代农业、壮大二三产业、建设新农村和推进城乡一体化作出贡献，涌现出一大批卓有建树的企业家和懂经营、善管理、素质高、沉得下、留得住的农民创新创业骨干队伍。与此同时，各地主管部门认真履责、主动作为，推动农民创新创业服务工作广泛开展。但就整体而言，农民创新创业服务能力尚待提高，服务体系尚不健全，制约了农民创新创业开展。

各地实践表明，加强农民创新创业服务工作，有利于以创新引领创

业、以创业带动就业,吸引各种资源要素和人气向农村聚集,培植农产品加工业、休闲农业和农村二三产业新增长点;有利于构建现代农业产业体系、生产体系和经营体系,推动农村一二三产业融合发展,促进农民就业增收;有利于筑牢新农村和小城镇产业支撑,促进城乡发展一体化,推动稳增长、调结构、促改革、惠民生。因此,必须把加强农民创新创业服务工作作为主管部门的重要职责,进一步增强责任感使命感,下大力气、形成合力、抓紧抓好。

二、正确把握农民创新创业服务工作的总体要求

加强农民创新创业服务工作,要认真贯彻落实党中央、国务院关于促进农民创新创业的一系列方针政策,坚持政府推动、政策扶持、农民主体、社会支持相结合,在农村和城乡一体化区域范围内,利用平台建设、政策扶持、创业辅导、公共服务、宣传推介等主要手段,以农村能人、返乡农民工、退役军人和大学生村官创办农产品加工业、休闲农业、民俗民族工艺产业和农村服务业为重点,以营造良好农民创新创业生态环境为目标,以激发农民创新创业活力为主线,探索走出示范先行、积累经验、辐射带动、整体推进的新路子,建立完善农民创新创业服务体系,孵化培育一大批农村小型微型企业,促进农民创新创业群体高度活跃,推动农民创新创业文化氛围更加浓厚。

要坚持市场导向,尊重农民的主体地位,鼓励社会资本支持农民创业。坚持政策扶持,降低创新创业门槛,着力培育创新人才和创业带头人。坚持因地制宜,发挥“三农”资源特色优势,不断拓宽创新创业领域。坚持就地就近,将农民创业与新农村建设、小城镇产业支撑、现代农业发展和区域经济特色结合起来,优化资源配置。坚持典型带动,激励成功与宽容失败相结合,形成点创新、线延伸、面推广的格局。坚持改革创新,推动“产学研推用”协同创新,提供农民创新创业体制和机制保障。坚持绿

色低碳,鼓励发展资源节约、环境友好型产业和产品,助力生态文明建设和绿色化发展。坚持艰苦创业,大力倡导弘扬乡镇企业想尽千方百计、说尽千言万语、受尽千辛万苦、走尽千山万水的"四千精神",培育企业家精神,提高创新创业效率。

三、认真推动落实促进农民创新创业的扶持政策

对农民引进新业态、新技术、新产品、新模式进行创新和农民利用自身积累、发现机会、整合资源、适应市场需求创办的小型微型企业,要为其积极争取平等待遇,享受现有扶持创新创业、小型微型企业、"三农"金融支持和强农惠农富农的一系列政策措施,正在实施的农产品初加工设施补助政策、关键技术推广、休闲农业示范创建等要向农民创新创业倾斜。整合统计直报点和农民创业联系点,建立一批"农民创新创业环境和成本监测点",发布"农民创新创业环境和成本监测分析报告"。对于那些促进农民创新创业政策环境好、服务优、意识强、氛围浓、农民创新创业活跃指数高、效果显著的县建成农民创新创业示范县。通过经验总结、模式研究、案例分析等手段,树立一批可借鉴、可复制、可推广的典型,引领更多的地方政府为农民创新创业创设政策、降低门槛、改善环境、提供服务。

四、努力搭建农民创新创业示范基地

支持和鼓励各类企业和社会机构利用现有乡镇工业园区、闲置土地、厂房、校舍和批发市场、楼宇、商业街、科研培训设施,为农民创新创业提供孵化服务,按照标准建成设施完善、功能齐全、服务周到的农民众创空间和农民创新创业示范基地。鼓励知名乡镇企业、小康村、农产品加工企业、休闲农业企业等为农民创新创业提供实习、实训和见习服务,按照标准建成农民创新创业见习基地。

五、进一步强化农民创新创业培训辅导

联合大专院校探索实行"理论学习+实践教学"的分段培养模式,争取为农民创新创业制定专门培养计划。依托现有乡镇企业、农产品加工业和休闲农业培训机构,开展农民创新创业指导师、农民创新创业辅导员培训,建设一支专家导师(须为大专院校、科研院所专家)、企业家导师(须为企业生产经营管理人员)为主体的农民创新创业指导人员队伍。广泛组织农民创新创业、技术能手、职业技能培训,不断提升创新创业农民的综合素质、创业能力和技能水平,鼓励农民发展新业态、新技术、新产品,创新商业模式,大力发展"互联网+"和电子商务,引导各类农民创新创业主体与电商企业对接,培育农民电商带头人,对于那些创业成功、示范带动作用明显的农民创新创业者,按照标准将其培育成农民创新创业之星。

六、积极提供农民创新创业各类专业服务

依托现有的乡镇企业(中小企业)服务中心、创业服务中心等服务机构,通过政府购买服务、项目招投标等方式健全服务功能,整合社会资源,为农民创新创业提供包括政务、事务等专业和综合类的服务。要充分发挥大专院校、科研院所、行业协会和社会中介组织的作用,开展研发设计、检验检测、技术咨询、市场拓展等行业综合服务以及信息、资金、法律、知识产权、财务、咨询、技术转移等专业化服务。要加强法律援助,协助农民创新创业中遇到的解纷。同时充分发挥重点乡镇企业、农产品加工龙头企业、休闲农业示范企业、小康村、大型农贸市场和乡镇工业园区的作用,组织创新创业农民与其对接,形成企业带动、名村带动、市场带动和园区带动农民创新创业的格局,真正做到"扶上马,送一程"。

七、不断探索农民创新创业融资模式

探索由各级农产品加工业、休闲农业、乡镇企业协会和中介组织牵头，吸引相关的投资机构、金融机构、企业和其他社会资金建立农民创新创业发展基金。培育一批天使投资人，引入风险投资机制，发挥多层次资本市场作用，为创新创业农民提供投融资、担保、质押等多种方式的综合金融服务。加强与金融机构的合作，为农民创新创业提供低息、贴息贷款以及方便、高效的金融服务，不断降低农民创新创业的融资成本。

八、切实提高加强农民创新创业服务工作的指导水平

各地要高度重视推进农民创新创业服务工作，加强对农民创新创业服务工作的组织领导。农业部农村社会事业发展中心（农业部乡镇企业发展中心）要制定具体实施方案加以推进；各级农产品加工业、休闲农业、乡镇企业主管部门要分别制定工作方案加以实施，要加强与相关部门的工作协调，研究加强农民创新创业服务工作的政策措施。同时，充分发挥中国乡镇企业协会等社团组织的作用，帮助解决农民创新创业中的问题和困难，组织宣传推广农民创新创业的奋斗历程和成功经验，推介一批示范典型，不断激发农民的创新创业潜力，让农村大众创业、万众创新蔚然成风。

关于实施推进农民创业
创新行动计划（2015—2017 年）的通知

（农业部，2015 年 7 月 27 日）

各省、自治区、直辖市、计划单列市农业（农牧、农村经济）、农机、畜牧、兽医、农垦、农产品加工、乡镇企业、渔业厅（局、委、办），新疆生产建设兵团农业（水产）局：

为贯彻落实《国务院关于进一步做好新形势下就业创业工作的意见》（国发〔2015〕23 号）、《国务院关于大力推进大众创业万众创新若干政策措施的意见》（国发〔2015〕32 号）、《国务院办公厅关于发展众创空间推进大众创新创业的指导意见》（国办发〔2015〕9 号）、《国务院办公厅关于支持农民工等人员返乡创业的意见》（国办发〔2015〕47 号）等文件精神，立足职责分工，农业部决定实施推进农民创业创新行动计划（2015—2017 年）。现就有关事项通知如下。

一、重要意义

（一）农民创业创新是蓄积农业农村经济发展新动能的必然选择。随着我国资源环境约束日益增强，农业资源要素驱动力逐步减弱，传统发展方式难以为继。推进农民创业创新，支持农民适应市场需求，以自身资金、技术和经验积累为基础，创办产业和企业，创新技术、业态和商业模式，有利于农业实施创新驱动，转变发展方式，为农业农村经济发展不断培植新的增长点和动力源。

（二）农民创业创新是带动农民就近就业增收的有效途径。随着经济进入新常态，农民就业出现新的趋势性变化，结构性矛盾更加凸显。推进农民创业创新，支持有梦想、有意愿、有能力的农民在现代农业和新农村建设中施展才能，在充分实现个人价值的同时，带动更多的农民就近就业增收，有利于实现创新支持创业、创业带动就业的良性互动。

（三）农民创业创新是助推大众创业万众创新的重要力量。随着我国大众创业、万众创新活动的不断兴起，为农民创业创新创造了良好的环境。推进农民创业创新，可以激发农民这一重要群体的智慧和创造力，培育农村创业创新文化，增强农民创业创新意识，有利于农村百业兴旺，打开新型工业化与农业现代化、城镇化与新农村建设协同发展新局面，为稳增长、调结构、促改革、惠民生作出贡献。

二、总体要求

（一）基本思路。认真贯彻落实党中央、国务院关于推进农民创业创新一系列方针政策，以促进农民就业增收为目标，以农民为主体，以乡（镇）村为区域，支持返乡农民工、普通中高等学校毕业生、退役士兵、大学生村官、农村能人等创办领办家庭农场、农民合作社和小微企业等市场主体，发展设施农业、规模种养业、农产品加工业、民俗民族工艺产业、休闲农业与乡村旅游、农产品流通与电子商务、养老家政服务、生产资料供应服务等农村一二三产业，通过落实政策、搭建平台、培育人才、总结模式、强化服务，营造良好的农民创业创新生态环境，激发农民创业创新活力，推动农民创业创新蔚然成风。

（二）主要目标。通过三年努力（2015—2017 年），形成一批农民创业创新支持政策、搭建一批创业创新平台、培育一批创业创新带头人、树立一批创业创新典型、构建一个公共服务体系，形成农民创业创新发展新格局,为推进农业强、农村美、农民富提供有力支撑。

(三)基本原则。

——坚持市场决定、政府引导。围绕市场需求,遵循创业创新规律,尊重农民主体地位,针对农民创业创新瓶颈问题,充分发挥政府引导和政策扶持作用,强化各类服务。

——坚持因地制宜、发挥优势。引导农民围绕县域经济、新型城镇化和现代农业发展、美丽乡村建设进行创业创新,明确创业创新方向,突出产业产品特色,增强与当地经济社会发展的契合度。

——坚持盘活存量、开放共享。用好用活已有存量资源,依托"互联网+"、大数据等,建立协作创业创新模式,推进线上与线下、本地与外地、政府与市场开放合作,引导农民围绕产业链开展创业创新,形成创业创新联盟。

——坚持典型带动、示范推广。通过培育和创建典型加以激励,发挥典型的辐射带动作用,让创业创新农民的发展经验可学习、可复制、可借鉴,形成点创新、线模仿、面推广的格局。

三、主要任务

(一)积极营造农民创业创新政策环境。加强政策落实和创设。贯彻落实国家扶持创业创新的各项政策,认真梳理并广泛向农民宣传,加强与有关部门配合,强化督查落实,打通政策落实"最后一公里",确保各项优惠政策落地生根。积极推动各地从实际出发,制定更加优惠的支持政策,推动强农惠农富农政策和农业农村补助项目等向农民创业创新倾斜。加强调查研究,针对新情况新问题,研究并创设新的政策。探索建立农民创业创新基金。鼓励有条件的地方和各类协会、中介组织等根据国家有关规定,吸引相关的投资机构、金融机构、企业和其他社会资金探索建立农民创业创新基金,为创业创新农民提供金融服务。支持地方开展农民创业创新示范试点活动。在现有的新型职业农民培育示范县等农业部认定的各类示范县范围内,根据相应的标准和条件,选择并支持一批政策落实好、创业创新环境优、氛围浓、人数多、成功率高的县开展示范试点,在此基础上总结经验做法,广泛宣传推广,示范带动农民创业创新。

(二)努力搭建农民创业创新平台。形成一批农民创业创新园区。按照政府搭建平台、平台聚集资源、资源服务创业的要求,积极配合有关部门,依托现有各类开发区和农业产业园区,支持一批基础设施完善、服务功能齐全、社会公信力高、示范带动作用强的园区成为农民创业创新园区。创建一批农民创业创新见习基地。选择一批知名农业企业、合作社、小康村、农产品加工和物流园区等作为基地,为创业创新农民提供必要的见习、实习和实训服务,帮助其积累工作经验、提高创业创新能力。积极搭建农民网上创业平台。依托农业部"信息进村入户试点"等平台,支持农民依托平台网络发展电子商务;鼓励龙头企业、电信运营商、金融服务商、平台电商、信息服务商结合乡村特点建立电子商务交易服务平台、商品集散平台和物流中心,为农民创业创新开辟新途径。

(三)大力培养农民创业创新带头人和辅导师。培育一批农民创业创新带头人。利用现有培训资源网络、先进的远程传输手段、远程教育服务平台和培训机构,按照现有的各类培训规划,从新型职业农民、农村实用人才、技术能手、大学生村官等群体中培养农民创业创新带头人。培养一批农民创业创新辅导师。从有经验的企业家、职业经理人、电商辅导员、天使投资人、创业带头人和科研院校专家中,筛选培养一批创业辅导师,加快建立一支高素质的创业导师队伍。充分发挥农村青年创业创新的生力军作用。扎实推进农村青年创业富民行动,开展农村青年创业培训,提高创业技能本领,支持农村青年依托自身已有的产业、项目和平台,领创办农民合作社和农产品加工流通企业,利用当地资源开发创业项目,带动农民增收致富。

(四)总结推广农民创业创新模式和经验。研究探索农民创业创新模式。立足农村实际,总结创业实践,研究资金链引导创业创新链、创业创新链支持产业链、产业链带动就业链的发展模式,推广一批农民创业创新模式和成熟经验。树立一批农民创业创新典型。以开展创业创新农民宣传推介活动为载体,将一批有思想、有文化、懂经营、善管理、敢闯敢干、敢为人先、勤于耕耘的农民创业创新典型选拔出来,总结推广好典型、好机制、好创意,引导广大农民在创业创新中学习借鉴。

(五)进一步健全农民创业创新服务体系。积极开展综合类服务。依托现有服务机构,通过政府购买服务、项目招投标等方式健全服务功能,整合社会资源,为农民创业创新提供综合性服务。大力开展专业类服务。充分发挥大专院校、科研院所、行业协会和社会中介组织的作用,开展研发设计、检验检测、技术推广、市场拓展等行业服务以及政策、资金、法律、知识产权、财务、商标、技术等专业化服务。开展信息服务和各类公益活动。充分利用电话、网络、微信、微博等,开通服务热线,开展信息引导;鼓励举办农民创业创新大赛、论坛、沙龙、大讲堂、训练营等各类公益活动。

四、实施步骤

从2015年7月开始,分三个阶段实施行动计划。

(一)部署试点阶段(2015年7月—2015年12月)。各省(区、市)农业部门要制订具体行动计划实施方案和试点方案,以现有已经认定的有关示范县为实际对象和基础,增加农民创业创新内容,拓展农民创业创新功能,从实际出发选择3—5个县开展农民创业创新试点,探索支持农民创业创新的方式途径。

(二)全面实施阶段(2016年1月—2017年6月)。在试点工作的基础上,按照行动计划"五个一"工作目标和任务要求,在所有有条件的县组织实施,努力形成农民创业创新的良好环境和发展格局。

（三）深入推进阶段（2017 年 7 月—2017 年 12 月）。组织对本省（区、市）行动计划执行情况进行督促检查，对成功经验总结推广，对存在问题深入分析，不断完善政策和工作机制，带动农民创业创新向纵深推进。

五、保障措施

（一）加强组织领导。农业各部门要把支持农民创业创新作为重要任务来抓，进一步增强责任感使命感，认真研究制定行动计划和方案并组织实施，建立工作协调机制和考核指标体系，明确目标责任，主动作为、扎实推进，把各项工作落到实处。

（二）加强沟通协作。推动建立部门间、上下间工作协调机制，加强政策协调联动，合力推进农民创业创新。强化督查指导，健全政策执行评估体系和通报制度，确保各项政策措施取得实效。各省（区、市）要及时将有关情况报送农业部。

（三）加强宣传引导。以农民喜闻乐见的形式加强宣传，宣传农民创业创新先进典型，宣传支持鼓励农民创业创新的各项政策，调动农民创业创新和社会支持农民创业创新的积极性主动性，营造创业、兴业的良好氛围。

关于开展农村青年创业富民行动的通知

(农业部办公厅、共青团中央办公厅、
人力资源社会保障部办公厅,2015 年 10 月 28 日)

各省、自治区、直辖市及计划单列市农业(农牧、农村经济)厅(局、委、办)、团委、人力资源社会保障厅(局),新疆生产建设兵团农业局、团委、人社局:

为贯彻落实《国务院关于进一步做好新形势下就业创业工作的意见》(国发〔2015〕23 号)、《国务院关于大力推进大众创业万众创新若干政策措施的意见》(国发〔2015〕32 号)、《国务院办公厅关于支持农民工等人员返乡创业的意见》(国办发〔2015〕47 号)等文件精神,积极发挥农村青年在创业创新中的生力军作用,促进现代农业发展和农民增收致富,农业部办公厅、共青团中央办公厅、人力资源社会保障部办公厅决定共同开展农村青年创业富民行动。现就有关事项通知如下。

一、重要意义

(一)农村青年创业富民行动是推进大众创业万众创新的重要举措。农村青年群体数量多、干劲足、能吃苦、敢拼搏,他们中很多人懂经营、有技术、会管理,有一定资金、经验和人脉积累,就业创业和发展致富愿望强,是大众创业重要的组成力量,是万众创新广泛的活力源泉。开展农村青年创业富民行动,就是要通过整合创业资源,落实创业政策,优化创业

303

环境,吸引广大青年在农村创业兴业、激发农村青年创造创新力,大力支持农村青年投身现代农业和社会主义新农村建设,加快建立多层次多样化的农村青年创业格局,掀起农村青年创业热潮,创造更多就地就近就业机会,积极推进农业现代化、新型城镇化、城乡一体化进程,全面汇入大众创业、万众创新热潮,培育经济社会发展新动力,催生民生改善、经济结构调整和社会和谐稳定新动能。

(二)农村青年创业富民行动是促进现代农业发展和农民增收致富的有力支撑。随着工业化、城镇化进程不断加快,大量素质高、年龄轻的农村劳动力选择了外出务工的发展道路,农村人才的流失呈加速状态,农村劳动力特别是农业劳动力年龄偏大、文化素质偏低、性别结构失衡等问题日益突出,"靠谁种地、谁来种地"将成为现代农业发展的瓶颈。与此同时,农业受生产成本"地板"和价格"天花板"双重挤压,农民工人数和工资增幅呈"双下降"趋势,农民增收形势不容乐观。开展农村青年创业富民行动就是要站在建设现代农业必须后继有人的战略高度,立足于助推农业强、农村美、农民富和"老乡"全面建成"小康"的核心目标,大力培养一批奋发有为、立志献身农业的农村青年,发挥他们在加快转变农业发展方式、促进农民持续增收的骨干和示范带动作用,为农村造就一批沉得下、留得住、用得上的创业群体。

(三)农村青年创业富民行动是青年成长成才的有效途径。"三农"工作是全党、全国和全部工作的重中之重。近年来,国家强农惠农富农扶持政策进一步加大,实现粮食生产发展"十一连增"、农民收入增加"十一连快",农业农村经济保持良好的发展势头。在这个过程中,广大农村青年主动作为、贡献突出。开展农村青年创业富民行动,就是要为农村青年发展创造条件、搭建平台,支持农村青年创业,大力发展规模经营、集约经营,发展绿色农业、特色农业,走综合发展、可持续发展之路;支持农村青年创新,积极运用互联网等新的科学技术,树立新的生产经营理念,引入新的产业形态,推广新的营销模式;支持农村青年致富,创办有特色的新型经营主体,把产业链、供应链、价值链等现代产业发展理念和组织方式引入农业,生产高效、优质、安全农产品,卖出好价钱,带动农民增收,实现人生价值。

二、总体要求

(一)基本思路。深入贯彻落实党中央、国务院关于创业创新一系列方针政策,以促进农村青年创业就业、带动农民增收致富为目标,以农村青年为主体,以县(市)乡(镇)为重点区域,支持农村青年创办领办家庭农场、农民合作社和小微企业等市场主体,发展设施农业、规模种养业、农产品加工业、民俗民族工艺产业、休闲农业与乡村旅游、农产品流通与电子商务、养老家政服务、生产资料供应服务等农村一二三产业,充分发挥市场在资源配置中的决定性作用和更好发挥政府作用,加强政策扶持、产业指导和创业服务,加快形成有利于农村青年创业的良好氛围,让千千万万农村青年创业者活跃起来,以产业促创业、创业促增收、创新促发展,成为创业兴业、致富一方的新型农民,为推进农业强、农村美、农民富和全面建成小康社会提供有力支撑。

(二)主要目标。计划从 2015 年 10 月开始,分三个阶段推进。动员部署阶段(2015 年 10—12 月)。各地制订具体实施方案,积极发动,部署落实。全面实施阶段(2016 年 1—12 月)。认真组织实施,探索载体模式,强化政策支持,抓好任务落实。深入推进阶段(2017 年 1—12 月)。加强督促检查,总结推广成功经验,分析存在问题,不断完善政策和工作机制,将创业富民行动引向深入。力争通过三年努力(2015—2017 年),形成一批农村青年创业支持政策、推广一批创业致富模式、培育一批创业致富带头人、实施一个电商培育工程、开展一个大学生返乡创业行动、完善一批创业服务平台,形成农村青年创业发展新格局,带动农民增收致富。

三、主要任务

（一）认真落实创业创新政策。认真贯彻国家扶持创业创新的各项政策，落实好创业担保贷款、定向减税、普遍性降费、"三证合一"、创业投资引导基金、就业创业服务补贴、农民工技能提升培训等扶持政策，落实为采用众创、众包、众扶、众筹支撑平台的小微企业免费提供相关服务的政策。面向农村青年加强政策宣贯，注重与有关部门配合，强化督查落实，打通政策落实"最后一公里"，确保各项优惠政策落地生根。积极推动各地从实际出发，加强调查研究，制定更加优惠的支持政策，推动强农惠农富农政策和项目涵盖农村青年创业领域。支持农村青年创办、领办农民合作社和家庭农场等新型农业经营主体，积极创建休闲农业示范点、农产品加工合作社示范单位、主食加工示范企业等，农产品产地初加工补助政策向农村青年创业重点倾斜。将农村青年创业与发展县域经济、促进农村一二三产业融合结合起来，大力发展劳动密集型产业和特色农业项目，推动强化财政扶持和金融服务，做强一产、做优二产、做活三产，带动农民增收致富。

（二）大力加强创业培训和技术指导。围绕县域经济和农村一二三产业融合发展，利用现有培训项目、资源网络、先进的远程传输手段、远程教育服务平台和培训机构，大力开展创业培训，增强农村青年发展农产品加工、休闲农业、乡村旅游、市场流通、农村服务业的能力。组织专家深入基层企业和合作社，了解农村青年创业过程中的技术需求和产业难题，组织涉农院校、农业科研院所的专家或各级农技人员，加强技术指导和跟踪服务。针对农村青年创业实际，依托现有服务机构，通过政府购买服务、项目招投标等方式健全服务功能，整合社会资源，提供综合性服务。充分发挥大专院校、科研院所、行业协会和社会中介组织的作用，开展管理指导、技能培训、研发设计、检验检测、技术推广、市场拓展、标准咨询、检验检测认证等行业服务以及政策、资金、法律、知识产权、财务、商标、技术等专业化服务。

（三）积极培养农村青年致富带头人。持续开展"大学生返乡创业行动"等工作项目，深入推动农村青年创业致富"领头雁"培养计划，充分发挥农村青年致富带头人骨干引领作用，示范带动更多农村青年创业致富。按照争取村村都有带头人，县县都有带头人协会的要求，抓住国家把青年农民纳入实用人才培养计划的机遇，整合政府、企业、社会和团属培训资源，积极开展有针对性的业务技能培训。建立团干部联系点制度，推动乡镇团委委员与培养对象结成帮扶对子，了解培养对象实际需求，推动解决实际问题。组织带头人参与各级政府部门与带头人"倾听心声共促发展"活动，了解国家强农惠农富农具体政策，反映农村青年创业实际需求，积极争取有关支持。

（四）加快发展农村青年电商创业。以实施农村青年电商培育工程为抓手，引导广大农村青年运用电子商务创业就业、增收致富。支持农村青年电商与涉农企业、农民合作社、家庭农场等加强合作，开展网店货源对接，并利用第三方电子商务平台，通过设立专馆、专题展销活动等，打造农村青年电商网络展销平台或网络集市，拓宽特色品牌农产品的销售渠道。组织青年参与"电子商务进农村综合示范"和农村市场体系建设工作，将农村青年创办的符合条件的电商企业纳入电子商务示范企业，支持农村青年领创建县级区域电商服务中心和乡镇服务站、村级服务点。依托各级涉农创业青年协会组织，推动成立电子商务分会，为农村青年电商提供沟通交流平台。引导和鼓励行业龙头企业、大型物流企业发挥优势，拓展乡村信息资源、物流仓储等技术和服务网络，为农村青年创业提供支撑。

（五）建立健全创业服务平台。按照政府搭建平台、平台聚集资源、资源服务创业的要求，依托基层就业和社会保障设施等公共服务平台，积极搭建公共创业服务平台，支持各类创业园区和新型孵化模式发展，推动创业担保贷款、减税降费等政策惠及农村青年创业。搭建资源对接平台，通过开展各层级创业创富大赛、农村青年考察交流活动，积聚更多创业资源，促进项目、资金、技术、人才、信息等有效对接，激发青年创业潜能。结合全国性、地方性的农业行业展会和各地农产品博览会，开展农村青年创业产品展示展销推介和创业大赛活动，提升产品的品牌影响力。搭建农村青年创业见习平台，依托农业企业、涉农高校和科研院所，指导创建农村青年创业园区，为农村青年提供实习见习、创业实训或孵化等服务。

四、组织保障

（一）加强组织领导。各有关部门要把支持农村青年创业、促进农民增收致富作为重要任务来抓，切实增强责任感使命感，研究制定具体方案，明确工作职责，找准工作切入点，认真扎实推进，把各项工作落到实处。

（二）加强协调配合。推动建立部门间、上下间工作协调机制，形成统一部署、分工负责、合力推动、层层落实的工作格局。农业部门重点做好产业项目扶持、技术服务指导等工作，共青团部门重点做好农村青年致富带头人培养、农村青年电商培育工程等工作，人力资源与社会保障部门重点做好政策指导、平台建设等工作。

（三）加强宣传引导。利用电视台、广播、报纸等传统媒体以及微信、微博、QQ群等新媒体，广泛宣传创业创新政策以及农村青年创富经验，发挥典型示范作用，扩大社会影响。选树一批优秀农村青年创业富民典型，激发农村青年的创业热情，辐射带动更多农民创业致富。

关于完善融资环境加强小微商贸
流通企业融资服务的指导意见

（商务部、银监会，2014 年 12 月 9 日）

各省、自治区、直辖市、计划单列市及新疆生产建设兵团商务主管部门、银监局，各商业银行：

为贯彻落实《国务院关于扶持小型微型企业健康发展的意见》（国发〔2014〕52 号）和《国务院办公厅关于促进内贸流通健康发展的若干意见》（国办发〔2014〕51 号）、《国务院办公厅关于金融支持小微企业发展的实施意见》（国办发〔2013〕87 号）精神，深化银商合作，完善小微商贸流通企业融资环境，拓宽小微商贸流通企业融资渠道，缓解小微商贸流通企业融资困难，加大对小微商贸流通企业的支持力度，现提出以下意见。

一、优化创新融资产品的外部环境

（一）加快完善融资政策环境。商务主管部门要会同银行业监管部门研究出台规范开展担保存货管理的政策措施，指导行业组织开展担保存货管理企业的资质评价，引导物流企业和商业银行规范开展担保存货管理业务，防范风险；要会同相关部门加快研究商铺经营权作为权利质押标的物的法律界定，完善知识产权质押登记管理制度，鼓励商业银行与第三方机构建立合作关系，进一步优化质押登记流程，完善质押风险防控机制，促进商铺经营权、知识产权质押融资健康发展。

（二）支持银行创新融资产品。银行业监管部门要鼓励商业银行针对小微商贸流通企业融资需求"短、小、频、急"的特点，以及企业经营资产流动性高、缺少固定资产等抵押物的情况，加大融资产品创新力度，不断开发特色产品，探索推进动产、仓单、应收账款、知识产权、商铺经营权等质押融资。引导商业银行针对小微商贸流通企业融资单体成本高的特点，大力发展供应链融资、商圈融资和企业群融资，降低贷款成本，简化审批手续，扩大放贷金额。

（三）建立市场主体合作机制。商务主管部门要鼓励各行业商协会、市场商圈管理机构，按照"统一组织、批量授信、风险分担"的原则，组织优质小微商贸流通企业，与商业银行建立合作机制；要支持建立第三方信息共享平台，引导全国大型流通企业、电子商务平台企业向商业银行开放必要的经营数据，降低征信成本，大力发展应收账款质押融资；要引导小微商贸流通企业与结算银行建立全面金融服务的长期合作关系，结合企业流动结算资金，发展小额信用融资。

二、发挥其他融资机构的融资补充作用

（一）发挥典当的短期应急融资服务功能。商务主管部门要进一步落实《典当行业监管规定》，推动出台《典当行管理条例》，提高典当行规范服务和风险防范水平，引导典当行加强特色服务和创新服务，满足小微商贸流通企业短期应急资金需求。

（二）发挥融资租赁的设备融资服务功能。银行业监管部门和商务主管部门要支持融资租赁业发展，引导金融租赁公司和融资租赁企业依托适宜的租赁物，加大对小微商贸流通企业的服务力度，鼓励有条件的地区对小微商贸流通企业设备融资租赁业务给予支持，缓解小微商贸流通企业设备投入和技术改造需求。

（三）发挥商业保理的风险转移和融资功能。商务主管部门要加强

商业保理行业管理,推动建立健全行业管理机制,引导商业保理机构完善面向小微商贸流通企业的业务渠道、运作模式和管理机制,加快小微商贸流通企业资金周转。

三、完善融资风险防范补偿机制

(一)推动开展信贷风险补偿。商务主管部门要推动各级政府设立信贷风险补偿基金,对商业银行为包括小微商贸流通企业在内的小微企业发放贷款提供风险补偿,促进小微商贸流通企业信用增级,适当提高银行贷款风险容忍度,推广商业银行符合小微商贸流通企业特点的融资服务,提升对小微商贸流通企业的增值服务。

(二)鼓励运用组合融资方式。银行业监管部门要引导商业银行综合考虑经营风险,灵活运用担保融资方式,在加大信用融资等融资业务的同时,鼓励小微商贸流通企业提供必要的资产抵押、仓单质押、应收账款质押、知识产权质押等作为补充担保,建立更为稳健有效的融资服务体系。

(三)健全小微商贸流通企业信用体系。商务主管部门要在统一部署下,按照统一标准,建设以小微商贸流通企业为主的商务领域企业信用信息数据库,并逐步向中介机构、金融机构开放。要发挥中小商贸流通企业公共服务平台作用,推动行业商协会、市场商圈管理机构建立相关企业信用档案,加快形成企业守信、专业评信、机构增信、银行授信、社会重信的小微商贸流通企业信用体系。

四、发挥公共服务平台促进作用

(一)积极组织银企对接活动。各地中小商贸流通企业公共服务平台要充分发挥资源整合作用,通过组织银企对接活动,将银行、担保、保险、典当、融资租赁、商业保理等机构组织起来,为小微商贸流通企业提供一揽子融资解决方案,拓展企业融资渠道和空间,丰富企业融资途径。

（二）协同开发推广特色融资产品。各地中小商贸流通企业公共服务平台要充分发挥组织协调作用,与金融服务机构区域总部建立战略合作关系,协同开发符合行业特点和企业需求的融资产品,组织相互了解并有融资需要的小微商贸流通企业集中与银行对接,提高授信几率,降低融资成本。

（三）落实配套支持政策。各地中小商贸流通企业公共服务平台要充分发挥密切联系企业的特点,加强对相关政策措施的宣传,帮助小微商贸流通企业了解政策、用好政策。整合利用现有政策措施,调整完善政策支持方向,加大对特色融资产品推广、非银融资服务机构发展、融资风险补偿机制建设、公共服务平台建设运营的支持力度。

各地商务主管部门、银行业监管部门要进一步提高认识,加强与相关部门及各金融服务机构的沟通协调,明确分工,落实责任,形成合力,确保各项措施落实到位,切实优化对小微商贸流通企业的融资服务。

"互联网+流通"行动计划

（商务部办公厅,2015 年 5 月 13 日）

开展"互联网+流通"行动,对于引导生产、扩大消费、吸纳就业、改善民生具有重要意义。现提出以下工作方案:

一、工作思路与工作目标

以"互联网+流通"为载体,完善顶层设计,加强公共投入和环境建设,以示范、培训、宣传为抓手,以技术创新和商业模式创新驱动,推动传统流通产业转型升级,充分发挥电子商务在释放消费潜力、激发行业活力和增加就业机会等方面的重要作用,推动形成"大众创业、万众创新"的新格局。

重点在电子商务进农村、电子商务进中小城市、电子商务进社区、线上线下互动、跨境电子商务等领域打造安全高效、统一开放、竞争有序的流通产业升级版。力争在 1 到 2 年内,实现以下具体目标:

（一）在全国创建培育 200 个电子商务进农村综合示范县,示范县电子商务交易额在现有基础上年均增长不低于 30%。

（二）创建 60 个国家级电子商务示范基地,培育 150 家国家级电子商务示范企业,打造 50 个传统流通及服务企业转型典型企业,培育 100 个网络服务品牌。

（三）运用市场化机制，推动建设100个电子商务海外仓。

（四）指导地方建设50个电子商务培训基地，完成50万人次电子商务知识和技能培训。

（五）力争在2016年底，我国电子商务交易额达到22万亿元。网上零售额达到5.5万亿元。

二、重点工作任务

（一）推动电子商务进农村，培育农村电商环境。

继续推动电子商务进农村综合示范，支持县域电子商务发展，打造一批农村电子商务示范县，总结经验做法并向全国推广。全面推广农村商务信息服务工作，推进农产品网上购销常态化对接。支持农产品品牌建设和农村电子商务服务业发展，支持电子商务企业开展面向农村地区的电子商务综合服务平台、网络及渠道建设。

（二）鼓励电子商务进社区，拓展服务性网络消费范围。

促进大中城市社区电子商务应用，发展以社区生活服务业为核心的电子商务服务。鼓励电子商务企业整合社区现有便民服务设施开展电子商务配套服务。鼓励依托互联网创新电子商务服务模式。鼓励物业服务企业开展面向社区居民的电子商务相关增值服务。设立电子商务综合服务点，开展物流分拨、快件自取、电子缴费等便民服务。

（三）支持电子商务进中小城市，提升网络消费便利性。

制订出台关于加快推进中小城市电子商务健康发展的政策文件。鼓励中小城市本地化网络服务平台及服务网络建设。支持大型电子商务平台企业服务网络向中小城市延伸。

（四）推动线上线下互动，激发消费潜力。

支持大型实体零售、餐饮、家政、洗衣、家电维修、票务、生鲜配送企业利用电子商务平台开展网订店取、网络订票、预约上门服务、社区配送等业务,制定线上线下服务规范和标准,利用基于位置服务等互联网技术,提高资源配置效率,激发线上线下消费潜力。

(五)促进跨境电子商务发展,拓展海外市场。

加快建立健全适应跨境电子商务的监管服务体系,协同推进跨境电子商务通关、商检、结汇、退税等环节"单一窗口"综合服务体系建设,提高服务便利化水平。加强知识产权和消费者权益保护,规范跨境电子商务健康发展。支持涉外会展平台开展电子商务服务。

(六)加快电子商务海外营销渠道建设,助力电商企业"走出去"。

鼓励电子商务企业"走出去"建立海外营销渠道,创立自有品牌,多渠道、多方式建立海外仓储设施等,提升电商企业全球化经营能力。

三、主要措施

(一)夯实基础,优化环境。

1.加强顶层设计,坚持规划引领。

研究制订发展智慧流通的政策性文件,深化"互联网+流通"应用,支持和鼓励流通方式创新、商业模式创新、消费服务创新、跨境贸易创新、政务服务创新,建立健全智能化流通支撑体系,释放消费潜力,提高市场效率,发挥市场配置资源的决定性作用,引领我国经济转型升级。加强电子商务热点问题的跟踪研究,启动研究"十三五"电子商务发展指导意见,做好电子商务的顶层设计。

2.提升流通基础设施网络服务能力。

协调有关部门进一步完善电子商务基础设施,包括有线宽带和移动网络覆盖、物流配送网络、售后服务体系,加强城市冷链物流基础设施建设和共享。

3.加快推动快递物流与电子商务协同发展。

积极推进电子商务与物流快递协同发展,继续深入开展电子商务与物流快递协同试点,积极落实相关政策措施,探索推动体制机制创新,突破制约电子商务发展的瓶颈障碍,加强试点绩效评估,总结推广试点经验。

4.加强电子商务监测体系建设。

加强流通行业统计,充分利用统计数据,做好行业分析评价,科学引导行业发展。有条件的地区积极推进商务大数据建设,逐步建立商品数据库、各类交易市场数据库、流通企业法人库、市场交易规则数据库、交易信息数据库、仓储物流信息数据库,汇聚流通大数据平台。做好食用农产品、生产资料等重要商品的监测工作,强化市场运行监测和调控。

5.大力打击侵权售假行为。

建立完善电子商务领域打击侵犯知识产权和制售假冒伪劣商品常态化工作机制,加快建设行政执法与刑事司法衔接信息共享平台,加强侵权假冒行政处罚案件信息公开。发展电子商务可信交易保障公共服务,加强个人信息在电子商务领域应用的隐私保护,引导建立良性竞争的电子商务市场环境。

(二)示范引导,推动创新。

1.深入推进电子商务示范创建工作。

开展第二批电子商务示范基地、2015—2016 年度电子商务示范企业遴选和创建工作。支持国家级经济技术开发区创建电子商务示范基地。以示范城市为载体开展重点区域和特色领域电子商务创新应用,探索促进和规范电子商务发展的政策创新。以示范基地为载体加快电子商务生态链建设,促进传统产业转型升级。

2.引导传统流通服务企业电子商务创新。

支持传统零售企业拓展营销渠道,转变经营方式,开展全渠道运营。支持餐饮、住宿、休闲娱乐、家政服务等生活服务企业深化电子商务应用,提升服务质量,线上线下融合发展。鼓励通过电子商务手段开展特色农产品交易、再生资源回收、旧货流通、拍卖交易、边境贸易、跨境直销等便民服务领域电子商务应用。

(三)加大宣传,开展培训。

1.加大电子商务应用的宣传推广力度。

加大电子商务工作的宣传引导,组织相关媒体,利用各种载体,宣传推广电子商务领域"大众创业、万众创新"经验和做法,引领、带动、启发现代流通及其关联领域的创业者。选择已探索出具有示范作用的基地和企业作为典型案例予以总结和宣传。加强不同地区间示范工作经验交流,通过调研和案例推广、召开座谈会和现场会等方式,组织相互学习和借鉴,促进各地电子商务全面平衡发展。

2.加强电子商务人才培养。

完善电子商务人才培训工作机制,推进国家电子商务专业人才知识更新工程,指导地方加快人才继续教育基地建设,创新人才培训机制,夯实电子商务人才培养基础,建立适应电子商务发展和促进现代流通体系建立的继续教育体系。针对流通领域加强实训,开展岗位对接,缓解人才供需矛盾。

(四)制订法规,规范发展。

1.进一步完善电子商务政策法规环境。

继续推动《电子商务法》立法工作。贯彻执行《网络零售第三方平台交易规则制定程序规定》,研究出台《网上商业数据保护办法》。研究出台《跨境电子商务服务规范》、《移动电子商务服务规范》、《基于网络零售开发平台的第三方服务标准》、《电子商务信用信息共享规范》等电子商务标准规范。

2.参与和主导电子商务国际规则制定。

积极发起或参与多双边或区域电子商务规则的谈判和交流合作,力争国际电子商务规则制定的主动权和跨境电子商务发展的话语权。落实APEC电子商务创新发展倡议和中韩自贸协定电子商务条款,开展中日韩、区域全面经济伙伴关系等自贸协定电子商务议题谈判,积极参与世贸组织电子商务工作计划相关讨论,推进金砖国家、上合组织及两岸电子商务交流合作机制。推进"中国—东盟信息港"建设。利用援外资金和丝路基金、亚投行资金支持"一带一路"国家和地区间的跨境电子商务基础设施建设,促进电子商务多双边合作。

关于加快发展农村电子商务的意见

（商务部、发展改革委、工业和信息化部、财政部、人力资源
社会保障部、交通运输部、农业部、人民银行、工商总局、
质检总局、银监会、证监会、保监会、邮政局、扶贫办、
供销合作总社、共青团中央、全国妇联、
中国残联,2015 年 8 月 21 日）

各省、自治区、直辖市、计划单列市及新疆生产建设兵团商务、发展改革、工业和信息化、财政、人力资源社会保障、交通运输、农业、人民银行、工商、质监(市场监督管理)、银监、证监、保监、邮政、扶贫、供销合作、共青团、妇联、残联主管部门:

近年来,随着互联网的普及和农村基础设施的完善,我国农村电子商务快速发展,农村商业模式不断创新,服务内容不断丰富,电子商务交易规模不断扩大。但总体上我国农村电子商务发展仍处于起步阶段,存在着市场主体发育不健全、物流配送等基础设施滞后、发展环境不完善和人才缺乏等问题。

加快发展农村电子商务,是创新商业模式、完善农村现代市场体系的必然选择,是转变农业发展方式、调整农业结构的重要抓手,是增加农民收入、释放农村消费潜力的重要举措,是统筹城乡发展、改善民生的客观要求,对于进一步深化农村改革、推进农业现代化具有重要意义。根据《中共中央　国务院关于加大改革创新力度加快农业现代化建设的若干意见》(中发〔2015〕1 号)和《国务院关于大力发展电子商务加快培育经

319

济新动力的意见》(国发〔2015〕24号)的要求,为加快推进农村电子商务发展,现提出以下意见:

一、总体要求

(一)指导思想。

以邓小平理论、"三个代表"重要思想、科学发展观为指导,深入贯彻落实党的十八大和十八届三中、四中全会精神,按照全面建成小康社会目标和新型工业化、信息化、城镇化、农业现代化同步发展的要求,主动适应经济发展新常态,充分发挥市场在资源配置中的决定性作用,加强基础设施建设,完善政策环境,深化农村流通体制改革,创新农村商业模式,培育和壮大农村电子商务市场主体,发展线上线下融合、覆盖全程、综合配套、安全高效、便捷实惠的现代农村商品流通和服务网络。

(二)基本原则。

1.市场为主、政府引导。充分发挥市场在资源配置中的决定性作用,突出企业的主体地位。加快转变政府职能,完善政策、强化服务、搭建平台,加强事中事后监管,依法维护经营者、消费者合法权益。为农村电子商务发展营造平等参与、公平竞争的环境,激发各类市场主体的活力。

2.统筹规划、创新发展。将发展农村电子商务纳入区域发展战略和新型城镇化规划,作为农村发展的重要引擎和产业支撑,促进城乡互补、协调发展。以商业模式创新推动管理创新和体制创新,改造传统商业的业务流程,提升农村流通现代化水平,促进农村一二三产业融合发展。

3.实事求是、因地制宜。结合本地区农村经济社会发展水平、人文环境和自然资源等基础条件,认真研究分析,着眼长远,理性推进。注重发挥基层自主性、积极性和创造性,因县而异,探索适合本地农村电子商务发展的路径和模式。

4.以点带面、重点突破。先行先试、集中力量解决农村电子商务发展中的突出矛盾和问题,务求实效,对老少边穷地区要重点扶持、优先试点;总结先行地区经验,不断提升示范效应,形成推广机制。

(三)发展目标。

争取到2020年,在全国培育一批具有典型带动作用的农村电子商务示范县。电子商务在降低农村流通成本、提高农产品商品化率和农民收入、推进新型城镇化、增加农村就业、带动扶贫开发等方面取得明显成效,农村流通现代化水平显著提高,推动农村经济社会健康快速发展。

二、提升农村电子商务应用水平

(四)建设新型农村日用消费品流通网络。

适应农村产业组织变化趋势,充分利用"万村千乡"、信息进村入户、交通、邮政、供销合作社和商贸企业等现有农村渠道资源,与电子商务平台实现优势互补,加强服务资源整合。推动传统生产、经营主体转型升级,创新商业模式,促进业务流程和组织结构的优化重组,增强产、供、销协同能力,实现线上线下融合发展。支持电子商务企业渠道下沉。加强县级电子商务运营中心、乡镇商贸中心和配送中心建设,鼓励"万村千乡"等企业向村级店提供B2B网上商品批发和配送服务。鼓励将具备条件的村级农家店、供销合作社基层网点、农村邮政局所、村邮站、快递网点、信息进村入户村级信息服务站等改造为农村电子商务服务点,加强与农村基层综合公共服务平台的共享共用,推动建立覆盖县、乡、村的电子商务运营网络。

(五)加快推进农村产品电子商务。

以农产品、农村制品等为重点,通过加强对互联网和大数据的应用,提升商品质量和服务水平,培育农村产品品牌,提高商品化率和电子商务交易比例,带动农民增收。与农村和农民特点相结合,研究发展休闲农业和乡村旅游等个性化、体验式的农村电子商务。指导和支持种养大户、家庭农场、农民专业合作社、农业产业化龙头企业等新型农业经营主体和供销合作社、扶贫龙头企业、涉农残疾人扶贫基地等，对接电商平台，重点推动电商平台开设农业电商专区、降低平台使用费用和提供互联网金融服务等，实现"三品一标"、"名特优新"、"一村一品"农产品上网销售。鼓励有条件的农产品批发和零售市场进行网上分销，构建与实体市场互为支撑的电子商务平台，对标准化程度较高的农产品探索开展网上批发交易。鼓励新型农业经营主体与城市邮政局所、快递网点和社区直接对接，开展生鲜农产品"基地+社区直供"电子商务业务。从大型生产基地和批发商等团体用户入手，发挥互联网和移动终端的优势，在农产品主产区和主销区之间探索形成线上线下高效衔接的农产品交易模式。

（六）鼓励发展农业生产资料电子商务。

组织相关企业、合作社，依托电商平台和"万村千乡"农资店、供销合作社农资连锁店、农村邮政局所、村邮站、乡村快递网点、信息进村入户村级信息服务站等，提供测土配方施肥服务，并开展化肥、种子、农药等生产资料电子商务，推动放心农资进农家，为农民提供优质、实惠、可追溯的农业生产资料。发挥农资企业和研究机构的技术优势，将农资研发、生产、销售与指导农业生产相结合，通过网络、手机等提供及时、专业、贴心的农业专家服务，与电子商务紧密结合，加强使用技术指导服务体系建设，宣传、应用和推广农业最新科研成果。

（七）大力发展农村服务业。

按照新型城镇化发展要求，逐步增加农村电子商务综合服务功能，实现一网多用，缩小城乡居民在商品和服务消费上的差距。鼓励与服务业企业、金融机构等加强合作，提高大数据分析能力，在不断完善农民网络购物功能的基础上，逐步叠加手机充值、票务代购、水电气费缴纳、农产品网络销售、小额取现、信用贷款、家电维修、养老、医疗、土地流转等功能，进一步提高农村生产、生活服务水平。与城市社区电子商务系统有机结合，实现城乡互补和融合发展。

（八）提高电子商务扶贫开发水平。

按照精准扶贫、精准脱贫的原则，创新扶贫开发工作机制，把电子商务纳入扶贫开发工作体系。积极推进电商扶贫工程，密切配合，形成合力，瞄准建档立卡贫困村，覆盖建档立卡贫困户。鼓励引导易地扶贫搬迁安置区和搬迁人口发展电子商务。提升贫困地区交通物流、网络通讯等发展水平，增强贫困地区利用电商创业、就业能力，推动贫困地区特色农副产品、旅游产品销售，增加贫困户收入。鼓励引导电商企业开辟贫困老区特色农产品网上销售平台，与合作社、种养大户建立直采直供关系。到2020年，对有条件的建档立卡贫困村实现电商扶贫全覆盖。

三、培育多元化农村电子商务市场主体

（九）鼓励各类资本发展农村电子商务。

支持电商、物流、商贸、金融、邮政、快递等各类社会资本加强合作，实现优势资源的对接与整合，参与农村电子商务发展。加快实施"快递下乡"工程，支持快递企业"向下"、"向西"发展。支持第三方电子商务平台创新和拓展涉农电商业务。引导涉农信息发布平台向在线交易和电商平台转型，提升服务功能。

（十）积极培育农村电子商务服务企业。

引导电子商务服务企业拓展农村业务，支持组建区域性农村电子商务协会等行业组织，成立专业服务机构等。为农村电子商务发展提供咨询、人员培训、技术支持、网店建设、品牌培育、品质控制、营销推广、物流解决、代理运营等专业化服务，引导市场主体规范有序发展，培育一批扎根农村的电子商务服务企业。

（十一）鼓励农民依托电子商务进行创业。

实施农村青年电商培育工程和巾帼电商创业行动。以返乡高校毕业生、返乡青年、大学生村官、农村青年、巾帼致富带头人、退伍军人等为重点,培养一批农村电子商务带头人和实用型人才,切实发挥他们在农村电子商务发展中的引领和示范作用。指导具有特色商品生产基础的乡村开展电子商务,吸引农民工返乡创业就业,引导农民立足农村、对接城市,探索农村创业新模式。各类农村电子商务运营网点要积极吸收农村妇女、残疾人士等就业。

四、加强农村电子商务基础设施建设

(十二)加强农村宽带、公路等设施建设。

完善电信普遍服务补偿机制,加快农村信息基础设施建设和宽带普及,推进"宽带中国"建设,促进宽带网络提速降费,积极推动4G和移动互联网技术应用。以建制村通硬化路为重点加快农村公路建设,推进城乡客运一体化,推动有条件的地区实施公交化改造。

(十三)提高农村物流配送能力。

加强交通运输、商贸流通、农业、供销、邮政各部门和单位及电商、快递企业等相关农村物流服务网络和设施的共享衔接,发挥好邮政点多面广和普遍服务的优势,逐步完善县乡村三级物流节点基础设施网络,鼓励多站合一、资源共享,共同推动农村物流体系建设,打通农村电子商务"最后一公里"。推动第三方配送、共同配送在农村的发展,建立完善农村公共仓储配送体系,重点支持老少边穷地区物流设施建设。

五、创建农村电子商务发展的有利环境

(十四)搭建多层次发展平台。

鼓励电商基础较好的地方积极协调落实项目用地、利用闲置厂房等建设农村特色电子商务产业基地、园区或综合运营服务中心,发挥孵化功能,为当地网商、创业青年和妇女等提供低成本的办公用房、网络通信、培

训、摄影、仓储配送等公共服务,促进网商在农村的集聚发展。支持地方依托第三方综合电商平台,开设地方特色馆,搭建区域性电商服务平台。促进线下产业发展平台和线上电商交易平台的结合,推动网络经济与实体经济的融合。研究建立适合农村情况的电子商务标准、统计制度等。发挥各类农业信息资源优势,逐步覆盖农产品生产、流通、销售和消费全程,提高市场信息传导效应,引导农民开展订单生产。

(十五)加大金融支持力度。

鼓励有条件的地区通过拓宽社会融资渠道设立农村电子商务发展基金。鼓励村级电子商务服务点、助农取款服务点相互依托建设,实现优势互补、资源整合,提高利用效率。提高农村电商的大数据分析能力,支持银行业金融机构和支付机构研发适合农村特点、满足农村电子商务发展需求的网上支付、手机支付、供应链贷款等金融产品,加强有关风险控制,保障客户信息安全和资金安全。加大对电商创业农民的授信和贷款支持。充分利用各地设计开发的"青"字号专属金融产品,或依托金融机构现有产品,设计"青"字号电商创业金融服务项目,支持农村青年创业。协调各类农业信贷担保机构,简化农村网商小额短期贷款办理手续,对信誉良好、符合政策条件的农村网商,可按规定享受创业担保贷款及贴息政策。

(十六)加强培训和人才培养。

依托现有培训项目和资源,支持电子商务企业、各类培训机构、协会对机关、企业、农业经营主体和农民等,进行电子商务政策、理论、运营、操作等方面培训。有条件的地区可以建立专业的电商人才培训基地和师资队伍,努力培养一批既懂理论、又懂业务、会经营网店、能带头致富的复合型人才。引导具有实践经验的电商从业者返乡创业,鼓励电子商务职业经理人到农村发展。进一步降低农村电商人才就业保障等方面的门槛。

(十七)规范市场秩序。

加强网络市场监管,打击制售假冒伪劣商品、虚假宣传、不正当竞争和侵犯知识产权等违法行为,维护消费者合法权益,促进守法诚信经营。督促第三方交易平台加强内部管理,规范主体准入,遏制"刷信用"等欺诈行为。维护公平竞争的市场秩序,营造良好创业营商环境。推进农村电子商务诚信建设。加强农产品标准化、检验检测、安全监控、分级包装、冷链仓储、加工配送、追溯体系等技术、设施的研究、应用和建设,提高对农产品生产、加工和流通等环节的质量管控水平,建立完善质量保障体系。

(十八)开展示范和宣传推广。

开展电子商务进农村综合示范,认真总结示范地区经验做法,梳理典型案例,对开展电商创业的农村青年、农村妇女、新型农业经营主体和农村商业模式等进行总结推广。加大宣传力度,推动社会各界关注和支持农村电子商务发展。加强地区间沟通与交流,促进合作共赢发展。

电子商务进农村是三农工作的新领域。各地要加快转变政府职能,打破传统观念和模式,大胆探索创新,加强组织领导,加强部门沟通协调,改进工作方式方法,提升政府服务意识和水平,推动农村电子商务健康快速发展,促进农村现代市场体系建立完善,加快推进农业现代化进程。

关于大力支持小微文化
企业发展的实施意见

（文化部、工业和信息化部、财政部,2014 年 7 月 11 日）

各省、自治区、直辖市文化厅（局）、中小企业主管部门、财政厅（局）,新疆生产建设兵团文化广播电视局、中小企业主管部门、财务局,各计划单列市文化局、中小企业主管部门、财政局:

近年来,我国小微文化企业迅猛发展,在活跃文化市场、激发产业活力、促进文化创新、增加社会就业、丰富文化供给、满足人民精神文化需求等方面发挥了积极作用,成为推动我国文化发展的重要力量。但小微文化企业在经营、成本、融资、人才、市场环境等方面仍面临许多困难。为深入贯彻落实党的十八届三中全会关于"支持各种形式小微文化企业发展"的要求,根据《国务院关于进一步支持小型微型企业健康发展的意见》（国发〔2012〕14 号）,结合当前发展实际,制定本意见。

一、高度重视小微文化企业发展

（一）支持小微文化企业发展,是全面深化改革战略部署的一项具体任务,是实现文化产业成为国民经济支柱性产业战略目标的重要举措和促进小微企业健康发展战略任务的重要组成部分。本意见支持的小微文化企业,是指演艺业、娱乐业、动漫业、游戏业、文化旅游业、艺术品业、工艺美术业、文化会展业、创意设计业、网络文化业、数字文化服务业等行业及从事非物质文化遗产生产性保护的企业中符合《中小企业划型标准规定》(工信部联企业〔2011〕300号)的小型和微型企业。要充分认识发展小微文化企业的重要意义,积极营造有利于提高小微文化企业创新能力、扩大发展规模、促进企业可持续发展的良好环境,进一步解放文化生产力,激发全社会文化创造活力。

二、增强创新发展能力

(二)培育企业发展优势。指导小微文化企业以满足人民多层次多样化文化需求为导向,以创意创新为驱动,走"专、精、特、新"和与大企业协作配套发展的道路,在开展特色经营、创新产品特色和服务、提升科技含量和原创水平等方面形成竞争优势。制定贯彻落实国家关于推进文化创意和设计服务与相关产业融合发展政策的配套措施,支持小微文化企业拓展与装备制造业、消费品工业、建筑业、信息业、旅游业、体育和特色农业等产业的融合发展空间。

(三)激发企业创新意识。鼓励小微文化企业把握传统文化与现代元素结合、文化与科技融合的发展趋势,催生新技术、新工艺、新产品、新服务。加快培育产权、版权、技术、信息等要素市场,为企业提升文化创意成果转化和市场化运用水平创造条件。加强文化品牌建设,促进小微文化企业向专业化、品牌化方向发展。加强知识产权保护法律法规、典型案例的宣传和培训,增强小微文化企业知识产权保护意识,提高知识产权保护和运用水平。

(四)提升经营管理水平。通过业务培训、树立典型、总结模式、推广经验等形式,帮助和引导小微文化企业建立与发展阶段和发展目标相适应的管理制度,创新管理手段,提高信息化管理水平,提升企业发展活力。鼓励小微文化企业运用电子商务、第三方支付平台等拓展经营领域,降低企业经营成本,提高资源使用效率。推动文化行业标准化建设,制定并推广一批文化产品、服务、管理等标准,支持小微文化企业提高管理水平。支持创业服务机构、管理咨询机构面向小微文化企业提供管理咨询服务。

三、打造良好发展环境

(五)优化文化市场环境。贯彻落实鼓励和引导民间资本进入文化领域的政策,鼓励社会资本投资、兴办小微文化企业。简化和减少文化市场行政审批事项,做好已取消和下放行政审批项目的落实工作。进一步完善文化市场行政审批信息公开制度,不断提高行政审批效率和查询、办理文化市场行政审批事项的便利程度。建立健全文化市场信用体系,完善失信惩戒和守信激励机制,引导小微文化企业诚实、自律、守信、互信经营。健全 12318 文化市场举报体系,畅通维权投诉渠道,严厉打击各种违法违规经营活动,切实保护小微文化企业合法权益。

(六)推进创业载体建设。引导现有文化产业园区、基地创新运营管理模式,提升服务小微文化企业发展的水平,将服务效果作为认定国家级文化产业示范园区、试验园区的一项重要条件。支持合理利用闲置厂房、场地和废弃工业设施等,将其改造建设成为具有较强创业辅导服务功能,运作规范、业绩突出的小微文化企业创业基地。对小微文化企业自发集聚形成的特色文化产业集群,要加强规范和引导,完善基础设施建设,提供相应配套服务,改善企业集聚发展环境。鼓励互联网创业平台、交易平台等新兴创业载体的发展,拓宽小微文化企业的互联网创业发展渠道。实施"成长型小微文化企业扶持计划",培育一批具有发展潜力的小微文化企业和孵化效果显著的小微文化企业创业发展载体。

(七)加快人才培育步伐。将小微文化企业培训工作纳入"国家中小企业银河培训工程"扶持范围,加强对小微文化企业经营管理能力的培养。鼓励高等院校、职业院校、行业协会、小微文化企业创业载体和社会教育服务机构对小微文化企业经营者和创业者开展有针对性的知识教育和技能培训。推进网络课堂建设,创新人才培养模式,不断扩大小微文化企业培训工作覆盖范围。打破文化人才职称评定的体制壁垒,逐步建立面向社会文化艺术人才开放的职称评定制度。实施"文化产业创业创意人才扶持计划",适应创业创意人才成果转化、市场推广的需要,运用市场化办法,体现普惠性原则,通过合适的平台,加大资金投入、提供展示机会、扩大品牌影响,促进创意成果转化和创业团队孵化。

(八)拓展企业营销途径。鼓励各类文化产业展会、中小企业展会、电子商务平台等面向小微文化企业提供有针对性的服务。政府部门组织企业参加境内外文化展览展销活动,在名额、费用等方面可向小微文化企业适当倾斜。培育一批服务小微文化企业的文化产品和服务经纪、代理机构。充分发挥驻外使领馆文化处(组)、海外中国文化中心等的作用,帮助小微文化企业了解和分析海外文化市场动态、建立和拓展海外营销网络。研究制定文化产品和服务出口的扶持措施,支持小微文化企业开拓国际文化市场。

(九)鼓励参与公共文化服务。鼓励小微文化企业根据政府向社会力量购买服务的相关规定参与公共文化服务,支持有条件的地区探索制定项目补贴、定向资助等具体措施。在政府采购过程中,各级文化行政部门对小微文化企业及小微文化企业份额达到30%的联合体有自主知识产权的投标产品和服务,可在价格扣除优惠政策规定范围内按较高标准执行。

四、健全金融服务体系

(十)创新金融服务方式。巩固和深化文化行政部门、中小企业主管部门与金融机构的合作,鼓励银行业金融机构加大对小微文化企业的信贷投放力度,开展小微文化企业财务咨询、项目对接、贷前辅导等服务,支持保险机构开发适合小微文化企业特点的保险险种,探索开展保证保险、信用保险等业务。引导金融机构不断提升小微文化企业金融服务的便捷化、规模化、个性化水平。鼓励各级政府搭建的中小融资担保平台为小微文化企业提供担保。实施"文化金融扶持计划",提升面向小微文化企业的金融服务规模与水平。

（十一）拓宽企业融资渠道。大力推广小微文化企业集合债券、集合信托、短期融资券和行业集优债券等。支持小额贷款公司等机构为小微文化企业融资提供相关服务。鼓励符合条件的小微文化企业通过在全国中小企业股份转让系统和区域性股权交易市场进行股权融资。积极引导各类型私募股权投资基金、创业投资企业投资小微文化企业。在清理整顿各类交易场所基础上,鼓励文化产权交易场所为小微文化企业发展提供服务。支持有条件的地方依托文化金融服务中心为小微文化企业提供中介服务。

五、完善财税支持政策

（十二）加大财政支持力度。充分发挥财政政策引导示范作用,着力改善小微文化企业发展环境,促进小微文化企业创业发展。加大中央财政文化产业发展专项资金支持力度,完善和落实项目补助、贷款贴息、保费补贴等措施,实现财政政策、产业政策与企业需求的有机衔接。支持小微文化企业在项目实施中更多运用金融资本、社会资本,符合条件的可通过"文化金融扶持计划"给予支持。各级财政部门要结合本地区实际,切实加强对小微文化企业发展的促进引导,鼓励有条件的地区制定和实施小微文化企业孵化培育专项计划,并探索建立小微文化企业融资风险补偿机制。

（十三）落实税费优惠政策。落实提高增值税和营业税起征点、暂免征收部分小微企业增值税和营业税、小型微利企业所得税减半征收,以及免征部分小微文化企业文化事业建设费、部分艺术品进口关税减免等各项已出台的税费优惠政策。按照有关规定有序推进动漫企业认定工作，落实支持动漫企业发展的相关税收优惠政策。研究完善有利于非物质文化遗产生产性保护企业发展的税收政策。结合营业税改征增值税改革试点，逐步将文化服务行业纳入"营改增"试点范围。

六、提高公共服务水平

（十四）构建公共服务网络。进一步完善文化产业投融资公共服务平台功能，不断丰富信息发布、政策查询、融资指导、人才培训等服务内容。加快全国文化市场技术监管与服务平台建设，提供政策指导、信息交流、项目与产品查询等公共服务。继续推动中小企业公共服务平台网络建设，有条件的地区，可探索开发面向小微文化企业的特色专业服务产品，发挥平台网络辐射作用，逐步提高服务水平，扩大服务范围。支持建立小微文化企业服务平台，符合条件的可作为国家中小企业公共服务示范平台予以重点培育。积极开展小微文化企业信用体系建设，并对信用好的小微文化企业给予重点支持。

（十五）发挥社会组织作用。鼓励文化行业协会、商会吸收小微文化企业入会，充分发挥行业协会、商会在规范市场秩序、开展行业自律、制定行业标准、调解贸易纠纷等方面的积极作用，切实维护小微文化企业权益。支持行业协会、商会与各类小微文化企业载体在发展规划、信息交流、市场推介、创意转化、投资融资、人才培训等方面开展合作，加强对小微文化企业创业发展的指导和服务。

（十六）营造良好舆论氛围。加强与新闻媒体的协调合作，发挥新闻媒体优势，广泛报道小微文化企业发展形势和扶持政策，深入挖掘和宣传成功企业的典型经验，激发全社会的创新创业精神，形成有利于小微文化企业创业和发展的舆论环境，进一步坚定小微文化企业的发展信心。

（十七）强化指导协调机制。各级文化行政部门、中小企业主管部门、财政部门要将支持小微文化企业发展工作作为一项长期任务来落实，并纳入本地区、本部门落实全面深化改革和文化建设的整体工作部署中。充分发挥本地区促进中小企业、小微企业发展工作领导小组作用，将文化行政部门纳入领导小组，做好小微文化企业发展的指导协调工作，形成政策叠加优势。加强对小微文化企业发展的调查研究，逐步建立起对小微文化企业发展情况定期抽样调查和常态化监测分析机制。

各级文化行政部门要结合本地区发展实际，会同中小企业主管部门、财政部门抓紧研究制订支持小微文化企业发展的具体办法，明确工作目标，细化工作任务，推动各项政策措施落到实处。

关于大力推进体制机制创新
扎实做好科技金融服务的意见

(人民银行、科技部、银监会、证监会、保监会、
知识产权局,2014 年 1 月 7 日)

中国人民银行上海总部,各分行、营业管理部、省会(首府)城市中心支行、副省级城市中心支行,各省(区、市)、计划单列市科技厅(委、局)、知识产权局、银监局、证监局、保监局,新疆生产建设兵团科技局,国家开发银行,各政策性银行、国有商业银行、股份制商业银行,中国邮政储蓄银行:

为贯彻落实党的十八届三中全会精神和《中共中央　国务院关于深化科技体制改革　加快国家创新体系建设的意见》(中发〔2012〕6 号)等中央文件要求,大力推动体制机制创新,促进科技和金融的深层次结合,支持国家创新体系建设,现提出如下意见:

一、大力培育和发展服务科技创新的金融组织体系

(一)创新从事科技金融服务的金融组织形式。鼓励银行业金融机构在高新技术产业开发区(以下简称高新区)、国家高新技术产业化基地(以下简称产业化基地)等科技资源集聚地区通过新设或改造部分分(支)行作为从事中小科技企业金融服务的专业分(支)行或特色分(支)行。对银行业金融机构新设或改造部分分(支)行从事科技金融服务的

334

有关申请,优先受理和审核。鼓励银行业金融机构在财务资源、人力资源等方面给予专业分(支)行或特色分(支)行适当倾斜,加强业务指导和管理,提升服务科技创新的专业化水平。在加强监管的前提下,允许具备条件的民间资本依法发起设立中小型银行,为科技创新提供专业化的金融服务。

(二)积极发展为科技创新服务的非银行金融机构和组织。大力推动金融租赁公司等规范发展,为科技企业、科研院所等开展科技研发和技术改造提供大型设备、精密器材等的租赁服务。支持发展科技小额贷款公司,按照"小额、分散"原则,向小微科技企业提供贷款服务。鼓励符合条件的小额贷款公司、金融租赁公司通过开展资产证券化、发行债券等方式融资。积极推动产融结合,支持符合条件的大型科技企业集团公司按规定设立财务公司,强化其为集团内科技企业提供金融服务的功能。

(三)培育发展科技金融中介服务体系。指导和推动地方科技部门、国家高新区(或产业化基地)、金融机构和相关中介服务机构建立和培育发展科技金融服务中心等多种形式的服务平台,推动创业投资、银行信贷、科技企业改制服务、融资路演、数据增值服务、科技项目管理、人才引进等方面的联动合作,为科技企业提供全方位、专业化、定制化投融资解决方案。加快发展科技企业孵化、法律会计服务、人力资源管理等机构,为中小科技企业融资提供服务。

二、加快推进科技信贷产品和服务模式创新

(四)完善科技信贷管理机制。鼓励银行业金融机构完善科技企业贷款利率定价机制,充分利用贷款利率风险定价和浮动计息规则,根据科技企业成长状况,动态分享相关收益。完善科技贷款审批机制,通过建立科技贷款绿色通道等方式,提高科技贷款审批效率;通过借助科技专家咨询服务平台,利用信息科技技术提升评审专业化水平。完善科技信贷风

险管理机制,探索设计专门针对科技信贷风险管理的模型,提高科技贷款管理水平。完善内部激励约束机制,建立小微科技企业信贷业务拓展奖励办法,落实授信尽职免责机制,有效发挥差别风险容忍度对银行开展科技信贷业务的支撑作用。

(五)丰富科技信贷产品体系。在有效防范风险的前提下,支持银行业金融机构与创业投资、证券、保险、信托等机构合作,创新交叉性金融产品,建立和完善金融支持科技创新的信息交流共享机制和风险共控合作机制。全面推动符合科技企业特点的金融产品创新,逐步扩大仓单、订单、应收账款、产业链融资以及股权质押贷款的规模。充分发挥政策性金融功能,支持国家重大科技计划成果的转化和产业化、科技企业并购、国内企业自主创新和引进消化吸收再创新、农业科技创新、科技企业开展国际合作和"走出去"。

(六)创新科技金融服务模式。鼓励银行业金融机构开展还款方式创新,开发和完善适合科技企业融资需求特点的授信模式。积极向科技企业提供开户、结算、融资、理财、咨询、现金管理、国际业务等一站式、系统化的金融服务。加快科技系统改造升级,在符合监管要求的前提下充分利用互联网技术,为科技企业提供高效、便捷的金融服务。

(七)大力发展知识产权质押融资。加强知识产权评估、登记、托管、流转服务能力建设,规范知识产权价值分析和评估标准,简化知识产权质押登记流程,探索建立知识产权质物处置机制,为开展知识产权质押融资提供高效便捷服务。积极推进专利保险工作,有效保障企业、行业、地区的创新发展。

三、拓宽适合科技创新发展规律的多元化融资渠道

(八)支持科技企业上市、再融资和并购重组。推进新股发行体制改革,继续完善和落实促进科技成果转化应用的政策措施,促进科技成果资

本化、产业化。适当放宽科技企业的财务准入标准,简化发行条件。建立创业板再融资制度,形成"小额、快速、灵活"的创业板再融资机制,为科技企业提供便捷的再融资渠道。支持符合条件的科技企业在境外上市融资。支持科技上市企业通过并购重组做大做强。推进实施并购重组分道制审核制度,对符合条件的企业申请实行豁免或快速审核。鼓励科技上市企业通过并购基金等方式实施兼并重组,拓宽融资渠道。研究允许科技上市企业发行优先股、定向可转债等作为并购工具的可行性,丰富并购重组工具。

(九)鼓励科技企业利用债券市场融资。支持科技企业通过发行企业债、公司债、短期融资券、中期票据、中小企业集合票据、中小企业集合债券、小微企业增信集合债券、中小企业私募债等产品进行融资。鼓励和支持相关部门通过优化工作流程,提高发行工作效率,为科技企业发行债券提供融资便利。对符合条件的科技企业发行直接债务融资工具的,鼓励中介机构适当降低收费,减轻科技企业的融资成本负担。继续推动并购债、可转债、高收益债等产品发展,支持科技企业滚动融资,行业收购兼并和创投公司、私募基金投资和退出。

(十)推动创业投资发展壮大。发挥政府资金杠杆作用,充分利用现有的创业投资基金,完善创业投资政策环境和退出机制,鼓励更多社会资本进入创业投资领域。推动各级政府部门设立的创业投资机构通过阶段参股、跟进投资等多种方式,引导创业投资资金投向初创期科技企业和科技成果转化项目。完善和落实创业投资机构相关税收政策,推动运用财政税收等优惠政策引导创业投资机构投资科技企业,支持符合条件的创业投资企业、股权投资企业、产业投资基金发行企业债券;支持符合条件的创业投资企业、股权投资企业、产业投资基金的股东或有限合伙人发行企业债券。鼓励发展天使投资。

(十一)鼓励其他各类市场主体支持科技创新。支持科技企业通过在全国中小企业股份转让系统实现股份转让和定向融资。探索研究全国中小企业股份转让系统挂牌公司的并购重组监管制度,规范引导其并购重组活动。探索利用各类产权交易机构为非上市小微科技企业提供股份转让渠道,建立健全未上市科技股份公司股权集中托管、转让、市场监管等配套制度。加快发展统一的区域性技术产权交易市场,推动地方加强省级技术产权交易市场建设,完善创业风险投资退出机制。支持证券公司直投子公司、另类投资子公司、基金管理公司专业子公司等,在风险可控前提下按规定投资非上市科技企业股权、债券类资产、收益权等实体资产,为不同类型、不同发展阶段的科技企业提供资金支持。

四、探索构建符合科技创新特点的保险产品和服务

(十二)建立和完善科技保险体系。按照政府引导、商业保险机构运作、产寿险业务并重的原则,进一步建立和完善科技保险体系。加大对科技保险的财政支持力度,鼓励有条件的地区建立科技保险奖补机制和科技再保险制度,对重点科技和产业领域给予补贴、补偿等奖励和优惠政策,充分发挥财政资金的引导和放大作用,促进科技保险长效发展。支持符合条件的保险公司设立专门服务于科技企业的科技保险专营机构,为科技企业降低风险损失、实现稳健经营提供支持。

(十三)加快创新科技保险产品,提高科技保险服务质量。鼓励保险公司创新科技保险产品,为科技企业、科研项目、科研人员提供全方位保险支持。推广中小科技企业贷款保证保险、贷款担保责任保险、出口信用保险等新型保险产品,为科技企业提供贷款保障。加快制定首台(套)重大技术装备保险机制的指导意见,建立政府引导、市场化运作的首台(套)重大技术装备保险机制和示范应用制度,促进首台(套)重大技术装备项目的推广和科技成果产业化。

(十四)创新保险资金运用方式,为科技创新提供资金支持。根据科技领域需求和保险资金特点,支持保险资金以股权、基金、债权、资产支持

计划等形式,为高新区和产业化基地建设、战略性新兴产业的培育与发展以及国家重大科技项目提供长期、稳定的资金支持。探索保险资金投资优先股等新型金融工具,为科技企业提供长期股权投资。推动科技保险综合实验区建设,在更好地服务科技创新方面先行先试,探索建立综合性科技保险支持体系。

五、加快建立健全促进科技创新的信用增进机制

(十五)大力推动科技企业信用示范区建设。鼓励各地依托高新区和产业化基地,因地制宜建设科技企业信用示范区,充分利用金融信用信息基础数据库等信用信息平台,加大对科技企业信用信息的采集,建立和完善科技企业的信用评级和评级结果推介制度,为金融机构推广信用贷款等金融产品提供支持。充分发挥信用促进会等信用自律组织的作用,完善科技企业信用示范区管理机制,逐步建立守信激励、失信惩戒的信用环境。

(十六)积极发挥融资性担保增信作用。建立健全政府资金引导、社会资本参与、市场化运作的科技担保、再担保体系。支持融资性担保机构加大对科技企业的信用增进,提高融资性担保机构服务能力。鼓励科技企业成立联保互助组织,通过建立科技担保互助基金,为协会成员提供融资担保支持。支持融资性担保机构加强信息披露与共享,开展同业合作,集成科技企业资源,进一步增强融资担保能力。

(十七)创新科技资金投入方式。充分发挥国家科技成果转化引导基金的作用,通过设立创业投资子基金、贷款风险补偿等方式,引导金融资本和民间投资向科技成果转化集聚。进一步整合多种资源,综合运用创业投资、风险分担、保费补贴、担保补助、贷款贴息等多种方式,发挥政府资金在信用增进、风险分散、降低成本等方面的作用,引导金融机构加大对科技企业的融资支持。

六、进一步深化科技和金融结合试点

（十八）加快推进科技和金融结合试点工作。完善"促进科技和金融结合试点工作"部际协调机制，总结试点工作的成效和创新实践，研究制定继续深化试点工作的相关措施，适时启动第二批试点工作，将更多地区纳入试点范围。及时宣传和推广试点地区典型经验，发挥试点地区的示范作用。加大资源条件保障和政策扶持力度，进一步调动和发挥地方深化试点工作的积极性与创造性。鼓励地方因地制宜、大胆探索、先行先试，不断拓展科技与金融结合的政策和实践空间，开展具有地方特色的科技和金融结合试点工作建设。

（十九）推动高新区科技与金融的深层次结合。建立完善高新区管委会、金融机构和科技企业之间的信息沟通机制，通过举办多种形式的投融资对接活动，加强科技创新项目和金融产品的宣传、推介，推动高新区项目资源、政策资源与金融资源的有效对接。支持银行业金融机构在风险可控的前提下，在业务范围内综合运用统贷平台、集合授信等多种方式，加大对高新区建设和小微科技企业的融资支持。发挥高新区先行先试的优势，加快构建科技金融服务体系，鼓励金融机构开展各类金融创新实践活动。

七、创新政策协调和组织实施机制

（二十）综合运用多种金融政策工具，拓宽科技创新信贷资金来源。充分运用差别存款准备金动态调整机制，引导地方法人金融机构加大对科技企业的信贷投入。发挥再贴现支持结构调整的作用，对小微科技企业票据优先予以再贴现支持。支持符合条件的银行发行金融债专项用于支持小微科技企业发展，加强对小微科技企业的金融服务。积极稳妥推动信贷资产证券化试点,鼓励金融机构将通过信贷资产证券化业务腾挪出的信贷资金支持科技企业发展。

(二十一)加强科技创新资源与金融资源的有效对接。探索金融资本与国家科技计划项目结合的有效方式和途径,建立科技创新项目贷款的推荐机制,支持国家科技计划项目的成果转化和产业化;建立国家科技成果转化项目库,引导和支持金融资本及民间投资参与科技创新;指导地方科技部门建立中小微科技企业数据库,与金融机构开展投融资需求对接;开展面向中小微科技企业的科技金融培训,培育科技金融复合型人才。

(二十二)建立科技、财政和金融监管部门参加的科技金融服务工作协调机制。健全跨部门、跨层级的协调沟通和分工负责机制,加强科技、财政、税收、金融等政策的协调,形成推进科技金融发展的政策合力。依托科技部门与金融管理部门、金融机构的合作机制,将科技部门在政策、信息、项目、专家等方面的综合优势与金融机构的产品、服务优势结合起来,实现科技创新与金融创新的相互促进。

(二十三)探索建立科技金融服务监测评估体系。人民银行各分支机构可根据辖区实际情况,按照地方科技部门制定的科技企业认定标准与名录,推动各金融机构研究建立科技金融服务专项统计制度,加强对科技企业贷款的统计与监测分析,并探索建立科技金融服务的专项信贷政策导向效果评估制度。

请人民银行上海总部,各分行、营业管理部、省会(首府)城市中心支行、副省级城市中心支行会同所在省(区、市)科技、银监、证监、保监、知识产权等部门将本意见联合转发至辖区内相关机构,并协调做好本意见的贯彻实施工作。

关于促进互联网金融
健康发展的指导意见

（人民银行、工业和信息化部、公安部、财政部、

工商总局、法制办、银监会、证监会、保监会、

国家网信办,2015 年 7 月 18 日）

中国人民银行上海总部,各分行、营业管理部、省会（首府）城市中心支行、副省级城市中心支行;各省、自治区、直辖市、计划单列市电信主管部门、公安厅（局）、财政厅（局）、工商行政管理局（市场监督管理部门）、法制办、银监局、证监局、保监局、网信办,新疆生产建设兵团公安局、财务局;国家开发银行,各政策性银行、国有商业银行、股份制商业银行,中国邮政储蓄银行;银监会直接监管的各信托公司、消费金融公司、企业集团财务公司、金融租赁公司;各证券公司、期货公司、基金管理公司;各保险公司、保险资产管理公司;其他互联网金融从业机构:

近年来,互联网技术、信息通信技术不断取得突破,推动互联网与金融快速融合,促进了金融创新,提高了金融资源配置效率,但也存在一些问题和风险隐患。为全面贯彻落实党的十八大和十八届二中、三中、四中全会精神,按照党中央、国务院决策部署,遵循"鼓励创新、防范风险、趋利避害、健康发展"的总体要求,从金融业健康发展全局出发,进一步推进金融改革创新和对外开放,促进互联网金融健康发展,经党中央、国务院同意,现提出以下意见。

一、鼓励创新，支持互联网金融稳步发展

互联网金融是传统金融机构与互联网企业（以下统称从业机构）利用互联网技术和信息通信技术实现资金融通、支付、投资和信息中介服务的新型金融业务模式。互联网与金融深度融合是大势所趋，将对金融产品、业务、组织和服务等方面产生更加深刻的影响。互联网金融对促进小微企业发展和扩大就业发挥了现有金融机构难以替代的积极作用，为大众创业、万众创新打开了大门。促进互联网金融健康发展，有利于提升金融服务质量和效率，深化金融改革，促进金融创新发展，扩大金融业对内对外开放，构建多层次金融体系。作为新生事物，互联网金融既需要市场驱动，鼓励创新，也需要政策助力，促进发展。

（一）积极鼓励互联网金融平台、产品和服务创新，激发市场活力。鼓励银行、证券、保险、基金、信托和消费金融等金融机构依托互联网技术，实现传统金融业务与服务转型升级，积极开发基于互联网技术的新产品和新服务。支持有条件的金融机构建设创新型互联网平台开展网络银行、网络证券、网络保险、网络基金销售和网络消费金融等业务。支持互联网企业依法合规设立互联网支付机构、网络借贷平台、股权众筹融资平台、网络金融产品销售平台，建立服务实体经济的多层次金融服务体系，更好地满足中小微企业和个人投融资需求，进一步拓展普惠金融的广度和深度。鼓励电子商务企业在符合金融法律法规规定的条件下自建和完善线上金融服务体系，有效拓展电商供应链业务。鼓励从业机构积极开展产品、服务、技术和管理创新，提升从业机构核心竞争力。

（二）鼓励从业机构相互合作，实现优势互补。支持各类金融机构与互联网企业开展合作，建立良好的互联网金融生态环境和产业链。鼓励银行业金融机构开展业务创新，为第三方支付机构和网络贷款平台等提供资金存管、支付清算等配套服务。支持小微金融服务机构与互联网企

业开展业务合作,实现商业模式创新。支持证券、基金、信托、消费金融、期货机构与互联网企业开展合作,拓宽金融产品销售渠道,创新财富管理模式。鼓励保险公司与互联网企业合作,提升互联网金融企业风险抵御能力。

(三)拓宽从业机构融资渠道,改善融资环境。支持社会资本发起设立互联网金融产业投资基金,推动从业机构与创业投资机构、产业投资基金深度合作。鼓励符合条件的优质从业机构在主板、创业板等境内资本市场上市融资。鼓励银行业金融机构按照支持小微企业发展的各项金融政策,对处于初创期的从业机构予以支持。针对互联网企业特点,创新金融产品和服务。

(四)坚持简政放权,提供优质服务。各金融监管部门要积极支持金融机构开展互联网金融业务。按照法律法规规定,对符合条件的互联网企业开展相关金融业务实施高效管理。工商行政管理部门要支持互联网企业依法办理工商注册登记。电信主管部门、国家互联网信息管理部门要积极支持互联网金融业务,电信主管部门对互联网金融业务涉及的电信业务进行监管,国家互联网信息管理部门负责对金融信息服务、互联网信息内容等业务进行监管。积极开展互联网金融领域立法研究,适时出台相关管理规章,营造有利于互联网金融发展的良好制度环境。加大对从业机构专利、商标等知识产权的保护力度。鼓励省级人民政府加大对互联网金融的政策支持。支持设立专业化互联网金融研究机构,鼓励建设互联网金融信息交流平台,积极开展互联网金融研究。

(五)落实和完善有关财税政策。按照税收公平原则,对于业务规模较小、处于初创期的从业机构,符合我国现行对中小企业特别是小微企业税收政策条件的,可按规定享受税收优惠政策。结合金融业营业税改征增值税改革,统筹完善互联网金融税收政策。落实从业机构新技术、新产品研发费用税前加计扣除政策。

(六)推动信用基础设施建设,培育互联网金融配套服务体系。支持大数据存储、网络与信息安全维护等技术领域基础设施建设。鼓励从业机构依法建立信用信息共享平台。推动符合条件的相关从业机构接入金融信用信息基础数据库。允许有条件的从业机构依法申请征信业务许可。支持具备资质的信用中介组织开展互联网企业信用评级,增强市场信息透明度。鼓励会计、审计、法律、咨询等中介服务机构为互联网企业提供相关专业服务。

二、分类指导,明确互联网金融监管责任

互联网金融本质仍属于金融,没有改变金融风险隐蔽性、传染性、广泛性和突发性的特点。加强互联网金融监管,是促进互联网金融健康发展的内在要求。同时,互联网金融是新生事物和新兴业态,要制定适度宽松的监管政策,为互联网金融创新留有余地和空间。通过鼓励创新和加强监管相互支撑,促进互联网金融健康发展,更好地服务实体经济。互联网金融监管应遵循"依法监管、适度监管、分类监管、协同监管、创新监管"的原则,科学合理界定各业态的业务边界及准入条件,落实监管责任,明确风险底线,保护合法经营,坚决打击违法和违规行为。

(七)互联网支付。互联网支付是指通过计算机、手机等设备,依托互联网发起支付指令、转移货币资金的服务。互联网支付应始终坚持服务电子商务发展和为社会提供小额、快捷、便民小微支付服务的宗旨。银行业金融机构和第三方支付机构从事互联网支付,应遵守现行法律法规和监管规定。第三方支付机构与其他机构开展合作的,应清晰界定各方的权利义务关系,建立有效的风险隔离机制和客户权益保障机制。要向客户充分披露服务信息,清晰地提示业务风险,不得夸大支付服务中介的性质和职能。互联网支付业务由人民银行负责监管。

(八)网络借贷。网络借贷包括个体网络借贷(即 P2P 网络借贷)和网络小额贷款。个体网络借贷是指个体和个体之间通过互联网平台实现

的直接借贷。在个体网络借贷平台上发生的直接借贷行为属于民间借贷范畴,受合同法、民法通则等法律法规以及最高人民法院相关司法解释规范。个体网络借贷要坚持平台功能,为投资方和融资方提供信息交互、撮合、资信评估等中介服务。个体网络借贷机构要明确信息中介性质,主要为借贷双方的直接借贷提供信息服务,不得提供增信服务,不得非法集资。网络小额贷款是指互联网企业通过其控制的小额贷款公司,利用互联网向客户提供的小额贷款。网络小额贷款应遵守现有小额贷款公司监管规定,发挥网络贷款优势,努力降低客户融资成本。网络借贷业务由银监会负责监管。

(九)股权众筹融资。股权众筹融资主要是指通过互联网形式进行公开小额股权融资的活动。股权众筹融资必须通过股权众筹融资中介机构平台(互联网网站或其他类似的电子媒介)进行。股权众筹融资中介机构可以在符合法律法规规定前提下,对业务模式进行创新探索,发挥股权众筹融资作为多层次资本市场有机组成部分的作用,更好服务创新创业企业。股权众筹融资方应为小微企业,应通过股权众筹融资中介机构向投资人如实披露企业的商业模式、经营管理、财务、资金使用等关键信息,不得误导或欺诈投资者。投资者应当充分了解股权众筹融资活动风险,具备相应风险承受能力,进行小额投资。股权众筹融资业务由证监会负责监管。

(十)互联网基金销售。基金销售机构与其他机构通过互联网合作销售基金等理财产品的,要切实履行风险披露义务,不得通过违规承诺收益方式吸引客户;基金管理人应当采取有效措施防范资产配置中的期限错配和流动性风险;基金销售机构及其合作机构通过其他活动为投资人提供收益的,应当对收益构成、先决条件、适用情形等进行全面、真实、准确表述和列示,不得与基金产品收益混同。第三方支付机构在开展基金互联网销售支付服务过程中,应当遵守人民银行、证监会关于客户备付金及基金销售结算资金的相关监管要求。第三方支付机构的客户备付金只能用于办理客户委托的支付业务,不得用于垫付基金和其他理财产品的资金赎回。互联网基金销售业务由证监会负责监管。

(十一)互联网保险。保险公司开展互联网保险业务,应遵循安全性、保密性和稳定性原则,加强风险管理,完善内控系统,确保交易安全、信息安全和资金安全。专业互联网保险公司应当坚持服务互联网经济活动的基本定位,提供有针对性的保险服务。保险公司应建立对所属电子商务公司等非保险类子公司的管理制度,建立必要的防火墙。保险公司通过互联网销售保险产品,不得进行不实陈述、片面或夸大宣传过往业绩、违规承诺收益或者承担损失等误导性描述。互联网保险业务由保监会负责监管。

(十二)互联网信托和互联网消费金融。信托公司、消费金融公司通过互联网开展业务的,要严格遵循监管规定,加强风险管理,确保交易合法合规,并保守客户信息。信托公司通过互联网进行产品销售及开展其他信托业务的,要遵守合格投资者等监管规定,审慎甄别客户身份和评估客户风险承受能力,不能将产品销售给与风险承受能力不相匹配的客户。信托公司与消费金融公司要制定完善产品文件签署制度,保证交易过程合法合规,安全规范。互联网信托业务、互联网消费金融业务由银监会负责监管。

三、健全制度,规范互联网金融市场秩序

发展互联网金融要以市场为导向,遵循服务实体经济、服从宏观调控和维护金融稳定的总体目标,切实保障消费者合法权益,维护公平竞争的市场秩序。要细化管理制度,为互联网金融健康发展营造良好环境。

(十三)互联网行业管理。任何组织和个人开设网站从事互联网金融业务的,除应按规定履行相关金融监管程序外,还应依法向电信主管部门履行网站备案手续,否则不得开展互联网金融业务。工业和信息化部

负责对互联网金融业务涉及的电信业务进行监管,国家互联网信息办公室负责对金融信息服务、互联网信息内容等业务进行监管,两部门按职责制定相关监管细则。

(十四)客户资金第三方存管制度。除另有规定外,从业机构应当选择符合条件的银行业金融机构作为资金存管机构,对客户资金进行管理和监督,实现客户资金与从业机构自身资金分账管理。客户资金存管账户应接受独立审计并向客户公开审计结果。人民银行会同金融监管部门按照职责分工实施监管,并制定相关监管细则。

(十五)信息披露、风险提示和合格投资者制度。从业机构应当对客户进行充分的信息披露,及时向投资者公布其经营活动和财务状况的相关信息,以便投资者充分了解从业机构运作状况,促使从业机构稳健经营和控制风险。从业机构应当向各参与方详细说明交易模式、参与方的权利和义务,并进行充分的风险提示。要研究建立互联网金融的合格投资者制度,提升投资者保护水平。有关部门按照职责分工负责监管。

(十六)消费者权益保护。研究制定互联网金融消费者教育规划,及时发布维权提示。加强互联网金融产品合同内容、免责条款规定等与消费者利益相关的信息披露工作,依法监督处理经营者利用合同格式条款侵害消费者合法权益的违法、违规行为。构建在线争议解决、现场接待受理、监管部门受理投诉、第三方调解以及仲裁、诉讼等多元化纠纷解决机制。细化完善互联网金融个人信息保护的原则、标准和操作流程。严禁网络销售金融产品过程中的不实宣传、强制捆绑销售。人民银行、银监会、证监会、保监会会同有关行政执法部门,根据职责分工依法开展互联网金融领域消费者和投资者权益保护工作。

(十七)网络与信息安全。从业机构应当切实提升技术安全水平,妥善保管客户资料和交易信息,不得非法买卖、泄露客户个人信息。人民银行、银监会、证监会、保监会、工业和信息化部、公安部、国家互联网信息办公室分别负责对相关从业机构的网络与信息安全保障进行监管,并制定相关监管细则和技术安全标准。

（十八）反洗钱和防范金融犯罪。从业机构应当采取有效措施识别客户身份，主动监测并报告可疑交易，妥善保存客户资料和交易记录。从业机构有义务按照有关规定，建立健全有关协助查询、冻结的规章制度，协助公安机关和司法机关依法、及时查询、冻结涉案财产，配合公安机关和司法机关做好取证和执行工作。坚决打击涉及非法集资等互联网金融犯罪，防范金融风险，维护金融秩序。金融机构在和互联网企业开展合作、代理时应根据有关法律和规定签订包括反洗钱和防范金融犯罪要求的合作、代理协议，并确保不因合作、代理关系而降低反洗钱和金融犯罪执行标准。人民银行牵头负责对从业机构履行反洗钱义务进行监管，并制定相关监管细则。打击互联网金融犯罪工作由公安部牵头负责。

（十九）加强互联网金融行业自律。充分发挥行业自律机制在规范从业机构市场行为和保护行业合法权益等方面的积极作用。人民银行会同有关部门，组建中国互联网金融协会。协会要按业务类型，制订经营管理规则和行业标准，推动机构之间的业务交流和信息共享。协会要明确自律惩戒机制，提高行业规则和标准的约束力。强化守法、诚信、自律意识，树立从业机构服务经济社会发展的正面形象，营造诚信规范发展的良好氛围。

（二十）监管协调与数据统计监测。各监管部门要相互协作、形成合力，充分发挥金融监管协调部际联席会议制度的作用。人民银行、银监会、证监会、保监会应当密切关注互联网金融业务发展及相关风险，对监管政策进行跟踪评估，适时提出调整建议，不断总结监管经验。财政部负责互联网金融从业机构财务监管政策。人民银行会同有关部门，负责建立和完善互联网金融数据统计监测体系，相关部门按照监管职责分工负责相关互联网金融数据统计和监测工作，并实现统计数据和信息共享。

关于做好注册资本登记制度改革
实施前后登记管理衔接工作的通知

（工商总局,2014 年 2 月 18 日）

各省、自治区、直辖市及计划单列市、副省级市工商行政管理局、市场监督
管理局:

根据修改后的《中华人民共和国公司法》、《中华人民共和国公司登
记管理条例》等法律、行政法规和国务院批准的《注册资本登记制度改革
方案》,为确保注册资本登记制度改革实施前后登记管理工作的平稳过
渡,现就有关事项通知如下:

一、依法办理公司注册登记

自 2014 年 3 月 1 日起,各级公司登记机关应当按照修改后的《中华
人民共和国公司法》及有关行政法规、国务院决定、总局规章办理公司注
册登记。

公司实收资本以及股东(发起人)认缴和实缴的出资额、出资方式、
出资期限不再作为登记事项。2014 年 3 月 1 日后公司申请办理上述事
项登记的,公司登记机关应当决定不予受理。

除募集设立的股份有限公司外,公司登记机关在受理公司登记申请
时不再收取验资报告。

2014 年 2 月 28 日前公司登记机关已受理涉及上述事项登记申请

的,应当在 2014 年 2 月 28 日前作出是否准予登记的决定。

二、依法监管股东（发起人）出资行为

自 2014 年 3 月 1 日起,对于实行注册资本认缴登记制公司股东（发起人）缴付出资的信息公示情况,由公司登记机关通过依法处理投诉举报或者抽查等方式予以监管。对于实行注册资本实缴登记制公司股东（发起人）出资的缴付情况,公司登记机关仍依照《中华人民共和国公司法》、《中华人民共和国公司登记管理条例》相关规定予以监管。

三、有序推进市场主体相关信息公示

登记机关负责在省级市场主体信用信息公示系统上公示市场主体登记、备案信息（具体公示事项见附件）。公司应当在同一市场主体信用信息公示系统上自行公示股东（发起人）认缴的出资额、出资方式、出资期限、缴纳情况。

登记机关应当加强对市场主体信息的采集,并按国家有关规定做好对市场主体公示信息的监督检查,提高认识,指定专人,明确责任,发现问题及时处理。

2014 年 2 月 28 日前已设立公司的实收资本及股东（发起人）认缴和实缴的出资额、出资方式、出资期限等改革前属于登记事项的公司登记信息,由公司登记机关在市场主体信用信息公示系统上按最近一次登记的信息予以公示。

四、切实保障信息化系统安全

要保障信息化平台的系统安全。要采用防火墙、防拒绝服务攻击、防

病毒、入侵监测等设施防范黑客攻击、互联网术马、病毒入侵等,防止系统被挂上木马或被病毒侵入,采用流量控制、验证码、提高网络带宽等手段保证网络畅通,避免造成公示系统瘫痪或失去控制,造成难以估计的损失。各单位应严格按照《信息系统安全等级保护基本要求》,制订相应安全措施,从网络、硬件、系统软件等多角度保障系统安全。

要确保信息化平台的数据安全。要采用数据库加密、访问控制等措施防范数据窃取、数据篡改、数据伪造、行为抵赖等,防止出现数据丢失、损坏现象。要建立健全数据备份和应急恢复系统,充分保障数据安全。

要多方位多角度确保内容安全。按照《互联网信息服务管理办法》(中华人民共和国国务院令第292号)第十五条规定,要采取技术和人工相结合的方式对企业上报信息内容进行审查,对是否含有不良、敏感等情况的内容要能够发现、追查。要对企业上报的内容"缓存",充分利用知识库、比对或过滤软件进行自动检查。要明确审核、登记、保存、清除、备份等审查流程,落实审查责任,安排专人审查。

要建立健全安全责任制度和保密制度,制定应急处置预案,落实责任到位,出现问题,及时处置,务必将负面影响降低到最小程度。

五、进一步提升窗口服务水平

各级工商行政管理部门要进一步强化服务意识,充分研判改革实施后登记申请可能大幅增加的形势,采取切实有效措施,全面提升登记服务质量和效率,确保各类登记申请能够及时受理,按时办结。

要加强人员培训和力量配备。要通过多渠道、多方式的岗位业务培训、技能操作等活动,使登记窗口人员充分领会改革精神,熟练掌握有关新修改法律、法规、规章和登记规范的要求,提高操作水平,提升工作效率。要加强人员配备,将业务熟练的人员充实到登记窗口,通过多途径增加登记注册人员,切实防止因人员不足而造成登记效率下降。

要加强窗口服务规范建设。要优化窗口配置,增设服务窗口。增加专人负责咨询引导工作,做好排队人员的合理分流,维护好登记大厅正常办事秩序。要统一服务流程、规范服务标准,配备登记服务办事指南,按照规定公开办理结果。加大预约登记、电话咨询力度,多方式分流到现场办理人员。进一步完善和落实首问责任制、限时办结制等制度,做到"一口清",避免申请人多次往返。要建立应急预案,妥善处理突发事件。

要加大推进网上登记的力度。积极推进网上登记,扩大网上登记的适用范围,提高网上登记智能化程度。鼓励有条件的地方推进的全程电子化登记。

要进一步优化登记流程。严格执行登记规范标准,做到登记条件、程序统一。在全面实现一审一核的基础上,探索明确、简单、规范的登记申请事务实行"独任登记制",减少审批环节、提升审批效能。

六、切实加强改革的保障和宣传

各地要积极争取地方人民政府支持,为注册资本登记制度改革提供必要的人员、设备、资金保障。

各地要充分利用媒体平台,做好改革政策的宣传,引导社会正确认识注册资本认缴登记制的意义和股东出资责任。要通过登记窗口、官方网站等多种途径,将修改后的表格样式、提交材料清单等登记依据和标准对外公示,提示申请人依法办理登记。

附件:市场主体信息公示事项

附件

市场主体信息公示事项

一、工商行政管理部门公示信息

（一）内资公司法人

1. 登记信息

（1）照面信息：注册号、名称、类型、住所、法定代表人、注册资本、成立日期、营业期限自、营业期限至、经营范围、登记机关、发照日期、经营状态

（2）投资人信息：投资人类型、投资人、证照类型、证照号码

（3）变更信息：变更事项、变更前内容、变更后内容、变更日期

2. 备案信息

（1）主要人员信息：姓名、职务

（2）分支机构信息：注册号、名称、登记机关

（3）清算信息：清算负责人、清算组成员

（二）内资分公司

登记信息

（1）照面信息：注册号、名称、类型、营业场所、负责人、成立日期、营业期限自、营业期限至、经营范围、登记机关、发照日期、经营状态

（2）变更信息：变更事项、变更前内容、变更后内容、变更日期

（三）内资非公司企业法人

1. 登记信息

（1）照面信息：注册号、名称、类型、住所、法定代表人、注册资本、成立日期、经营期限自、经营期限至、经营范围、登记机关、发照日期、经营状态

（2）变更信息：变更事项、变更前内容、变更后内容、变更日期

2.备案信息

内资非公司企业法人主管部门(出资人)信息:投资人类型、投资人、证照类型、证照号码

(四)内资非公司企业法人分支机构

登记信息

(1)照面信息:注册号、名称、类型、营业场所、负责人、成立日期、经营期限自、经营期限至、经营范围、登记机关、发照日期、经营状态

(2)变更信息:变更事项、变更前内容、变更后内容、变更日期

(五)内资非法人企业

登记信息

(1)照面信息:注册号、名称、类型、营业场所、负责人、成立日期、经营期限自、经营期限至、经营范围、登记机关、发照日期、经营状态

(2)变更信息:变更事项、变更前内容、变更后内容、变更日期

(六)外资公司法人

1.登记信息

(1)照面信息:注册号、名称、类型、住所、法定代表人、注册资本、成立日期、营业期限自、营业期限至、经营范围、登记机关、发照日期、经营状态

(2)投资人信息:投资人类型、投资人、证照类型、证照号码

(3)变更信息:变更事项、变更前内容、变更后内容、变更日期

2.备案信息

(1)主要人员信息:姓名、职务

(2)分支机构信息:注册号、名称、登记机关

(3)清算信息:清算负责人、清算组成员

(七)外资分支机构

登记信息

(1)照面信息:注册号、名称、类型、营业场所、负责人、成立日期、营业期限自、营业期限至、经营范围、登记机关、发照日期、经营状态

（2）变更信息：变更事项、变更前内容、变更后内容、变更日期

（八）外国（地区）企业在中国境内从事生产经营活动

登记信息

（1）照面信息：注册号、名称、类型、营业场所、负责人、成立日期、营业期限自、营业期限至、经营范围、登记机关、发照日期、经营状态

（2）变更信息：变更事项、变更前内容、变更后内容、变更日期

（九）外商投资合伙企业

1. 登记信息

（1）照面信息：注册号、名称、类型、主要经营场所、执行事务合伙人（委派代表）、成立日期、合伙期限自、合伙期限至、经营范围、登记机关、发照日期、经营状态

（2）合伙人信息：合伙人类型、合伙人、证照类型、证照号码、国家（地区）、住所、承担责任方式

（3）变更信息：变更事项、变更前内容、变更后内容、变更日期

2. 备案信息

（1）清算信息：清算负责人、清算组成员

（2）分支机构信息：注册号、名称、登记机关

（十）外商投资合伙企业分支机构

登记信息

（1）照面信息：注册号、名称、类型、经营场所、负责人、成立日期、营业期限自、营业期限至、经营范围、登记机关、发照日期、经营状态

（2）变更信息：变更事项、变更前内容、变更后内容、变更日期

（十一）中外合作非法人企业

登记信息

（1）照面信息：注册号、名称、类型、营业场所、负责人、成立日期、营业期限自、营业期限至、经营范围、登记机关、发照日期、经营状态

（2）合作各方信息：合作各方的名称、责任形式

(3)变更信息：变更事项、变更前内容、变更后内容、变更日期

（十二）合伙企业

1. 登记信息

（1）照面信息：注册号、名称、类型、主要经营场所、执行事务合伙人、成立日期、合伙期限自、合伙期限至、经营范围、登记机关、发照日期、经营状态

（2）合伙人信息：合伙人类型、合伙人、证照类型、证照号码

（3）变更信息：变更事项、变更前内容、变更后内容、变更日期

2. 备案信息

（1）清算信息：清算组成员

（2）分支机构信息：名称、注册号、登记机关

（十三）合伙企业分支机构

登记信息

（1）照面信息：注册号、名称、类型、营业场所、负责人、成立日期、营业期限自、营业期限至、经营范围、登记机关、发照日期、经营状态

（2）变更信息：变更事项、变更前内容、变更后内容、变更日期

（十四）个人独资企业

1. 登记信息

（1）照面信息：注册号、名称、类型、住所、投资人、成立日期、经营范围、登记机关、发照日期、经营状态

（2）投资人信息：姓名、出资方式

（3）变更信息：变更事项、变更前内容、变更后内容、变更日期

2. 备案信息

分支机构信息：名称、注册号、登记机关

（十五）个人独资企业分支机构

登记信息

（1）照面信息：注册号、名称、类型、营业场所、负责人、成立日期、营业期限自、营业期限至、经营范围、登记机关、发照日期、经营状态

（2）变更信息：变更事项、变更前内容、变更后内容、变更日期

（十六）农民专业合作社法人

1. 登记信息

（1）照面信息：注册号、名称、类型、住所、法定代表人、成员出资总额、成立日期、业务范围、登记机关、发照日期、经营状态

（2）变更信息：变更事项、变更前内容、变更后内容、变更日期

2. 备案信息

成员名册信息：姓名（名称）

（十七）农民专业合作社分支机构

登记信息

（1）照面信息：注册号、名称、类型、经营场所、负责人、成立日期、业务范围、登记机关、发照日期、经营状态

（2）变更信息：变更事项、变更前内容、变更后内容、变更日期

（十八）个体工商户

1. 登记信息

（1）照面信息：注册号、名称、类型、经营场所、经营者、组成形式、注册日期、经营范围、登记机关、发照日期、经营状态

（2）变更信息：变更事项、变更前内容、变更后内容、变更日期

2. 备案信息

家庭经营的个体工商户，参加经营的家庭成员姓名。

二、公司公示信息

公司（股东）发起人出资信息

认缴出资额、出资方式、出资时间、实缴出资额、出资方式、出资时间

备注："证照类型"、"证照号码"表示非自然人信息，自然人不公示相关证件号码。

关于做好工商登记前置审批事项
改为后置审批后的登记注册工作的通知

（工商总局，2014 年 8 月 19 日）

各省、自治区、直辖市及计划单列市、副省级市工商行政管理局、市场监督管理部门：

改革工商登记制度，推进工商注册制度便利化，是党中央、国务院作出的重大决策。工商登记前置审批事项改为后置审批是工商登记制度改革的重要内容，是政府简政放权、转变职能的重要举措，是稳增长、调结构、促就业、惠民生的重要抓手。《国务院关于取消和调整一批行政审批项目等事项的决定》（国发〔2014〕27 号）将 31 项前置审批事项改为后置审批。为贯彻落实好国务院决定，现就做好工商登记前置审批事项改为后置审批后的登记注册有关工作通知如下：

一、充分认识工商登记前置审批事项改为
后置审批工作的重要意义

（一）工商登记前置审批事项改为后置审批，有利于推动简政放权、推进政府职能转变。简政放权、转变政府职能是深化行政体制改革的核心。工商登记前置审批事项改为后置审批作为简政放权、转变政府职能的重要抓手，有利于厘清政府与市场的关系，推动政府从对企业微观活动的干预转变为对市场主体行为、市场活动的监管，从"重审批轻监管"转

变为"宽准入严监管",从事前审批为主转变为事中事后监管为主;有利于使市场在资源配置中起决定性作用和更好发挥政府作用,推动简政放权、推进政府职能转变,把政府工作重点切实转到创造良好发展环境、提供优质公共服务、维护社会公平正义上来。

(二)工商登记前置审批事项改为后置审批,有利于激发市场活力、促进经济稳定增长。市场主体是市场经济的细胞,是社会财富的创造者。使市场在资源配置中起决定性作用,关键是要激发亿万群众的创造力、创业创新的动力。工商登记前置审批事项改为后置审批,理顺了市场主体准入环节,促进了工商注册便利化。企业经营项目依法不需要经过许可的,可以直接经营;需要经过许可的,经过许可以后再去经营。改变了过去企业从事多项经营活动,由于有些项目需要许可而未经许可,导致企业无法设立的局面。工商登记前置审批事项改为后置审批,有利于市场主体更便利更快捷地进入市场从事经营活动,进一步激发市场主体活力,增强经济发展动力,对于稳增长、调结构、促就业、惠民生具有重要的促进作用。

(三)工商登记前置审批事项改为后置审批,有利于建立规范统一的市场规则和竞争有序的市场秩序。建立规范统一的市场规则和竞争有序的市场秩序,是促进经济持续健康发展的基础。统一规范的市场规则和竞争有序的市场秩序,必然要求不能随意设定行政许可,特别是不能设定工商登记前置许可。工商登记前置审批事项改为后置审批,在降低市场准入门槛的同时,强化了市场监管的责任,有利于进一步改进监管理念、创新监管方式,增强监管治理能力,提高事中事后监管水平,促进行业自律和社会管理,引导企业提升自我管理水平,建立规范统一的市场规则和竞争有序的市场秩序。

二、积极稳妥推进工商登记前置审批事项改为后置审批工作

(一)工商登记前置审批事项改为后置审批,要求工商部门要树立宏

观全局观念。工商登记前置审批事项改为后置审批是工商登记制度改革的重点和难点。工商登记前置审批事项改为后置审批工作牵一发而动全身,既涉及工商部门与其他政府部门之间的关系,也涉及工商系统业务条线之间的关系。随着工作的不断推进,工商部门执法理念、组织形式、管理方式、作风建设、人员素质将发生全面变化,这就要求工商部门要把工商登记前置审批事项改为后置审批工作放在全面深化改革的宏观全局来谋划、来思考,牢固树立宏观全局观念。

(二)工商登记前置审批事项改为后置审批,要求工商部门要树立"大监管"理念。市场监管的目的是为了维护正常的市场秩序,严格依法监管是维护正常市场秩序的保障。多年来,工商行政管理部门高度重视和加强严格依法监管。工商登记制度改革"宽进"后需要"严管",工商登记前置审批事项改为后置审批也需要"严管"。"严管"不仅仅是登记事项的监管,而且包括企业经营、竞争、交易、侵犯消费者权益等各种行为的监管。严格依法监管不仅仅是工商部门的责任,也不仅仅是行政部门的责任,还应包括司法机关、行业组织、企业的责任,甚至交易竞争行为人的责任。工商登记前置审批事项改为后置审批要求工商部门要树立"大监管"理念,要充分调动和发挥各方维护市场秩序的积极性,形成市场"大监管"格局,促进市场公平竞争,维护市场正常秩序。

(三)工商登记前置审批事项改为后置审批,要求工商部门要有序实施。工商登记前置审批改为后置审批是行政审批制度改革的一项重要内容,随着行政审批制度改革的有序推进而展开。这就要求工商部门要有序做好审批登记程序调整后的登记注册工作。一要严格规范工商登记程序。各级工商行政管理部门要认真做好前置审批项目改为后置审批后的有关规范性文件的清理和登记规范工作,对于国务院决定改为登记后置审批的事项,一律不再作为登记前置,不再要求申请人提交相关审批部门的许可文件、证件。已经开展工商登记前置审批项目改为后置审批改革的地区要有序做好衔接工作。二要规范经营范围的核准登记。各级工商行政管理部门对于国务院决定改为登记后置审批的事项,应当根据企业的章程、合伙协议或者申请,参照《国民经济行业分类》核定申请人的经营范围,并在"经营范围"栏后标注"(依法须经批准的项目,经相关部门批准后方可开展经营活动)"。窗口登记人员对涉及由登记前置改为登记后置的事项,要提醒申请人在取得工商部门登记后依法还要到相关许可部门办理许可手续,并在取得相关许可部门许可后方可开展相关经营活动,按照有关法律、行政法规的规定及时向社会公示。三要完善登记管理信息化系统和企业信用信息公示系统。各级工商行政管理部门要根据改革进程,及时调整登记管理信息化系统和信息查询系统中的前置审批事项目录,确保登记管理信息化系统、信息查询系统平稳运行。要进一步完善企业信用信息公示系统,及时向社会公示登记信息,推进部门间信息互通共享。

三、加强学习,广泛开展宣传

各级工商行政管理部门要认真组织学习,加强培训和宣传,确保窗口工作人员充分认识工商登记前置审批事项改为后置审批的重要意义,熟悉审批项目,全面掌握登记流程,将各项工作落到实处。要采取多种形式、利用各种手段,从提升公共服务水平、强化企业自律、加强对市场活动监管的角度,向社会公众广泛宣传工商登记前置审批事项改为后置审批的意义、具体内容和操作方式,努力使企业和社会公众知晓、理解和认同。要通过各级工商行政管理机关政府网站、对外服务大厅宣传栏、电子触摸屏、印发办事指南等多种途径进行公开公示,利用多种形式多种媒介加大宣传力度,方便企业、群众办事和监督,让企业、群众充分享受改革红利。

四、加强组织领导和业务指导,确保工作落到实处

各级工商行政管理部门要加强组织领导,强化协调配合,按照工商登

记前置审批事项改为后置审批的要求,统筹有序推进有关工作,要做好工商登记前置审批事项改为后置审批的组织协调和落实工作,推动形成协同改革的工作机制。各省级工商行政管理部门要强化业务指导,提升企业登记工作质量,提高服务经济社会发展效能。要对改革落实情况和履职情况进行逐级检查,及时发现问题、解决问题。总局将适时对各地落实情况进行督查。

各级工商行政管理部门在执行中遇到的问题,要及时向国家工商行政管理总局报告。

关于严格落实先照后证改革
严格执行工商登记前置审批事项的通知

（工商总局,2015年5月11日）

各省、自治区、直辖市及计划单列市、副省级市工商行政管理局、市场监督管理部门：

清理工商登记前置审批项目,由先证后照改为先照后证,是党中央、国务院部署的一项重大改革。2014年以来,国务院分三批审议决定将一些工商登记前置审批事项调整或明确为后置审批,并印发《国务院关于取消和调整一批行政审批项目等事项的决定》（国发〔2014〕27号、国发〔2014〕50号、国发〔2015〕11号）予以公布。为严格落实国务院决定,现就执行工商登记前置审批事项通知如下：

一、严格执行法律、行政法规和国务院决定规定的工商登记前置审批调整或明确为后置审批的事项。对于法律、行政法规和国务院决定规定的改为登记后置审批的事项,要按照《工商总局关于做好工商登记前置审批事项改为后置审批后的登记注册工作的通知》（工商企字〔2014〕154号）要求,严格规范登记程序,一律不再作为登记前置,在办理工商登记时,不再要求申请人提交相关审批部门的许可文件、证件。申请办理经营范围登记时,要在营业执照"经营范围"栏后标注"（依法须经批准的项目,经相关部门批准后方可开展经营活动）"。企业办理工商登记后取得相关许可文件、证件的,应当在取得相关许可文件、证件之日起20个工作日内自行在企业信用信息公示系统上公示。相关许可文件、证件上的经营项目用语与营业执照上表述不一致，企业申请调整经营范围的，工商和市场监管部门（以下称工商部门）予以办理变更登记。

二、实施《工商登记前置审批事项目录》动态管理。国发〔2015〕11号文件要求，除法律另有规定和国务院决定保留的工商登记前置审批事项外，其他事项一律不作为工商登记前置审批。据此，总局梳理编制了《工商登记前置审批事项目录》（附件1，以下称《目录》）。对《目录》内事项，申请人应当依法报经相关审批部门审批，凭许可文件、证件向工商部门申请登记。工商部门按照许可文件、证件记载的内容依法办理企业登记注册。

国发〔2015〕11号文件公布后，法律、行政法规、国务院决定新增前置审批事项、取消行政审批事项、将前置审批事项改为后置审批的，工商总局根据法律、行政法规、国务院决定的规定，动态调整《目录》，并予公布。

三、调整规范本地区自行公布的工商登记前置审批目录。各地应对照国务院已经公布改为后置审批的事项、法律规定和国务院决定保留的工商登记前置审批事项，梳理本地公布执行的工商登记前置审批改为后置审批事项和保留的工商登记前置审批事项，对与法律规定和国务院决定不一致的，应当报请省级人民政府予以调整。如本地区确需减少保留的工商登记前置审批事项，将一些前置审批事项改为后置审批，或者在本地区停止实施相关行政审批事项的，要及时向省级人民政府报告，按照法定程序经有权机关批准或者取得授权。

四、明确企业变更登记、注销登记前置许可目录管理。国发〔2015〕11号文件要求，企业设立后进行变更登记、注销登记，依法需要前置审批的，继续按有关规定执行。据此，工商总局梳理编制了企业设立后进行变更登记、注销登记需要前置审批的指导目录（见附件2）。企业设立后变更登记事项涉及目录内有关事项、终止或解散的，应当依照法律、行政法规、国务院决定的规定，经相关审批部门批准后，凭许可文件、证件向工商部门申请办理变更登记、注销登记。法律、行政法规、国务院决定没有明确规定变更、注销时应经审批并凭许可文件、证件办理的,工商部门直接办理变更、注销登记。

五、切实提升登记服务水平。各级工商部门要增强改革意识和创新理念,落实先照后证改革要求,及时修改企业登记管理业务软件系统,窗口登记注册服务人员要熟知前置审批的项目和相关要求,提高登记注册的咨询、服务水平。要加大改革宣传力度,在登记窗口、网站公布前置审批目录,利用新闻媒体等各种平台宣传先照后证改革内容,促使企业和社会公众全面了解工商登记前置审批事项,进一步便利企业办理登记和审批事务。

六、建立健全登记注册与审批部门沟通协调机制。依托企业信用信息公示系统,加强登记注册与审批部门之间的工作衔接和数据互联互通。各地工商部门要按照地方人民政府政务信息共享的要求和其他适当方式,将工商登记信息及时在企业信用信息公示系统上对社会公示,以便审批部门依法履行管理职责。

农民专业合作社和个体工商户登记参照本通知执行。

各地在落实先照后证改革工作中发现的新情况、新问题,要及时报告总局。

附件:1. 工商登记前置审批事项目录
2. 企业变更登记、注销登记前置审批指导目录

附件 1

工商登记前置审批事项目录

	序号	项目名称	实施机关	设定依据
法律明确的工商登记前置审批事项目录	1	农作物种子、草种、食用菌菌种经营许可证核发	农业部或县级以上地方人民政府农业行政主管部门	《中华人民共和国种子法》
	2	林木种子（含园林绿化草种）经营许可证核发	县级以上人民政府林业行政主管部门	《中华人民共和国种子法》
	3	证券公司设立审批	证监会	《中华人民共和国证券法》
	4	烟草专卖生产企业许可证核发	国家烟草专卖局	《中华人民共和国烟草专卖法》《中华人民共和国烟草专卖法实施条例》（国务院令第 223 号）
	5	烟草专卖批发企业许可证核发	国家烟草专卖局或省级烟草专卖行政主管部门	《中华人民共和国烟草专卖法》《烟草专卖法实施条例》（国务院令第 223 号）
国务院决定保留的工商登记前置审批事项目录	1	民用爆炸物品生产许可	工业和信息化部	《民用爆炸物品安全管理条例》（国务院令第 466 号）
	2	爆破作业单位许可证核发	县级人民政府公安机关	《民用爆炸物品安全管理条例》（国务院令第 466 号）
	3	民用枪支（弹药）制造、配售许可	公安部	《中华人民共和国枪支管理法》
	4	制造、销售弩或营业性射击场开设弩射项目审批	省级人民政府公安机关	《国务院对确需保留的行政审批项目设定行政许可的决定》（国务院令第 412 号）《公安部国家工商行政管理局关于加强弩管理的通知》（公治〔1999〕1646 号）
	5	保安服务许可证核发	省级人民政府公安机关	《保安服务管理条例》（国务院令第 564 号）

	序号	项目名称	实施机关	设定依据
国务院决定保留的工商登记前置审批事项目录	6	外商投资企业设立及变更审批	商务部、国务院授权的部门或地方人民政府	《中华人民共和国中外合资经营企业法》《中华人民共和国中外合作经营企业法》《中华人民共和国台湾同胞投资保护法》《中华人民共和国外资企业法》《中外合资经营企业法实施条例》(国务院令第311号)《外资企业法实施细则》(国务院令第301号)《台湾同胞投资保护法实施细则》(国务院令第274号)《国务院关于鼓励华侨和香港澳门同胞投资的规定》(国务院令第64号)《中外合作经营企业法实施细则》(对外贸易经济合作部令1995年第6号)
	7	设立典当行及分支机构审批	省级人民政府商务行政主管部门	《国务院对确需保留的行政审批项目设定行政许可的决定》(国务院令第412号)《国务院关于第六批取消和调整行政审批项目的决定》(国发〔2012〕52号)《典当管理办法》(商务部、公安部令2005年第8号)
	8	设立经营个人征信业务的征信机构审批	中国人民银行	《征信业管理条例》(国务院令第631号)
	9	卫星电视广播地面接收设施安装许可审批	新闻出版广电总局	《卫星电视广播地面接收设施管理规定》(国务院令第129号)《关于进一步加强卫星电视广播地面接收设施管理的意见》(广发外字〔2002〕254号)
	10	设立出版物进口经营单位审批	新闻出版广电总局	《出版管理条例》(国务院令第594号)
	11	设立出版单位审批	新闻出版广电总局	《出版管理条例》(国务院令第594号)
	12	境外出版机构在境内设立办事机构审批	新闻出版广电总局国务院新闻办	《国务院对确需保留的行政审批项目设定行政许可的决定》(国务院令第412号)《外国企业常驻代表机构登记管理条例》(国务院令第584号)

	序号	项目名称	实施机关	设定依据
国务院决定保留的工商登记前置审批事项目录	13	境外广播电影电视机构在华设立办事机构审批	新闻出版广电总局 国务院新闻办	《国务院对确需保留的行政审批项目设定行政许可的决定》（国务院令第412号）《外国企业常驻代表机构登记管理条例》（国务院令第584号）
	14	设立中外合资、合作印刷企业和外商独资包装装潢印刷企业审批	省级人民政府新闻出版广电行政主管部门	《印刷业管理条例》（国务院令第315号）《国务院关于第三批取消和调整行政审批项目的决定》（国发〔2004〕16号）
	15	设立从事出版物印刷经营活动的企业审批	省级人民政府新闻出版广电行政主管部门	《印刷业管理条例》（国务院令第315号）
	16	危险化学品经营许可	县级、设区的市级人民政府安全生产监督管理部门	《危险化学品安全管理条例》（国务院令第591号）
	17	新建、改建、扩建生产、储存危险化学品（包括使用长输管道输送危险化学品）建设项目安全条件审查	设区的市级以上人民政府安全生产监督管理部门	《危险化学品安全管理条例》（国务院令第591号）
	18	烟花爆竹生产企业安全生产许可	省级人民政府安全生产监督管理部门	《烟花爆竹安全管理条例》（国务院令第455号）
	19	外资银行营业性机构及其分支机构设立审批	银监会	《中华人民共和国银行业监督管理法》《外资银行管理条例》（国务院令第478号）
	20	外国银行代表处设立审批	银监会	《中华人民共和国银行业监督管理法》《外资银行管理条例》（国务院令第478号）
	21	中资银行业金融机构及其分支机构设立审批	银监会	《中华人民共和国银行业监督管理法》《中华人民共和国商业银行法》
	22	非银行金融机构（分支机构）设立审批	银监会	《中华人民共和国银行业监督管理法》《金融资产管理公司条例》（国务院令第297号）

	序号	项目名称	实施机关	设定依据
国务院决定保留的工商登记前置审批事项目录	23	融资性担保机构设立审批	省级人民政府确定的部门	《国务院对确需保留的行政审批项目设定行政许可的决定》（国务院令第 412 号）《国务院关于修改〈国务院对确需保留的行政审批项目设定行政许可的决定〉的决定》（国务院令第 548 号）《融资性担保公司管理暂行办法》（银监会令 2010 年第 3 号）
	24	外国证券类机构设立驻华代表机构核准	证监会	《国务院对确需保留的行政审批项目设定行政许可的决定》（国务院令第 412 号）《国务院关于管理外国企业常驻代表机构的暂行规定》（国发〔1980〕272 号）
	25	设立期货专门结算机构审批	证监会	《期货交易管理条例》（国务院令第 627 号）
	26	设立期货交易场所审批	证监会	《期货交易管理条例》（国务院令第 627 号）
	27	证券交易所设立审核、证券登记结算机构设立审批	证监会	《中华人民共和国证券法》
	28	专属自保组织和相互保险组织设立审批	保监会	《国务院对确需保留的行政审批项目设定行政许可的决定》（国务院令第 412 号）
	29	保险公司及其分支机构设立审批	保监会	《中华人民共和国保险法》
	30	外国保险机构驻华代表机构设立审批	保监会	《中华人民共和国保险法》《国务院对确需保留的行政审批项目设定行政许可的决定》（国务院令第 412 号）《国务院关于管理外国企业常驻代表机构的暂行规定》（国发〔1980〕272 号）
	31	外航驻华常设机构设立审批	中国民航局	《外国企业常驻代表机构登记管理条例》（国务院令第 584 号）《国务院关于管理外国企业常驻代表机构的暂行规定》（国发〔1980〕272 号）

续表

序号	项目名称	实施机关	设定依据
32	通用航空企业经营许可	中国民航局	《中华人民共和国民用航空法》《国务院关于第六批决定取消和调整行政审批项目的决定》(国发〔2012〕52号)
33	民用航空器(发动机、螺旋桨)生产许可	中国民航局	《中华人民共和国民用航空法》
34	快递业务经营许可	国家邮政局或省级邮政管理机构	《中华人民共和国邮政法》

附件2

企业变更登记、注销登记前置审批事项指导目录

序号	项目名称	实施部门	设定依据
1	经营劳务派遣业务许可	人力资源社会保障部	《中华人民共和国劳动合同法》
2	直销企业及其分支机构设立和变更审批	商务部 工商总局 公安部	《直销管理条例》(国务院令第443号)
3	对外劳务合作经营资格核准	省级或者设区的市级人民政府商务行政主管部门	《对外劳务合作管理条例》(国务院令第620号)
4	个人征信机构设立分支机构、合并或者分立、变更注册资本、变更出资额审批	人民银行	《征信业管理条例》(国务院令第631号)
5	出版单位变更名称、主办单位或者其主管机关、业务范围、资本结构,合并或者分立,设立分支机构审批	新闻出版广电总局	《出版管理条例》(国务院令第594号)
6	出版物进口经营单位变更名称、业务范围、资本结构、主办单位或者其主管机关,合并或者分立,设立分支机构审批	新闻出版广电总局	《出版管理条例》(国务院令第594号)

序号	项目名称	实施部门	设定依据
7	音像制作单位、电子出版物制作单位变更名称、业务范围,或者兼并、合并、分立审批	省级人民政府出版行政主管部门	《音像制品管理条例》(国务院令第 595 号)
8	音像复制单位、电子出版物复制单位变更业务范围,或兼并、合并、分立审批	省级新闻出版广电行政部门	《音像制品管理条例》(国务院令第 595 号)
9	印刷业经营者申请兼营或者变更从事出版物、包装装潢印刷品或者其他印刷品印刷经营活动,或者兼并其他印刷业经营者,或者因合并、分立而设立新的印刷业经营者审批	省级人民政府出版行政主管部门或设区的市级人民政府出版行政主管部门	《印刷业管理条例》(国务院令第 315 号)
10	电影制片单位以外的单位独立从事电影摄制业务审批	新闻出版广电总局	《电影管理条例》(国务院令第 342 号)
11	内资电影制片单位变更、终止审批	新闻出版广电总局	《电影管理条例》(国务院令第 342 号)
12	设立电视剧制作单位审批	新闻出版广电总局	《广播电视管理条例》(国务院令第 228 号)
13	中资银行业金融机构及其分支机构变更、终止以及业务范围审批	银监会	《中华人民共和国银行业监督管理法》《中华人民共和国商业银行法》
14	非银行金融机构(分支机构)变更、终止以及业务范围审批	银监会	《中华人民共和国银行业监督管理法》
15	外资银行变更注册资本或者营运资金、变更机构名称、营业场所或者办公场所、调整业务范围、变更股东或者调整股东持股比例、修改章程以及终结审批	银监会	《外资银行管理条例》(国务院令第 478 号)
16	外国银行代表处变更及终止审批	银监会	《外资银行管理条例》(国务院令第 478 号)
17	融资性担保机构变更审批	省级人民政府确定的部门	《国务院对确需保留的行政审批项目设定行政许可的决定》(国务院令第 412 号)《国务院对确需保留的行政审批项目设定行政许可的决定》(国务院令第 548 号)
18	证券登记结算机构解散审批	证监会	《中华人民共和国证券法》

续表

序号	项目名称	实施部门	设定依据
19	证券公司为客户买卖证券提供融资融券服务审批	证监会	《中华人民共和国证券法》
20	证券公司设立、收购或者撤销分支机构,变更境内分支机构的营业场所,变更业务范围、公司形式,增加注册资本且股权结构发生重大调整,减少注册资本,变更持有百分之五以上股权的股东、实际控制人,变更公司章程中的重要条款,合并、分立、解散、破产审批	证监会	《中华人民共和国证券法》《证券公司监督管理条例》(国务院令第522号)
21	证券金融公司解散审批	证监会	《证券公司监督管理条例》(国务院令第522号)
22	期货公司境内及境外期货经纪业务、期货投资咨询业务许可	证监会	《期货交易管理条例》(国务院令第627)
23	从事期货投资咨询业务资格的其他期货经营机构业务资格审批	证监会	《期货交易管理条例》(国务院令第627)
24	期货公司合并、分立、解散或者破产、变更业务范围、变更注册资本且调整股权结构、新增持有5%以上股权的股东或者控股股东发生变化审批	证监会	《期货交易管理条例》(国务院令第627)
25	外国证券类机构驻华代表机构名称变更核准	证监会	《国务院对确需保留的行政审批项目设定行政许可的决定》(国务院令第412号)《国务院关于管理外国企业常驻代表机构的暂行规定》(国发〔1980〕272号)
26	使用"交易所"字样的交易场所审批	国务院或国务院金融管理部门、省级人民政府	《国务院关于清理整顿各类交易场所切实防范金融风险的决定》(国发〔2011〕38号)
27	从事保险、信贷、黄金等金融产品交易的交易场所审批	国务院相关金融管理部门	《国务院关于清理整顿各类交易场所切实防范金融风险的决定》(国发〔2011〕38号)

序号	项目名称	实施部门	设定依据
28	保险公司变更名称、变更注册资本、变更公司或者分支机构的营业场所、撤销分支机构、公司分立或者合并、修改公司章程、变更出资额占有限责任公司资本总额百分之五以上的股东,或者变更持有股份有限公司股份百分之五以上的股东及保险公司终止(解散、破产)审批	保监会	《中华人民共和国保险法》
29	专属自保组织和相互保险组织合并、分立、变更、解散审批	保监会	《国务院对确需保留的行政审批项目设定行政许可的决定》(国务院令第412号)
30	保险资产管理公司重大事项变更审批。保险资产管理公司及其分支机构终止(解散、破产和分支机构撤销)审批	保监会(会同证监会)	《国务院对确需保留的行政审批项目设定行政许可的决定》(国务院令第412号)
31	保险集团公司及保险控股公司合并、分立、变更、解散审批	保监会	《国务院对确需保留的行政审批项目设定行政许可的决定》(国务院令第412号)
32	外国保险机构驻华代表机构重大事项变更审批	保监会	《国务院对确需保留的行政审批项目设定行政许可的决定》(国务院令第412号)《国务院关于发布〈中华人民共和国国务院关于管理外国企业常驻代表机构的暂行规定〉的通知》(国发〔1980〕272号)
33	设立饲料生产企业审批	省级人民政府饲料管理部门	《饲料和饲料添加剂管理条例》(国务院令第609号)
34	烟草制品生产企业分立、合并、撤销的审批	国家烟草专卖局	《中华人民共和国烟草专卖法》《烟草专卖法实施条例》(国务院令第223号)

注:以上前置审批事项,涉及工商登记事项的,凭审批文件办理变更、注销登记。

关于进一步推动企业简易注销
改革试点有关工作的通知

(工商总局,2015 年 9 月 2 日)

各省、自治区、直辖市及计划单列市、副省级市工商行政管理局、市场监督管理部门:

　　根据《国务院关于促进市场公平竞争维护市场正常秩序的若干意见》(国发〔2014〕20 号),总局于 2015 年 4 月 30 日印发《工商总局关于同意上海市等部分地方企业简易注销改革试点方案的批复》(工商企注字〔2015〕60 号),决定在上海市浦东新区、江苏省盐城市、宁波市、深圳市等 4 地开展未开业企业、无债权债务企业简易注销试点。日前,又有天津市、内蒙古自治区、浙江省、江西省、广东省、广西壮族自治区、沈阳市等省(自治区、市)向总局呈报请示(试点方案见附件),申请开展企业简易注销改革试点。为进一步推进企业简易注销改革试点,扩大试点范围,积累改革经验,现就有关事项通知如下:

　　一、同意天津等 7 省(自治区、市)在继上海等 4 地之后开展企业简易注销改革试点。已经总局批复同意开展企业简易注销改革的地方,要根据《国务院关于促进市场公平竞争维护市场正常秩序的若干意见》(国发〔2014〕20 号)及《工商总局关于开展企业简易注销改革试点的通知》(工商企注字〔2015〕2 号,以下简称《试点通知》)的要求,进一步加强组织领导,完善企业简易注销登记规则和业务流程,注重宣传引导,强化实施保障,稳妥有序地开展试点工作。要加强对企业简易注销登记改革的跟踪调查,注重研究新情况、解决新问题、总结新经验,试点中遇到的重大问题要及时向总局报告。

二、上述试点单位之外的地方拟开展企业简易注销改革试点的,凡符合《试点通知》要求,能够遵循便捷高效、公开透明、控制风险的原则,即可开展试点工作,不必再经总局批复,试点实施方案请报总局备案。

三、开展企业简易注销改革试点超出《试点通知》规定的原则和范围的,试点实施方案需经总局批准后,方可实施。

附件:1. 天津市市场和质量监督管理委员会企业简易注销改革试点实施方案
2. 呼和浩特市工商行政管理局企业简易注销改革试点实施方案
3. 浙江省工商行政管理局企业简易注销改革试点实施方案
4. 九江市工商行政管理局企业简易注销改革试点实施方案
5. 东莞市企业简易注销改革试点实施方案
6. 防城港市工商行政管理局企业简易注销改革试点实施方案
7. 沈阳市工商行政管理局企业简易注销改革试点实施方案

附件 1

天津市市场和质量监督管理委员会
企业简易注销改革试点实施方案

为进一步推进商事登记便利化,简化企业注销程序,提高登记效率,根据国务院《关于促进市场公平竞争维护市场正常秩序的若干意见》(国发〔2014〕20 号)和国家工商总局《关于认真学习贯彻李克强总理重要讲话精神进一步做好深化商事制度改革各项工作的通知》(工商办字

〔2015〕53 号）要求,结合天津实际,提出以下方案。

一、指导思想

深入贯彻党的十八届二中、三中、四中全会精神,落实国务院有关深化商事制度改革的决策部署,进一步推进商事登记便利化,改革创新,先行先试,探索通过简化注销程序,降低退出成本,健全退出机制,完善信用体系,依法维护企业合法权益,服务经济社会持续健康发展。

二、基本原则

(一)依法适当,公开透明。根据现行法律法规有关企业注销的规定,结合商事制度改革的原则要求,对各类未开业、无债权债务企业,在本市试点区县实施按简易程序办理注销登记。明确适用简易注销程序的企业范围,公开适用简易注销登记的企业条件、程序、期限和审查要求,规范简易注销适用的登记文书,建立简单易行、公开透明的企业退出机制。

(二)控制风险,自主自治。根据现行各类企业登记法规有关注销登记的规定,结合登记实践和企业需求,对现行注销登记程序适当突破,设计既能保护交易安全,维护企业合法权益,又能方便退出,登记便利的注销程序。强化企业责任,充分尊重企业自治权,对应当办理注销,且符合简易注销程序的企业,允许其自主选择按普通程序或简易程序申请注销登记,不强制按简易程序注销。选择简易程序注销的,企业自行对注销后的法律后果承担责任。

(三)简便易行,高效便捷。规范企业简易注销程序,完善退出机制,按照程序简便的要求,简化登记程序,减少登记要件,创新服务方式,提高登记效率。登记机关对简易注销登记实行即时核准制,自收到申请企业的注销申请后,经审查材料齐全,符合法定形式的由受理人员即时核准。

三、工作内容

（一）明确简易注销适用范围。本市符合注销条件的各类企业中领取营业执照后未开展经营活动且无债权债务、或已开业但申请注销登记时已对债权债务清理完结的企业可申请按照简易程序办理注销登记；法律法规规定在注销前应当办理审批和被依法宣告破产及人民法院依法予以解散的企业不适用简易注销程序。

（二）创设简易注销登记程序。简易注销程序是指对现行的注销登记程序进行改革，根据各类企业的法律地位和不同的承担责任方式，区别设计不同企业的简易注销程序，通过简化程序，减少要件，实现便捷退出的登记程序。

1. 规制企业自主申请。适用简易注销的企业，自主向登记机关提出申请，登记机关依据申请予以核准，申请注销的企业对选择简易程序注销的法律后果承担责任。

2. 简化清算组成员备案登记。有限公司、股份有限公司、合伙企业决议注销，在办理注销登记前不必向登记机关申请清算组成员备案登记。

3. 创新简易注销的公告形式。适用简易注销程序的企业依法在注销前应当公告的，可以选择通过报纸或企业信用信息公示系统进行公告。

4. 缩短适用简易注销程序的申请时限。依法在注销前应当进行公告的企业，在投资人、合伙人、股东对有关清算、公告等事宜达成一致意见并做出注销决议后，自主向登记机关提出注销申请。

（三）规范简易注销登记要件。法律法规规定在办理注销登记前应当履行的义务，申请适用简易注销的企业应当依法履行。

1. 办理注销登记时，依法在注销前应当清算和公告企业要对有关清算和公告事项及结果进行确认，并将确认结果记录在注销决议中，注销决议由全体投资人、合伙人、股东和清算组成员签字。

注销决议使用的制式文本,由登记机关制作。申请注销的企业对登记材料的真实性、合法性和有效性负责。

2. 法律法规规定注销前应当清算或公告的企业在清算和公告后无须向登记机关提交清算报告和已公告的证明文件。

3. 注销时因遗失或毁损不能缴回营业执照的提交书面说明。

(四)明确适用简易注销程序的异议及救济途径。

1. 对适用程序异议的救济。申请简易注销的企业因适用简易注销程序被利害关系人提出异议的,其简易注销的申请登记机关不予受理。申请人再次申请注销登记应按普通程序办理。

2. 对注销后民事争议的救济。适用简易程序注销的企业,因债务问题与债权人发生民事争议的通过司法途径解决。

3. 对违反登记管理法规的处理。对于提交虚假材料或者采取其他欺诈手段隐瞒重要事实取得简易注销登记的,登记机关应当根据相关法律法规作出处理。

四、措施保障

(一)完善工作机制。市场监管委成立企业适用简易程序注销登记改革工作小组,改革小组由行政审批处、企管处、法规处、信息化办组成。审批处负责企业简易注销改革方案的草拟上报及实施办法的制定;企管处负责涉及事中事后监管内容的充实完善,法规处负责实施办法的法律审核,信息化办负责登记程序的修改和新增模块的设计上线等技术保障。

(二)完善制度措施。按照现行登记制度法律的规定,在法律的框架内,制定我市企业简易注销登记办法,修改完善适用简易注销程序的各类企业登记指南和表格文书,包括各类企业申请简易程序注销登记的注销决议的制式文本、提交材料清单、登记文书、办事指南等各类书式材料。

（三）强化实施保障。积极争取国家工商总局和市政府对我市简易注销改革试点工作的支持,及时修改完善现行企业准入业务系统,增加简易注销登记模块,同时在网上开发设置简易注销企业注销情况公告平台,加强简易注销登记网络保障,提供改革所需的设备、经费、人员等。

（四）注重宣传引导。充分利用各种媒介,通过广播、电视、报刊、网络等各类媒体,做好简易注销登记改革政策的宣传,提高开展简易注销工作公众知晓度和参与度,及时解答和回应社会关注的热点问题。引导公众全面了解自主选择简易注销登记带来的便利和对应的责任,引导强化企业对注销前债务等责任的承担意识,及时解答和回应各方面的关注,努力营造全社会关心改革、支持改革、参与改革的良好氛围。

附件 2

呼和浩特市工商行政管理局
企业简易注销改革试点实施方案

为简化企业注销登记流程,缩短退出周期,降低退出成本,根据《国务院关于促进市场公平竞争维护市场正常秩序的若干意见》（国发〔2014〕20 号）要求,结合本地实际,现就呼和浩特企业简易注销登记改革试点工作制定如下实施方案。

一、指导思想

全面贯彻党的十八大和十八届二中、三中、四中全会精神,落实国务院决策部署,主动适应改革发展新形势、新任务,加快政府职能转变,建设法治政府、服务政府,探索实行企业简易注销登记,为企业松绑减负,为创业创新清障搭台。

二、工作目标

简化注销程序,减少申请材料,创新服务方式,提高登记效率,完善未开业和无债权债务企业市场准入和退出机制,力争做到简易注销改革有法可依、风险可控、方便企业、活跃经济,促进区域经济社会持续健康发展。

三、基本原则

(一)便捷高效。按照程序简便、办照高效的要求,优化审批流程,方便企业退出。

(二)规范统一。制定企业简易注销登记流程、实行统一的登记程序和审查要求,规范登记条件、提交材料。

(三)控制风险。强化企业的法律主体责任,完善企业简易注销制度设计,保障交易安全,保护债权人、交易对象等第三人合法权益,维护公平竞争的市场秩序。

四、主要内容

(一)适用范围。在呼和浩特市各级登记机关登记的未开业和无债权债务的有限责任公司和未上市的股份公司,依据企业的自主选择,可申请办理简易注销登记。

(二)创新简易注销登记程序,提高登记效率。加强改革创新,在现有企业登记管理法律制度框架内,针对未开业企业和无债权债务企业的特点和需求,创设简易注销登记程序,提高登记效率。对照原有的注销程序,简易注销程序减少了申请材料、缩短了办理时间,减轻了申请人的负担,极大方便了申请人,有利于实现工商注册便利化的目的。简化了注销程序:未开业企业的简易注销登记,不再进行清算组备案、清算、登报公告。无权债务企业的简易注销登记,不再进行登报公告。减少了申请材料:未开业企业的简易注销登记,不再提交清算组备案证明、清算报告。

（三）依托信息公示，加强社会监督。充分依托现有的企业信用信息公示平台，公开申请简易注销登记企业的信息，加强对企业的社会监督。

1. 设置公示环节。依托企业信用信息公示系统，在决定注销前，由申请企业与登记机关对简易注销登记信息进行公示，接受社会监督。登记机关公示期限设定为 10 个工作日。

2. 启用异议制度。在规定的简易注销公示期内，有关当事人可以通过公示系统或以书面形式提出异议。提出异议者要附证据材料，并对证据材料的真实性负责。对于公示期内被提出异议的企业，登记机关终止简易注销程序，该企业不得再次申请简易注销登记。

（四）明晰各方责任，保护合法权利。在创新企业简易注销登记程序的同时，通过有效措施，进一步明晰各方责任，不因简易注销而弱化相关主体应承担的法律责任。

1. 注意事前审查。利用企业信用信息公示系统对申请简易注销企业进行适当审查，企业公示信息与企业申报信息不符的，不适用简易注销程序。

2. 强化责任承担。申请人应如实向登记机关提交材料，并对申请材料的真实性、有效性、合法性负责。对提交虚假材料骗取简易注销登记的，登记机关依照相关法律、法规予以处理，利害关系人也可以通过民事诉讼向投资人主张其相应权力。

3. 完善失信惩戒。简易注销程序中，企业公示信息隐瞒真实情况、弄虚作假的，将其列入经营异常名录，通过企业信用信息公示系统公示。

五、工作保障

（一）加强组织领导。成立由分管市长为组长，相关部门负责人为成员的企业简易注销登记改革试点工作领导小组，加强对改革试点工作的统筹协调和组织保障，明确职责分工，确保简易注销登记改革各项工作有序开展。领导小组办公室设在市工商局，负责"企业简易注销登记"的日常工作。

（二）完善制度措施。制定《企业简易注销登记办法》及配套表格文书，编制企业简易注销告知单、材料清单、办事指南等材料，建立企业简易注销内部工作流程及系统操作流程，保障相关工作顺利推进。

（三）强化实施保障。积极争取自治区工商局的支持，及时修改完善现行综合业务系统，增加简易注销登记模块，同时在企业信用信息公示平台设置简易注销公告平台，保障简易注销登记顺利开展。

（四）加强业务培训。加强对相关人员的业务培训，帮助其深入理解简易注销改革的意义，促其全面掌握有关具体规定、材料规范、内部工作流程，熟练相关软件操作，为实施改革试点工作打好基础。

（五）注重宣传引导。通过广播、电视、报纸、政务网站等各类媒体进行企业简易注销改革试点政策的宣传解读，全面准确宣传简易注销登记改革的目的、意义、内容，倡导诚实守信，引导强化主体责任，在全社会形成理解改革、关心改革、支持改革的良好氛围。

附件3

浙江省工商行政管理局
企业简易注销改革试点实施方案

根据《国务院关于促进市场公平竞争维护市场正常秩序的若干意见》（国发〔2014〕20号）和总局相关文件精神，结合浙江实际，对企业简易注销登记改革试点工作制定如下实施方案。

一、指导思想

深入贯彻党的十八大和十八届二中、三中、四中全会精神，落实国务院决策部署，围绕使市场在资源配置中起决定性作用和更好发挥政府作用,加快政府职能转变,建设法治政府、服务政府,进一步优化营商环境,激发社会投资创业活力。

二、工作目标

进一步提高登记效率,方便企业办事,简化注销程序,完善企业市场退出机制,维护市场交易安全,平等保护市场主体合法权益,在方便群众办事的同时,做到信息可查、风险可控、责任可纠,从而促进区域经济持续健康发展。

三、基本原则

(一)便捷高效。按照条件适当、程序简便的要求,创新服务方式,提高登记效率,方便企业办理简易注销登记。

(二)公开透明。公开办理企业简易注销的条件、程序、期限和审查要求,规范简易注销登记适用范围和登记材料,优化登记流程,建立公平透明的市场规则。

(三)控制风险。强化企业的法律主体责任,完善企业简易注销制度设计,保障交易安全,保护债权人、交易对象等第三人合法权益,维护公平竞争的市场秩序。

四、主要内容

(一)区分注销类型,创新注销程序。根据企业自愿申请,允许浙江省行政区域内未开业、或无债权债务且未进入企业信用信息公示系统企业异常名录及严重违法企业名单的个人独资企业、合伙企业、有限公司(外资企业、登记后经营三年以上、注册资本(金)在 500 万元以上和暂不实行注册资本认缴登记制行业的 27 类企业除外)适用本简易注销程序规定。同时尊重企业自主权,符合上述条件的企业也可以自主选择一般注销程序。

（二）简化注销手续，提高登记效率。一是简化注销程序。适用简易注销程序的企业不再进行清算组备案及登报公告。二是简化申请材料。申请简易注销登记企业不再提交清算报告而直接以申请表格替代。三是改革公告方式。由原先的登报公告 45 天改为登记机关统一在企业信用信息公示系统或其他政府网络平台上向社会公示 10 天。

（三）依托信息公示，加强社会监督。一是在简易注销公示异议期内任何组织和个人均可向登记机构书面提出异议。二是收到异议的终止简易注销程序，同时企业不得再次申请简易注销登记。

（四）明晰各方责任，保护合法权利。一是利用企业登记信息管理平台对申请简易注销企业进行检索审查，有警示、协助、冻结等不适宜使用简易注销程序的不予受理。二是明确由申请人对提交的表格、材料承担合法、真实、有效的责任，登记机关对申请材料实行形式审查。三是对恶意利用企业简易注销程序逃避债务或者侵害他人合法权利的，登记机关依相关法律法规进行处理，相关利害关系人可以通过民事诉讼，向投资人主张其相应民事责任，投资人违反法律、法规及规定，构成犯罪的，依法追究刑事责任。四是简易注销程序中，企业隐瞒真实情况、弄虚作假的，登记机关可以根据《行政许可法》、企业登记管理相关法律法规作出撤销注销登记等处理，在恢复企业主体资格的同时将企业列入经营异常名录，通过企业信用信息公示系统公示，相关利害关系人可以通过民事诉讼主张其相应权利。

五、工作保障

（一）加强组织领导。深刻认识企业简易注销程序的重大意义，建立企业简易注销登记改革试点工作领导小组，加强对各地改革试点工作的组织领导和统筹协调，明确职责分工，确保简易注销登记改革各项工作有序开展。

（二）做好充分准备。在企业简易注销登记改革试点正式开展前，制定有关登记管理办法及配套表格文书,建立企业简易注销内部工作流程及系统操作流程,升级修改准入登记软件,保障相关工作顺利推进。

（三）开展业务培训。对全省窗口业务人员进行相关培训,帮助相关人员深入理解简易注销改革的意义,全面掌握有关具体规定、材料规范、内部工作流程,熟练相关软件操作,为实施改革试点工作打好基础。

（四）注重宣传引导。做好对企业简易注销改革试点政策的宣传解读,全面准确宣传简易注销登记改革的目的、意义、内容,倡导诚实守信,引导强化主体责任,在全社会形成理解改革、关心改革、支持改革的良好氛围。

附件4

九江市工商行政管理局
企业简易注销改革试点实施方案

为贯彻落实《国务院关于促进市场公平竞争维护市场正常秩序的若干意见》,根据《工商总局关于开展企业简易注销改革试点的通知》精神,结合九江实际,现就九江市企业简易注销登记改革试点工作制定如下实施方案。

一、指导思想

深入贯彻党的十八大和十八届二中、三中、四中全会精神,落实国务院决策部署,从方便企业、服务企业的角度出发,探索实行简易注销,畅通企业退出渠道,进一步深化九江商事登记制度改革。

二、工作目标

适当放宽退出条件,简化注销程序,建立宽松便捷的市场主体退出机制,降低市场退出成本,缩短市场退出周期,消除创业、创新顾虑,促进我市经济社会持续健康发展。

三、基本原则

(一)便捷高效,公开透明。按照条件适当、程序简便的要求,创新服务方式,提高登记效率,方便企业办理简易注销登记。公开企业简易注销的条件、程序、期限和审查要求,规范简易注销登记适用范围和登记材料。

(二)突破难点,稳步推进。针对未开业企业、无债权债务企业的特点和需求,在保障交易安全,保护债权人、交易对象等第三人合法权益的前提下,切实解决市场退出登记实践中的难点。

(三)强化责任,控制风险。强化企业、投资股东及合伙人的法律主体责任,完善企业简易注销制度设计,在创新程序的同时,通过有效措施,进一步明晰各方责任,不因简易注销而弱化相关主体应承担的法律责任。

四、改革举措

(一)简化注销程序。适用简易注销程序的企业不再进行清算组备案、登报公告。在申请注销前,由申请企业与登记机关对简易注销登记信息通过企业信用信息公示系统进行公示,接受社会监督。登记机关公示期限设定为 7 个工作日。营业执照遗失或无法缴回的,出具书面说明,登记机关在作出准予注销登记决定时,通过企业信用信息公示系统公告其营业执照作废。

(二)简化申请材料。申请简易注销登记企业不再提交清算报告及清算组备案证明。申请材料简化为《企业简易注销申请书》、《指定代表或者共同委托代理人授权委托书》、股东会决议或股东决定、营业执照正副本及其他法定材料。

（三）引入承诺制度。企业、投资股东及合伙人选择申请简易程序办理注销登记的应书面承诺，并载明以下内容：承诺属未开业或者无债权债务企业，如企业存在未了债务，由投资股东及合伙人自愿承担连带清偿责任以及因提供虚假材料办理注销登记而引发的一切法律责任。

（四）强化事前审查。加强对申请简易注销企业进行事前审查，具体审查十一项不适用简易程序的限制情形。

1. 申请注销登记材料经营状态数据与年报信息、企业信用信息公示系统不一致的；

2. 所投资设立的企业未办理注销登记或持有其他公司股权未办理转让的；

3. 所设立的分支机构未办理注销登记的；

4. 信息系统显示有未了结事务的；

5. 企业股权已被冻结或者已经出质登记的；

6. 涉及案件处于仲裁机构、人民法院审理或其他司法机关办理之中的；

7. 被司法机关等有关部门限制办理注销的；

8. 利害关系人事先通过法定形式向登记机关提出争议诉求的；

9. 有投诉举报被受理或正在调查核实的；

10. 依法由司法机关等相关部门组织清算的；

11. 有其他不适宜简易注销的情形的。

（五）完善救济途径。在规定的简易注销公示期内，有关当事人可以通过公示系统或以书面形式提出异议。对于公示期内被提出异议的企业，登记机关终止简易注销程序，该企业不得再次申请简易注销登记。企业提交虚假材料或者采取其他欺诈手段隐瞒重要事实取得注销登记的，利害关系人可以通过民事诉讼向企业投资人主张其相应权利，也可以提请登记机关依法处理。

（六）明确法律责任。企业公示信息隐瞒真实情况、弄虚作假的，骗取注销登记的,登记机关应撤销其注销登记,并将其列入经营异常名录,通过企业信用信息公示系统公示。

五、工作保障

(一)加强组织领导。成立由市局主要领导任组长,注册局、外资局、个体科、法规科等相关部门负责人为主要成员的企业简易注销登记改革工作领导小组,加强统筹协调和组织保障,明确职责分工,确保简易注销登记改革各项工作有序开展。

(二)广泛征求意见。召开企业代表座谈会、基层注册登记人员座谈会,广泛征求、收集、梳理意见和建议,主动与市法制办、司法部门联系沟通,取得理解、支持。

(三)完善工作流程。制定《企业简易注销登记程序》及配套表格文书,编制企业简易注销告知单、材料清单、办事指南等材料,建立内部工作流程及系统操作流程,保障相关工作顺利推进。

(四)组织学习培训。加强对相关人员的业务培训,熟悉简易注销改革的适用范围、具体规定、材料规范、工作流程、软件操作。

(五)营造良好氛围。通过电视、报纸、政务网站等各类媒体开展企业简易注销改革各项举措的宣传解读,倡导诚实守信,引导强化主体责任,营造良好氛围。

附件5

东莞市企业简易注销改革试点实施方案

为深化商事制度改革,便利企业退出市场,降低企业退出成本,根据有关法律、法规、规章的规定,及《国务院关于促进市场公平竞争维护市场正常秩序的若干意见》的要求,制定《东莞市企业注销登记简易程序试行办法》,试行企业注销登记简易程序。

一、工作目标

按照"便捷高效、公开透明、控制风险"的原则,在有效保障注销主体的债权人合法权益的前提下,完善市场退出机制,简化和完善企业注销流程,探索简便、高效的注销登记形式,企业办理注销登记时,无需登报公告、办理清算组或清算人备案,自行清理债权债务或者企业确定没有债权债务后,直接向登记机关提出注销申请,登记机关依法核准。

二、组织领导

成立东莞市工商行政管理局注销登记简易程序工作领导小组,局领导、法规科、登记科、企管科相关人员为小组成员。领导小组下设办公室,设在市局登记科。领导小组办公室承担领导小组交办的相关事项,负责协调及组织落实具体工作。

三、工作内容及进度安排

(一)制定《东莞市企业注销登记简易程序试行办法》。深入调研现行注销登记流程和材料及文书规范,对注销登记简易程序提交申请材料、受理和审批、发照和档案归档等环节进行合法性和可行性的论证。制定《东莞市企业注销登记简易程序试行办法》,报省局和总局审批。

(二)制定注销登记简易程序操作流程。依据简易程序要求,重新梳理并制定注销登记操作流程,制定统一化、规范化、标准化的业务申请表格样式和文书模板,制作注销登记简易程序申请、受理审查、核准和发放执照等登记业务涉及的程序、指南、提交材料规范和文书规范。

(三)开展试点。先行实施注销登记简易程序,并对登记人员开展业务操作培训,做好实施准备。

(四)总结评估。总结和评估试点工作的成效和不足,进一步完善和改进注销登记简易程序。

四、工作要求

(一)加强组织统筹,密切沟通协作。领导小组办公室积极做好与省局、总局的沟通协调工作,按照总局部署,在省局的统筹和指导下,推进注销登记简易程序工作。工作过程中,保持与省局、总局的紧密联系,不断细化和完善工作流程。

(二)加强试点指导,熟悉操作流程。市局指导试点分局切实做好窗口业务培训,确保登记人员熟练掌握注销登记简易程序的具体流程和操作要求。试点分局要实时跟踪试点情况,指定专人作为联络员,定期向市局报送改革工作进行情况。

(三)加强宣传发动,营造良好氛围。充分利用网络、电视、电台、报刊、媒体等各种载体进行宣传,让社会理解和支持改革,鼓励广大企业和办事群众使用注销登记简易程序,为全市全面推行创造良好的外部环境和社会氛围。

附件6

防城港市工商行政管理局
企业简易注销改革试点实施方案

为进一步深化行政审批制度改革,营造我市良好营商环境,根据《国务院关于促进市场公平竞争维护市场正常秩序的若干意见》(国发〔2014〕20号)要求,按照自治区工商局、防城港市委、市政府关于深入推

进商事登记制度改革的工作部署,结合防城港市实际,我局研究制定了改革试点工作方案。具体实施方案如下:

一、指导思想

坚持市场经济改革方向,按照加快政府职能转变、建设服务型政府的要求,深入推进工商登记制度改革。充分发挥东兴国家重点开发开放试验区的政策优势,简化企业退出机制,先行先试企业简易注销登记,不断优化营商环境,更好地服务地方经济持续快速健康发展。

二、基本原则

(一)依法改革。基本按照《公司法》、《合伙企业法》等市场主体法律关于注销登记的总体规定,结合商事制度改革的原则要求,兼顾依法行政和改革创新。

(二)控制风险。强化企业的法律主体责任,限定适用企业范围,完善企业简易注销制度设计,防范恶意注销和逃废债务,保护债权人、交易对象等第三人合法权益,维护公平竞争的市场秩序。

(三)公开透明。公开办理企业简易注销登记的条件、程序、期限和审查要求,规范简易注销登记适用范围和登记材料,优化登记流程,建立公平透明的企业退出规则。

(四)便捷高效。按照条件适当、程序简便的要求,创新服务方式,优化服务载体,提高登记效率,方便企业办理简易注销登记,完善企业市场准入和退出机制。

三、主要内容

(一)适用简易注销企业范围。凡经我市各级登记机关登记,未开业或无债权债务,且未进入企业信用信息系统经营异常名录、严重违法企业名单的个人独资企业、普通合伙企业、有限公司(登记后经营2年以上且注册资本在1000万元以上和暂不实行注册资本认缴登记制行业的27类企业除外),适用本简易注销程序规定。尊重企业自主权,由符合上述条件的企业自主选择一般注销程序或简易注销程序。

(二)创新程序设计,简化企业办理注销登记手续。根据不同种类企业投资者承担责任方式的不同,区分改革和创新程序设计的内容。

对适用简易注销程序的公司制企业,公司股东决定解散的,依法成立清算组组织清算,取消公司清算组备案登记要求,清算结束并经股东会同意后,清算组直接申请注销登记。

对普通合伙企业、个人独资企业,根据其合伙人和投资人对企业债务等承担无限责任的特点,允许其自行简化清算程序和方式,可直接凭合伙人或投资人的解散决定和关于完成所有清算工作及对有关责任的承诺文书申请注销登记。同时,取消合伙企业清算人成员名单备案登记要求。

(三)简化合并企业简易注销登记应当提交的材料。对公司制企业,将股东会(股东)作出解散的决议或决定、成立清算组、确认的清算报告等文书统一合并为包括有限公司股东会(股东)决定企业解散、组织并完成清算且承诺债务等内容的1份决定书。

对普通合伙企业,将合伙人决定解散企业、组织并完成清算、同意的清算报告等文书统一合并为包括决定解散企业、组织并完成清算等内容的1份决定书。

对个人独资企业,减少个人独资企业制作清算报告环节,将个人独资企业清算报告要件和注销登记申请书合并简化成个人独资企业简易注销登记申请书。

(四)明确企业简易注销登记的异议及救济途径。登记机关接受企业债权人等有关第三人对企业以未开业或者无债权债务理由申请适用简易注销程序申请登记的异议,并将有关情况记入市场主体准入业务系统进行警示。对被异议企业的简易注销申请,不予受理。

对于向登记机关提交虚假材料或者采取其他欺诈手段隐瞒事实，恶意利用企业简易注销程序取得注销登记的，企业登记机关可根据企业登记管理相关法律法规作出撤销注销登记等处理决定，并将该情况记录在企业信用信息公示系统进行公示。

四、工作要求

（一）加强组织领导。市工商局成立企业简易注销改革试点工作机构，局领导、注册分局、企个科、外资科、法规科、信息科等科室负责人为小组成员。领导小组办公室设在注册分局，具体负责、协调、落实领导小组确定的各项改革试点任务。

（二）健全完善制度。争取国家工商总局同意试点改革实施方案的批复，同意自行制定关于企业简易注销登记的相关操作规定办法，制定适用简易注销的各类企业的登记指南和表格文书，包括简易注销登记告知单、提交材料清单、登记文书、简易注销股东会决议示范文本、办事指南等各类配套材料。

（三）落实保障措施。积极争取自治区工商局的大力支持，及时修改完善现行市场主体准入业务系统，增加简易注销登记模块，依托政府门户网开发设置简易注销企业情况的公告平台，加强简易注销登记网络运行环境的保障，提供改革所需的办公设备、经费、人员等的保障。

要主动和法院、法制机构、税务、银行等相关部门的沟通，争取对企业简易注销改革试点的支持，共同深化商事制度改革，促进防城港市优良营商环境的营造。

（四）广泛开展宣传。利用各类新闻媒体全面宣传实施简易企业注销登记试点的政策和改革内容，提高此项工作的公众知晓度和参与度，引导强化企业对注销前债务等责任的承担意识，及时解答和回应各方面关注的问题，努力营造一个全社会关心改革、支持改革、参与改革的舆论氛围。

附件 7

沈阳市工商行政管理局
企业简易注销改革试点实施方案

为进一步贯彻落实《国务院关于促进市场公平竞争维护市场正常秩序的若干意见》(国发〔2014〕20 号),根据《国家工商总局关于开展企业简易注销改革试点的通知》(工商企注字〔2015〕2 号)要求,结合本市实际情况,特制定沈阳市企业简易注销登记管理改革试点工作实施方案如下。

一、指导思想

深入贯彻党的十八大和十八届二中、三中、四中全会精神,落实国务院决策部署,围绕使市场在资源配置中起决定性作用和更好发挥政府作用,加快政府职能转变,建设法治政府、服务政府,探索实行简易注销,进一步优化营商环境,激发社会投资创业活力。

二、工作目标

通过简化和完善未开业企业和无债权债务企业注销流程,试点简化注销程序,创新登记管理方式,提高服务效率,进一步完善市场退出机制,推进工商注册制度便利化,深化工商登记制度改革为全国推进改革试点工作积累经验。

三、基本原则

(一)依法改革。根据各类市场主体关于注销登记的相关法律规定,结合商事制度改革的原则要求,兼顾依法行政和改革创新。

（二）便捷高效。按照条件适当、程序简便的要求，创新服务方式，优化服务载体，提高登记效率，方便企业办理简易注销登记。

（三）公开透明。公开办理企业简易注销的条件、程序、期限和审查要求，规范简易注销登记适用范围和登记材料，优化登记流程，建立公平透明的市场规则。

（四）控制风险。强化企业的法律主体责任，完善企业简易注销制度设计，保障交易安全，保护债权人、交易对象等第三人合法权益，维护公平竞争的市场秩序。

四、主要内容

（一）尊重企业自主，扩大自治范畴。切实贯彻加快转变政府职能和简政放权改革要求，充分尊重企业自主权和自治权，对适用范围的企业即经我市各级登记机关登记，未开业、或无债权债务且未进入企业信用信息系统企业异常名录及严重违法企业名单的股权完整、权属清晰的有限责任公司（登记后经营一年以上且注册资本在 100 万元以上和暂不实行注册资本认缴登记制行业的 27 类企业除外）、个人独资企业、普通合伙企业，可以自主选择适用一般注销程序或简易注销程序申请注销登记。

（二）创设登记程序，提高登记效率。在现有企业登记管理法律制度框架内，从未开业企业和无债权债务企业特点和需求，创设简易注销登记程序，提高登记效率。一是简化注销程序，企业不再进行清算组备案及登报公告。申请资料齐全的，企业登记机关审核通过后通过其门户网站向社会公示企业拟注销信息，公示期限为四十五天。二是简化申请材料。企业不再提交清算报告及清算组备案证明。三是创设异议处理程序。在规定的简易注销公示期内，有关当事人对公示期内被提出异议的企业，登记机关终止简易注销程序，该企业不得再次申请简易注销登记。

（三）强化信息公示，加强社会监督。依托辽宁省企业信用信息公示系统和沈阳市工商行政管理局现有门户网站,公开申请简易注销登记企业的信息,加强对企业的社会监督。设置公示环节,在决定注销前、注销后,由企业登记机关对简易注销登记信息进行公示,接受社会监督。

(四)明晰各方责任,保护合法权利。在创新企业简易注销登记程序的同时,通过有效措施,进一步明晰各方责任,不因简易注销而弱化相关主体应承担的法律责任。注意事前审查,利用企业信用信息公示系统及业务系统对申请简易注销企业进行适当审查,企业公示信息及业务系统中信息与企业申报信息不符的,不适用简易注销程序。强化责任承担,对恶意利用企业简易注销程序逃避债务或者侵害他人合法权利的,登记机关依相关法律法规进行处理,相关权利人可以通过民事诉讼,向投资人主张其相应民事责任,投资人违反法律、法规及规定,构成犯罪的,依法追究刑事责任。

五、保障措施

(一)加强组织领导。试点工作在国家工商总局领导下有序推进,组织实施。加强组织领导,明确注册、监管、法制、信息中心等各部门的各自分工,权责明晰,加强沟通,保证简易注销试点工作在我市顺利实施。

(二)做好宣传引导。通过广播、电视、报刊、网络等各类媒体和登记前台、政府网站、企业信息公示平台等途径,全面宣传简易注销的改革政策内容,提高公众知晓度和参与度,引导企业明确自身权利义务,做好自治工作。

(三)强化保障工作。做好工作人员的业务培训工作,深入了解简易注销改革的目的和意义,全面掌握简易注销的工作流程。完善登记系统相关模块的改造,加强信息公开程度,强化信用监管体系建设。

(四)及时总结经验。在简易注销试点过程中,及时了解一线登记情况,善于解决发现的问题并总结经验,为企业简易注销登记管理改革的全面实施打好基础。

关于做好"三证合一"
有关工作衔接的通知

（工商总局、税务总局,2015 年 9 月 9 日）

各省、自治区、直辖市、计划单列市工商行政管理局（市场监督管理部门）,国家税务局、地方税务局：

根据《国务院办公厅关于加快推进"三证合一"登记制度改革的意见》（国办发〔2015〕50 号）和《工商总局等六部门关于贯彻落实〈国务院办公厅关于加快推进"三证合一"登记制度改革的意见〉的通知》（工商企注字〔2015〕121 号）的要求,现就工商（市场监管）、税务部门协同推进"三证合一"登记制度改革,做好企业登记和税务管理衔接有关工作通知如下：

一、建立健全信息共享机制,确保衔接顺畅高效

企业登记机关核准企业、农民专业合作社（下统称企业）新设登记、变更登记（备案）后,应当将其基本登记信息、变更登记（备案）信息即时共享到省（自治区、直辖市、计划单列市,下同,）级信息共享交换平台（以下简称交换平台）。

税务机关确认纳税人信息后,应当将该税务主管机关全称即时共享到交换平台。企业登记机关应当及时到交换平台获取税务主管机关信息,并建立与企业登记信息的关联关系。

税务主管机关办理完生产经营地、财务负责人、核算方式等事项变更或出具清税证明后,应当即时将上述事项的变更信息、清税信息共享到交换平台,企业登记机关应当及时到交换平台获取并更新相关变更信息、清税信息,并建立与企业登记信息的关联关系。

暂不具备联网实时共享信息条件的,企业登记机关、税务主管机关应当在共享信息产生之日起 3 个工作日内将信息共享到交换平台。

二、完善业务衔接流程,确保登记规范有序

自 2015 年 10 月 1 日起,已登记企业申请变更登记或者申请换发营业执照的,应当换发载有统一社会信用代码的营业执照。原营业执照、组织机构代码证、税务登记证由企业登记机关收缴、存档。原证件遗失的,申请人应当提交刊登遗失公告的报纸报样。

生产经营地、财务负责人、核算方式由企业登记机关在新设时采集。在税务管理过程中,上述信息发生变化的,由企业向税务主管机关申请变更。

已实行"三证合一、一照一码"登记模式的企业办理注销登记,申请人应持税务机关出具的《清税证明》,向企业登记机关申请办理注销登记。

过渡期内未换发"三证合一、一照一码"营业执照的企业申请注销,企业登记机关按照原规定办理。

三、强化宣传提升服务,确保改革落实到位

(一)优化服务

企业办理相关登记手续时,各级工商(市场监管)、税务部门要优化服务,切实履行告知义务,通过多种渠道主动提供详细办事指南,增设咨

询窗口及导办人员,避免企业"多头跑"。

(二)加强培训

工商(市场监管)、税务部门应积极配合协作,及时对窗口人员开展"三证合一、一照一码"综合业务操作、登记材料提交、工作流程运转等培训,保障窗口人员熟悉流程、精通业务。

(三)加大宣传

利用各种媒体做好"三证合一、一照一码"登记制度改革政策的宣传解读,及时解答和回应社会关注问题。并通过印发宣传材料,加大改革宣传力度,在全社会形成理解改革、关心改革、支持改革的良好氛围。

(四)技术保障

在已开展工作基础上,各省市工商(市场监管)、税务部门要根据"三证合一"信息共享技术方案要求,在2015年9月20日前搭建完成跨部门信息共享交换平台,改造各自业务系统,实现登记等信息的交换和数据共享。

关于促进中关村国家自主创新示范区
创新发展的若干意见

（工商总局,2015 年 9 月 29 日）

北京市工商行政管理局:

　　为全面贯彻落实党中央、国务院关于进一步放宽市场准入、优化市场环境、激发企业活力、增强经济发展内生动力的部署要求,以及习近平总书记关于创新驱动发展战略的重要论述精神,充分发挥工商行政管理职能作用,促进中关村国家自主创新示范区（以下简称中关村示范区）向具有全球竞争力的科技创新中心发展,现提出如下意见。

一、支持中关村示范区改革名称登记制度

　　1.探索建立申请人自治的名称预查制度。工商行政管理部门向社会开放名称数据库,实行名称预查全程电子化办理,申请人按照公布的名称查重规则自行检索并自主确定企业名称。企业可以凭网上预查通过的名称办理设立或名称变更登记手续。需要领取纸质《名称预查通知书》的,可以到登记机关现场办理或通过寄递获取。

　　2.建立名称用语目录管理制度。依法制定企业名称字号禁止、限制使用文字规则并公示。根据规则建立禁止、限制使用文字数据库并动态更新,申请人自行检索企业名称时,予以提示。凡损害国家、社会公共利益,侵犯他人知识产权,违反诚实信用、公序良俗原则的文字禁止使用;

限制使用的文字,符合规则规定的条件方可使用。

3.改革名称争议处理机制。他人对申请人自主选择确定的企业名称有异议的,可向工商行政管理部门提出异议申请或直接向人民法院提起诉讼。被异议名称经工商行政管理部门认定或法院裁决应予撤销的,企业应当更改其名称。拒不更改名称的,通过企业信用信息公示系统公示。

4.建立不适宜名称纠正机制。经工商行政管理部门认定为属于损害国家、社会公共利益,侵犯他人知识产权权利,违反诚实信用、公序良俗原则的名称,企业应当予以纠正。未设立企业,不得以该名称办理登记;已设立企业,在规定期限内未变更名称的,由工商行政管理部门通过企业信用信息公示系统向社会公示。

5.探索在企业名称中使用阿拉伯数字。允许企业将阿拉伯数字作为名称字号或名称字号的一部分。对申请在企业名称中使用阿拉伯数字的,实行名称预先核准登记制度。

二、支持中关村示范区简化审批流程和登记手续

6.电商配送点无需办理工商登记。注册在中关村示范区的网络商品交易零售企业在北京市行政区域范围内设立的配送点、仓库、展示厅可以直接开展本企业销售的商品的配送、仓储、展览展示等经营活动,可以不办理营业执照。企业设立的配送点、仓库和展示厅应当不影响利害关系人的正常生产经营或生活秩序。企业应当通过企业信用信息公示系统主动公示其设立的配送点、仓库和展示厅信息,接受社会监督。

7.探索企业住所和经营场所分离的登记管理模式。科技类、文化创意类企业在北京市行政区域内设置的与住所分离的经营场所应当记载于营业执照上,可以不再办理分支机构营业执照。许可审批文件、证件记载的经营场所和企业住所不一致的,无需办理变更或设立分支机构手

续。企业应当通过企业信用信息公示系统主动公示经营场所信息。

8. 改革经营范围登记制度。企业的营业执照经营范围可只记载主营项目,并统一标注"企业依法自主选择经营项目,开展经营活动;依法须经批准的项目,经相关部门批准后依批准的内容开展经营活动"。根据企业申请,也可以登记具体经营项目;其中属于许可经营的项目,按照许可审批文件、证件记载的内容登记在经营范围内。企业应当及时通过企业信用信息公示系统公示其具体经营项目。

9. 改革企业集团登记方式。取消"集团"的注册资本要求,设有不少于3家子公司的企业可以在名称中行业之后、组织形式之前使用"集团"或者"(集团)"字样。登记注册为集团公司的企业,不再单独办理企业集团登记。

三、授予中关村示范区外资企业登记权限

10. 授予中关村示范区一区十六园所在地的区县工商分局外商投资企业登记管辖权。

四、支持中关村示范区创新工商服务方式

11. 完善企业登记公告方式。依托企业信用信息公示系统设立北京市企业登记公告网站,为中关村示范区企业提供注销、减资、合并、分立等公告的发布服务,同时向社会公众提供债权清偿提醒服务。

12. 便利申请人登记注册,推行全程电子化服务。探索实行工商登记全流程网上办理,2016年实现申请人可以不再到工商行政管理部门提交纸质材料,提供全程电子化登记与审核服务。申请人通过电子数据交换方式提交申请的,应当进行申请人网上身份认证,并在线提交申请信息及纸质申请材料的电子影像文件。经登记机关审查材料齐全、符合法

定形式的应当作出核准登记的决定。登记与审核过程中产生的电子数据和电子影像文件是企业登记电子材料,与纸质材料具有同等法律效力。

13. 提供互联网远程查询服务,便利申请人查询企业登记材料。2016 年实现申请人在互联网上远程申请查询企业登记注册材料。申请人进行网上身份认证后,无需到工商行政管理部门办理申请查询手续,通过互联网即可以查询、获取企业登记注册材料。

14. 改革企业登记注册材料存储方式。企业登记注册材料通过电子影像技术转化成对应的电子图像文件,即是电子登记材料,具有法律效力。工商行政管理部门应当加强电子登记材料的信息安全工作。

五、支持中关村示范区商标战略发展

15. 提高中关村示范区企业办理商标注册的便利化程度。中关村示范区企业可向国家工商总局商标局驻中关村办事处提交企业商标变更、转让、续展、注销等申请,办事处履行实质审查职能。

16. 提高中关村示范区商标数据运用水平。总局商标局支持建立北京市商标数据库,开放并定期更新商标注册数据信息,通过资源共享,提升商标数据分析及运用水平,促进中关村示范区企业做大做强、创新发展。

六、支持中关村示范区探索信用监管新模式

17. 探索大数据监管。依托日常监管形成的数据资源,将市场主体、商品质量、消费投诉和行政处罚等企业信息数据综合进行比对、分析、检测和预警,探索建立精准的信息化监管模式,全面提高监管效能。

18. 探索网络交易监管新模式。通过建立工商行政管理部门和第三

方交易平台经营者的信息通报机制,引导平台经营者主动向工商行政管理部门报告平台内经营者的主体和经营信息,提升监管合力。

19. 推进信用体系建设。探索建立企业档案信用资料卷,将工商机关对企业的行政处罚材料纳入卷中,为社会各界提供查询服务。推动区域内各行政机关行政处罚、司法机关司法裁判以及行业协会、商会对会员实施惩戒的电子信息归集到企业信用信息公示系统,统一公示,推进企业信用体系建设。

关于完善和创新小微企业贷款服务
提高小微企业金融服务水平的通知

（银监会,2014 年 7 月 23 日）

各银监局,各政策性银行、国有商业银行、股份制商业银行、金融资产管理公司,邮政储蓄银行,银监会直接监管的信托公司、企业集团财务公司、金融租赁公司:

为进一步做好小微企业金融服务,着力解决小微企业倒贷（借助外部高成本搭桥资金续借贷款）问题,降低小微企业融资成本,推动小微企业健康发展,现就完善和创新小微企业贷款服务有关事项通知如下:

一、合理确定小微企业流动资金贷款期限。银行业金融机构应当根据小微企业生产经营特点、规模、周期和风险状况等因素,合理设定小微企业流动资金贷款期限,满足借款人生产经营的正常资金需求,避免由于贷款期限与小微企业生产经营周期不匹配增加小微企业的资金压力。

二、丰富完善小微企业流动资金贷款产品。鼓励银行业金融机构积极开发符合小微企业资金需求特点的流动资金贷款产品,科学运用循环贷款、年审制贷款等便利借款人的业务品种,合理采取分期偿还贷款本金等更为灵活的还款方式,减轻小微企业还款压力。

三、积极创新小微企业流动资金贷款服务模式。对流动资金周转贷款到期后仍有融资需求,又临时存在资金困难的小微企业,经其主动申请,银行业金融机构可以提前按新发放贷款的要求开展贷款调查和评审。符合下列条件的小微企业,经银行业金融机构审核合格后可以办理续贷：

（一）依法合规经营；

（二）生产经营正常，具有持续经营能力和良好的财务状况；

（三）信用状况良好，还款能力与还款意愿强，没有挪用贷款资金、欠贷欠息等不良行为；

（四）原流动资金周转贷款为正常类，且符合新发放流动资金周转贷款条件和标准；

（五）银行业金融机构要求的其他条件。

银行业金融机构同意续贷的，应当在原流动资金周转贷款到期前与小微企业签订新的借款合同，需要担保的签订新的担保合同，落实借款条件，通过新发放贷款结清已有贷款等形式，允许小微企业继续使用贷款资金。

四、科学准确进行贷款风险分类。银行业金融机构根据本通知规定对小微企业续贷的，应当根据企业经营状况，严格按照贷款五级风险分类基本原则、分类标准，充分考虑借款人的还款能力、正常营业收入、信用评级以及担保等因素，合理确定续贷贷款的风险分类；符合正常类标准的，应当划为正常类。

五、切实做好小微企业贷款风险管理。银行业金融机构开展循环贷款、年审制贷款以及续贷等流动资金贷款产品和服务模式创新的，应当根据自身信贷管理和行业客户等特点，按照风险可控的原则，制定相应管理制度，建立业务操作流程，明确客户准入和业务授权标准，合理设计和完善借款合同与担保合同等配套文件，相应改进信息技术系统。

银行业金融机构应当多渠道掌握小微企业经营与财务状况、对外融资与担保情况、关联关系以及企业主个人资信等信息，客观准确判断和识别小微企业风险状况，防止小微企业利用续贷隐瞒真实经营与财务状况或者短贷长用、改变贷款用途。银行业金融机构要切实加大对续贷贷款的贷后管理力度，加强对客户的实地调查回访，动态关注借款人经营管理、财务及资金流向等状况,及时做好风险评估和风险预警。

银行业金融机构要加强对续贷业务的内部控制,在信贷系统中单独标识续贷贷款,建立对续贷业务的监测分析机制,提高对续贷贷款风险分类的检查评估频率,防止通过续贷人为操纵贷款风险分类,掩盖贷款的真实风险状况。

六、不断提升小微金融服务技术水平。银行业金融机构要贯彻落实金融支持实体经济发展的要求,加大小微金融投入,要根据小微企业客户的实际需求,不断完善金融服务,优化产品设计,改进业务流程,创新服务方式,持续健全小微企业贷款风险管理机制,积极提升小微企业金融服务技术水平,推动小微企业良性健康发展。